부마항쟁과
민중

항쟁 참여 노동자의 경험을 중심으로

부마항쟁과 민중

항쟁 참여 노동자의 경험을 중심으로

차성환 지음

서문

부마항쟁 연구의 작은 디딤돌이 되기를 바라며

이 책은 2009년에 나온 필자의 박사학위논문을 다듬어 세상에 내놓는 것이다. 부마항쟁에 대한 학위논문으로는 국내 최초일 것이라고 생각한다. 그만큼 그동안 부마항쟁에 대한 학문적 관심이 낮았다는 반증이기도 할 것이다. 부마항쟁이 왜 이처럼 학문적 관심의 대상이 되지 못했는가에 대해서는 이 책에서 언급하고 있기 때문에 생략하기로 하고 필자가 부마항쟁에 대한 관심과 문제의식을 갖게 된 이유와 연구의 경위에 대해 간단히 언급해 두고자 한다.

필자는 부마항쟁의 참여자이거나 피해자가 아니다. 하지만 부마항쟁과 무관하다고 할 수도 없다. 부마항쟁이 일어날 무렵부터 필자도 모종의 정치적 사건에 연루되어 옥고를 치러 부마항쟁이 필자의 운명에 미친 영향이 없었다고 할 수 없기 때문이다. 하지만 그때만해도 필자가 부마항쟁을 주제로 연구를 하거나 논문을 쓰게 될 줄은 상상도 하지 못했다. 필자가 부마항쟁에 구체적인 관심을 갖게 된것은 1980년대 말 이후 부산에 정착하여 부산민주항쟁기념사업회에 관여하게 된 이후이며 더 좁혀 말하면 2000년부터 2007년까지 부산민주항쟁기념사업회가 수탁·운영한 부산민주공원에서 일하게 된 시기이다.

부산민주항쟁기념사업회는 부산지역의 민주항쟁의 역사를 기억하고 기념하는 사업을 위해 결성된 단체로서 부산지역의 4월항쟁, 부마항쟁, 5·18항쟁, 6월항쟁 및 여타 민주화운동 모두를 포괄적으로 기념하고 있다. 그중에서도 부마항쟁은 부산의 가장 상징적인 항쟁이며 부산민주항쟁기념사업회도 원래 부마민주항쟁기념사업회로 출발했던 단체로 부마항쟁 관련 사업을 가장 중요하게 생각해 왔다. 하지만 필자가 부마항쟁 기념사업을 하면서 깨닫게 된 것은 부마항쟁은 그 역사적 중요성에 비해 너무나 잊혀 있고 또한 제대로 조사·연구된 바가 없다는 사실이었다. 물론 한국의 정치사나 민주화운동의 연구에서 부마항쟁이 거론되기는 하나 주로 운동사적 맥락에서 해석적으로 다루어질 뿐 정작 그 실체에 대한 깊이 있는 조사와 연구는 거의 부재한 실정이었다. 어떤 역사적 사건이든 해석과 실체 혹은 진상의 규명이 상호 긴밀히 연관되어 연구가 발전하는 것이라면 부마항쟁의 경우는 해석에 비해 실체의 규명이 너무나 소홀했다고 할 수 있을 것이다.

이런 상황에서 필자는 먼저 부마항쟁의 주체라고 말하는 민중 혹은 시민들은 어떤 사람들이며 어떤 생각으로 항쟁에 참여했는지에 대해 밝혀 보고 싶었다. 그것이 확인되어야 부마항쟁을 둘러싼 여러 가지 해석적 쟁점들이 일정하게 정리될 수 있으리라 생각했다. 부마항쟁에 참여한 민중들은 다양하게 구성되어 있지만 그들 중 가장 다수이며 중요한 사람들은 근로하는 사람들, 곧 노동자들이라고 생각했다. 하지만 노동자라 하더라도 그 내부 구성은 단일하지 않다. 그런 차이를 인정하면서도 일단은 노동자의 범주에 속한 사람들이 당시 어떤 생각으로 항쟁에 참여했는지는 명확히 밝혀져 있지 않다.

1970년대의 민주화운동은 소수의 정치인, 지식인, 종교인, 대학생들의 운동이었으며, 민주노조운동은 경인지역 중심의 여성노동자운동의 범위를 넘지 못했다. 남성노동자들은 어용적 한국노총의 통제하에 있었고 종종 민주노조운동에 참가한 여성노동자들을 탄압하는 구사대로 동원되었다. 또한 일반 남성노동자들의 정치의식은 기껏해야 지역주의를 벗어나지 못하는 수준으로 평가되기도 했다. 이렇게 저급한 의식세계 속에 갇혀 있다고 가정되었던 남성노동자들이 유신 말기의 극심한 공포정치의 분위기 속에서 부마항쟁과 같은 격렬한 저항운동에 단번에 참여하게 된 것은 쉽게 이해될 수 있는 사태가 아니었다.

이러한 상황을 설명하기 위해 여러 정치적·경제적 원인들이 거론되었지만 정작 항쟁의 당사자들인 노동자 자신들이 어떻게 상황을 이해하고 저항을 선택했는지에 대해서는 구체적으로 설명하지 못했다. 이런 한계를 넘어서는 것은 쉬운 일이 아니었다. 다행히도 필자는 그에 접근하기 위해 구술사 방법론의 도움을 받을 수 있었다. 이미 구술사 방법론은 역사학, 사회학, 인류학 등 다방면에 걸쳐 적용되어 왔으며 그 유효성이 입증되었다. 정치학에서는 생소한 방법론이었지만 그 방법론 외에는 접근할 수 있는 길이 없어 보였다. 구술사 방법론에 의지하여 부마항쟁 참여자들 특히 노동자들의 구술 자료를 수집하고 그것을 분석한 것이 이 책의 내용이다. 하지만 이 책의 결론은 여전히 잠정적이며 왜 그럴 수밖에 없는가는 본문에 언급해 두고 있다. 그런 의미에서 여전히 미완이고 불만스런 논문을 단행본 형태로 출판하는 이유는 이 책이 부마항쟁의 진실에 한발 더 다가서는 데 조그만 보탬이 될지도 모른다는 기대 때문이다. 논문을 쓴 지 만 4년이 넘는 현재까지 이를 증보하여 세상에 내놓고 싶은 마음은 간절하였으나 저자를 둘러싼 여건이 이를 허용하지 않았다. 하여 이제 아쉬운 대로 4년 전의 모양 그대로 출판하면서 지난 4년 기간 동안 있었던 부마항쟁을 둘러싼 적지 않은 변화에 대해 언급해 두고자 한다.

먼저 이 논문이 통과된 해인 2009년 10월에 부마민주항쟁30주년 기념 학술심포지엄이 서울에서 개최되었다. 이 행사가 뜻 깊은 것은 그동안 부산, 마산(현 창원)의 기념사업회들만의 사업으로 간주되었던 부마항쟁 기념사업에 민주화운동기념사업회와 광주의 5·18기념재단이 적극 참여하여 공동의 사업으로 만들어 가기 위한 논의를 시작했기 때문이다. 부마항쟁, 서울의 봄, 5·18항쟁, 나아가서 6월항쟁에 이르기까지 1970~80년대를 관통하는 일련의 항쟁과 운동들은 상호 긴밀히 연관된 것으로 이해하지 않으면 안 된다는 인식하에 연구와 기념사업 등에서 함께하기로 했고 그 기조는 지금까지 지속·발전되고 있다.

2010년 5월에는 진실·화해를 위한 과거사정리위원회가 부마항쟁에 대한 '진실규명' 결정을 내놓았다. 이는 2007년에 부산민주항쟁기념사업회의 이규정 이사장과 차성환 상임이사의 명의로 접수한 부마항쟁에 대한 진상규명 신청에 대한 응답이었다. 이 결정은 국가기관이 처음으로 부마항쟁의 진상에 대한 조사 작업을 수행하고 그 결과를 제시했다는 점에서 중요한 의의가 있다. 이 결정에는 상당히 의미 있는 조사결과들이 담겨 있었다. 하지만 여러 가지 이유로 인해 충분한 진상규명에는 이르지 못한 한계도 있었다. 이후 부산의 부산민주항쟁기념사업회와 마산의 부마민주항쟁기념사업회는 이 결정을 바탕으로 부마항쟁특별법 제정을 위한 공동의 노력을 계속하게 된다.

2011년 9월에는 부마항쟁 과정에서 발생한 사망자가 처음으로 확인되었다. 고인은 당시 마산에 거주하던 노동자 유치준 씨로서 가족들의 제보로 무려 32년 만에 의문이 사실로 확인되었다. 당시 경남매일신문의 공봉식 기자가 취재 자료를 종합하여 작성한 보고서(마산 경남대학교 소요사건 1차 발생 보고서)에 기재된 미확인 변사자의 신원이 밝혀지면서 부마항쟁의 실체적 진실에 대한 규명의 필요성이 더욱 높아졌다(이 책의 각주 41번 참조).

2011년 10월에는 부산과 마산(현 창원)의 기념사업회가 공동으로 부마항쟁 참여자들의 구술 자료를 토대로 최초로 증언집(마산 편)을 출간했다. 『마산, 다시 한국의 역사를 바꾸다』라는 제목의 이 증언집에는 총 40명의 마산 지역 참여자들의 증언이 수록되었다.

2011년과 2012년을 경과하면서 부마항쟁특별법 제정을 위한 노력들이 구체적 성과를 낳게 된다. 부산과 마산의 두 기념사업회는 특별법 제정을 위해 법안의 초안을 마련하고 국회를 통해 입법화하기 위해 노력했다. 그 과정에서 우여곡절은 있었으나 여야 국회의원을 통한 발의가 이루어졌고 특히 2012년 대통령 선거과정에서 여야모두 부마특별법의 제정을 약속하면서 급진전되었다. 그 결과 2013년 5월 7일 국회는 「부마민주항쟁 관련자의 명예회복 및 보상 등에 관한 법률」을 통과시켰다.

2013년 10월에는 역시 부산과 마산의 기념사업회가 공동으로 부마항쟁 참여자의 증언집(부산 편)을 출판했다.『치열한 기억의 말들을 엮다』라는 제목의 이 증언집에는 총 55명의 부산 지역 참여자들의 증언이 수록되었다.

이상으로 지난 4년간의 변화를 일별했는데 그 가운데 무엇보다 중요한 사건은「부마민주항쟁 관련자의 명예회복 및 보상 등에 관한 법률」이 성립한 사실이다. 이로써 부마항쟁의 진상을 규명할 수 있는 길이 열렸기 때문이다. 이 법률의 취지를 잘 살려 부마항쟁의 진상을 규명하고 항쟁 참여자들이 응당한 사회적 평가와 예우를 받을 수 있는 날이 빨리 오기를 바라 마지않는다.

끝으로 필자의 박사학위논문을 심사해 주신 이행봉, 안철현, 김진영, 이철순, 김희재 교수님께 감사드리며, 이 책이 나오기까지 도와주신 김홍수, 공봉진 교수님께도 감사드린다. 어려운 형편에도 필자가 연구할 수 있도록 묵묵히 뒷바라지해 준 아내 윤국희에게도 이 자리를 빌려 고마움을 전한다.

2013년 12월

차성환

목차

제1장

서론

1979년 10월 16일, 한반도의 남단 부산에서 유신체제에 저항하는 항쟁의 불길이 타올랐다. 그리고 이 불길은 10월 18일 마산으로 옮겨 붙었다. 이 항쟁은 1960년 전국에 걸쳐 발생한 4월혁명[1] 이래 19년 만에 일어난 대규모 군중의 집합행동이었다.

4월혁명과 부마항쟁 사이에는 박정희 소장이 일으킨 1961년의 5·16군사쿠데타에서 시작하여 1979년의 10·26정변[2]으로 종말을 고한 박정희 군사정부 18년이 가로놓여 있다. 그리고 4월혁명이 이승만 정부의 종말을 가져왔듯이 부마항쟁 역시 박정희 정부의 종언을 고하는 사건이었다.

차이가 있다면 4월혁명은 성공한 혁명으로 각광을 받아온 반면 부마항쟁은 10·26정변을 촉발하여 유신체제를 붕괴시켰던 대사건

---

1) 4·19의 명칭으로서 4월혁명은 민주당 정부가 명명한 것이며 박정희 집권기 이후 4·19 의거로 불리었고 김영삼 정부 이후 다시 4월혁명으로 공식 명칭이 바뀌었다. 4월혁명이 라는 용어는 학문적으로 엄밀한 성격 규정에 따라 사용되는 용어가 아니지만 여기서는 관행을 따라 4월혁명으로 부르기로 한다.

2) 10·26사건에 대해서는 그동안 사건의 명칭이 제대로 부여되지 않았다. 민주화운동기념 사업회에서 출간한 『민주운동사』에서는 이 사건을 정변으로 기술하고 있으므로 여기에 그 명칭이 적합하다고 여겨 이를 원용한다.

이었음에도 곧바로 신군부의 쿠데타로 역사적 의미영역이 찬탈당함으로써(부산민주운동사편찬위원회 1998: 430) 1980년대의 5·18항쟁과 6월항쟁에 이르는 과정 속에서 제대로 조명받지 못한 채 사람들의 기억 속에서 멀어져 갔다.

그간 부마항쟁은 특히 공식적으로는 1970년대 유신체제하의 반독재 민주화운동의 한 부분으로서만 기술되었고 독자적 위상을 부여받지 못하였다. 반면에 부마항쟁을 민주항쟁 또는 민중항쟁으로 파악하면서 독자적 의의를 갖는 역사적 사건으로 보는 평가도 항쟁 당시부터 현재까지 꾸준히 있어 왔다.

부마항쟁이 한국현대사에서 어떤 위상을 갖느냐 하는 문제와 부마항쟁이 어떤 성격을 갖는 사건인가 하는 문제는 밀접히 연관되어 있다. 이런 점에서 이 연구는 기존에 이루어졌던 부마항쟁의 성격 규명에 대한 연구들을 되짚어 보고 이 문제를 다시 조명해 보고자 한다.

부마항쟁의 정치적 의의 가운데서 가장 중요한 것 중의 하나는 민중이 저항의 주체로 등장했다는 사실이다. 이것이 1960~70년대의 민주화운동과 부마항쟁의 차이점이다. 1970년대 민주화운동은 학생운동, 재야운동, 종교운동 등을 중심으로 전개되었으며 저항적 엘리트들이 중심이 되었다. 여기에 두 개의 제도권 야당, 신민당과 민주통일당이 있었는데 일관성 있게 유신 반대의 입장에 섰던 민주통일당은 그 당세의 취약성 때문에 비중 있는 투쟁을 하기 어려웠고, 제1야당의 위상을 갖고 있었던 신민당은 그 지도체제의 변화에 따라 반유신 투쟁의 경계를 넘나들었다. 부마항쟁이 발생하기 직전 야당을 포함한 반유신 도전연합은 최대의 결집을 이루어 내었고 이에 대해 유신체제는 강력한 억압과 통제로 대응하였다.

그리고 민중은 유신체제하에서 체제 측의 동원/탈동원 전략과 억압 그리고 반유신 도전연합의 저항 사이에서 침묵하고 있었다. 부마항쟁은 민중이 오랜 침묵을 깨고 정치적 저항을 선택한 사건이었다. 이후 한국사회가 군부권위주의체제를 극복하고 민주화하는 데서 결정적인 힘은 항상 민중의 저항에서 나왔다.

부마항쟁에서 나타난 민중의 목소리는 그러나 부마항쟁의 연구에서 충분히 반영되지 못했다. 민중이 왜 이 시기에 저항을 선택했는지에 대한 설명은 여러 가지가 있다. 그러나 민중 자신의 목소리가 아니라 그것을 해석하는 여러 입장들의 목소리로 설명되어 왔다.

이 연구는 부마항쟁에 참여한 여러 계층의 민중들 가운데 노동자들의 참여를 주목하고 항쟁에서 드러난 노동자들의 목소리를 재생해 보려고 한다. 또한 부마항쟁이 학생시위에서 어떻게 대중적인 항쟁으로 발전되었는가를 부마항쟁에 참여한 노동자들의 경험과 삶의 조건들을 통해 밝혀 보고자 한다. 이를 통해서 부마항쟁에 참여한 노동자들은 어떤 노동자들이었는지 즉 그들의 성격은 무엇이었는지 이해하고자 한다. 또한 그들은 어떤 의식과 동기로 항쟁에 참여하였는지, 그러한 경험은 그들의 삶에 어떤 영향을 주었는지 등을 밝혀 보고자 한다.

이러한 노동자들의 항쟁체험을 그들 자신의 목소리로 재현하기 위해 이 연구는 구술사 방법론을 주된 연구방법으로 채택하였다. 구술사 방법론은 기존의 정치학 연구에서 거의 사용한 적이 없는 연구방법이다. 그러나 구술사 방법론은 양적 연구의 한계를 극복하기 위한 질적 연구방법의 하나로서 인류학, 역사학, 사회학 등에서 이미 활발하게 활용되고 있는 연구방법이다. 이를 통해 그동안 침묵하고 있던 민중들의 목소리를 복원하고 그들의 목소리를 통해 부마항쟁의 성격을 재조명함으로써 부마항쟁의 역사적 진실에 한 걸음 더 다가설 수 있을 것이다.

그럼으로써 5·16쿠데타로 등장하여 32년에 걸쳐 집권한 군부권위주의정권과 민중 간의 한 세대에 걸친 치열한 대결에서 새로운 저항의 기원을 연 부마항쟁의 의미를 되새겨 보고자 한다.

이 책의 목적은 부마항쟁에 참여한 노동자들의 구술 자료와 설문 조사 결과, 문헌 조사 등의 방법을 통해 그들의 성격을 밝히고 그를 통해 부마항쟁의 성격을 재조명해 보고자 하는 것이다.

선행연구의 검토에서 보다 자세히 살펴보겠지만 지금까지의 연구에서 부마항쟁은 민주항쟁, 민중항쟁, 도시봉기라는 세 가지 성격의 항쟁으로 규정되었으며, 그 가운데서 민주항쟁이라는 성격 규정이 연구의 다수를 점하고 있으며 현재 사용하는 공식적 명칭도 부마민주항쟁으로 통용되고 있다. 부마항쟁의 성격에 대한 이러한 상이한 견해들은 항쟁의 주요 원인과 정치적 목표, 참여주체의 성격에 대한 평가와 관련되어 있다.

부마항쟁을 민주항쟁으로 규정하는 민주항쟁론은 다수 연구자의 공통된 결론이지만 여기서도 항쟁의 주체는 대학생, 범시민, 하층시민, 기층민중, 민중 등으로 조금씩 다르게 상정하고 있다. 그러나 학생이나 시민 일반을 주체로 보는 견해는 소수이며 다수는 민중적 범주에 속하는 사람들을 항쟁의 주체로 파악하고 있다. 도시봉기론을 주장하는 연구자는 대중 혹은 민중이라는 용어 자체가 이질적이고 상이한 부마항쟁의 주체(도시하층민)를 타자로 남겨 두고자 하는 지식인들의 의식적 욕망의 산물이라고 비판하고 있지만, 이 연구에서는 선행연구에서 다수 연구자가 사용한 민중이라는 용어를 사용하고자 한다. 민주항쟁론의 대표적인 연구는 『부산민주운동사』(부산민주운동사편찬위원회 1998: 423-430)인데, 『부산민주운동사』에서 부마항쟁의 목표는 민중민주적·계급적 혁명성은 잠재적으로 내포되는 수준을 넘지 않았고 직접적으로는 자유주의적 민주주의였고, 주체세력은 조직적 지도부 없는 민중적 주체 곧 도시빈민 위주의 기층민중에 중간층 시민이 가세한 미조직 대중이었으며 따라서 부마항쟁은 이들 미조직 대중이 이끈 '민중적 항쟁'이기는 하나 '민중항쟁'이 아닌 '반독재 민주항쟁'이라고 규정하고 있다.

부마항쟁을 민중항쟁으로 규정하는 민중항쟁론은 1970년대 민주화운동과의 연속성을 인정하는 입장과 단절성을 강조하는 입장으로 나누어진다. 그러나 어느 쪽이나 항쟁의 주체는 민중이며 항쟁이 계급적 성격을 띠고 있음을 강조한다. 민중항쟁론에서는 부마항쟁을 지도자나 사전계획 없이 룸펜 프롤레타리아적 범주의 하층 시민들이 주도한 자연발생적인 민중의 봉기로 이해한다.

부마항쟁을 도시봉기로 규정하는 도시봉기론은 민중이나 대중으로 통합할 수 없는 비균질적 도시하층민들을 항쟁의 주체로 파악하며, 도시봉기는 노동자운동이 발전하기 이전에 도시하층민들의 직접적 행동을 통해 정치·경제적 변화를 이루려는 운동으로 규정된다.

이상 부마항쟁의 성격에 대한 세 가지 규정들은 나름대로 논거를 가지고 있지만 모두 일정한 한계를 가지고 있다.

먼저 민주항쟁론을 보면, 항쟁의 주체에 대한 인식은 민중항쟁론과 거의 차이가 없음에도 항쟁의 목표가 민중민주적·계급적 혁명성이 희박한 자유민주주의였다는 점 때문에 부마항쟁을 민주항쟁으로 규정하였다. 그런데 이러한 논리는 일정한 변혁이론의 틀에 의해 규정된 민중의 계급적 혁명성이나 민중민주적 투쟁 목표 등을 설정하고 이 기준에 비추어 볼 때 민중의 계급적 요구가 아닌 자유민주주의라는 부르주아적 과제를 추구했다는 점에서 진정한 민중항쟁에 값하지 못한다는 평가를 내리고 부마항쟁의 목표가 반독재 민주화의 수준에 그치고 있으므로 민주항쟁이라고 규정하고 있다.

그러나 당시 한국의 상황에서 자유민주주의는 진보성을 갖는 목표로서 가장 억압받는 계층인 민중이 주도적으로 요구해야 함에도 불구하고 오랜 정치적·이데올로기적 억압으로 인해 중산층의 일부인 재야세력, 대학생, 종교인들의 민주화운동을 통해서만 추구되었음을 상기한다면, 민중이 자유민주주의를 요구하는 정치투쟁의 전면에 등장했다는 사실은 획기적인 것으로 평가해야 할 것이다. 뿐만 아니라 다양한 계급의 연합체로서 민중의 정치적 실천은 그 객관적 계급위치와 그에 걸맞은 계급의식의 형성, 계급적 목표의 추구와 반드시 일치하지 않는 것이 다반사이며 그것을 탈구현상이라고 보는 것은 민중에 대한 변혁이론적 고정관념의 산물이라 하지 않을 수 없다. 또한 한국의 사회운동사의 측면에서 보더라도 4월혁명에도 다수의 민중이 참여하였으나 항쟁의 주도세력은 학생이었음에 비해, 민중이 주도했던 것으로 평가받는 부마항쟁을 민주항쟁으로 규정하는 것은 부마항쟁의 의의를 제대로 부각하지 못하는 한계를 갖고 있다고 할 것이다.

다음으로 민중항쟁론을 살펴보면, 부마항쟁에서 민중은 정치적 민주화와 함께 계급적 요구도 제기하고 있다고 해석하는 입장이다.

즉 민중은 주로 경제적인 불만 요인에 의해 항쟁에 참여하였으며, 부유층에 대한 공격 등 계급적 성격을 드러내고 있으며, 적대적이고 혁명적인 저항을 통해 민중적 혁명성을 보여 주고 있다고 평가한다. 따라서 주요 목표가 민주화였다고 하더라도 그에 못지않게 민중의 계급성이 드러난 항쟁으로 평가하고 있다. 부마항쟁을 민중항쟁으로 규정하는 민중항쟁론은 민중의 등장이라는 부마항쟁의 의의를 부각하고 있으나 부마항쟁을 주도했다고 평가하는 민중의 실체에 대해서는 분명한 상(像)을 제시하지 못하고 있다. 민중항쟁론에서 나타나는 민중상은 두 가지인데 그 하나는 억압적 현실에 대한 강력한 변혁의지를 내포하는 존재로서의 민중이며 다른 하나는 뚜렷한 정치의식을 갖지 못하고 억압에 대한 반발, 자유에 대한 본능적 의지 등을 무의식의 발현으로 보여 준 저급한 의식의 민중이다. 이 두 가지 민중상 모두 지나치게 일면적인 것으로서 항쟁을 주도한 민중의 참모습과 거리가 있다고 할 것이다. 따라서 부마항쟁에 참여하고 주도한 민중은 어떤 의식과 행동을 보여 주었는지를 보다 구체적으로 파악해야만 부마항쟁의 성격을 보다 정확히 해명할 수 있는 항쟁 주체의 이해에 도달할 수 있을 것이다.

마지막으로 도시봉기론은 부마항쟁이 도시노동자, 도시빈민, 실업자, 도시하층 서비스업 종사자 등을 포괄하는 도시하층민이 일으킨 도시봉기이며, 이들은 1970년대부터 나타난 도시화라는 새로운 국면에서 사회적 양극화에 따른 공간적 분할을 경험하고 사회적 차별과 배제를 일상적으로 겪은 이질적이고 비균질적 사회집단으로 정의한다. 그런데 우선 도시봉기라는 개념 자체가 대단히 모호하며 한국에서 도시봉기의 계보로 제시하는 4월혁명-광주대단지사건-부마항쟁과 다른 사회운동 혹은 항쟁과의 관계도 분명하지 않다. 또한 도시하층민들은 이질적이고 비균질적 사회집단으로 규정할 뿐 구체적 분석은 제시되지 않는다. 따라서 도시봉기론이 설명력을 가지려면 도시봉기의 개념부터 분명히 제시해야 할 필요가 있다.

이상에서 본 바와 같이 선행연구에서 제시한 부마항쟁의 성격 규정들은 보다 구체적인 연구에 의해 보완되어야 할 한계를 가지고 있다. 특히 성격 규정에서 핵심적 요소인 항쟁 주체로서의 민중의 성격에 대해 보다 심도 깊은 논의가 있어야 할 것이다.

이러한 문제의식에서 이 책에서는 부마항쟁에 참여한 민중, 그 가운데서도 중심적 역할을 했다고 평가되는 노동자계급의 성격을 밝혀 보고자 한다.

주무현(2003: 229-260)이 밝혔듯이 부마항쟁에서는 노동자계급의 광범위한 조직적 참여는 이루어지지 못했다. 노동자들은 개인적으로나 소집단으로 참여하였고 이러한 사실은 관찰자의 보고나 검거자의 통계에서도 입증된다. 그런데 다른 계층의 경우도 마찬가지지만 부마항쟁에 참여한 노동자들은 어떤 동인에 의해 참여하였으며, 항쟁에서 어떤 역할을 했으며, 항쟁에서 어떤 영향을 받았는지 등에 대해 잘 알려지지 않았다. 현재까지는 마산지역에서 항쟁에 참여한 노동자들을 분석한 이은진의 선구적 연구가 거의 유일한 실정이다. 그러므로 항쟁 참여 노동자들의 성격에 대한 연구는 항쟁의 주체인 민중의 성격을 밝히는 데 기여할 수 있고 또 그를 통해 부마항쟁의 성격을 재조명하는 데도 필요한 작업이라 하겠다.

이미 언급하였듯이 민중항쟁론은 항쟁의 주체로서 민중에 대한 두 가지 상을 제시하고 있다. 하나는 부마항쟁에서 보여 준 적대적이고 혁명적인 투쟁 형태를 근거로 민중을 억압적 현실에 대한 강력한 변혁의지를 내포하고 있는 존재로 묘사하고 있으며(부산대학교 총학생회 1985: 68-69) 다른 하나는 뚜렷한 정치의식을 갖지 못하고 억압에 대한 반발, 자유에 대한 본능적 의지 등과 같은 무의식의 발현을 보여 준 존재로서 묘사하고 있다(주대환 1999: 34-38). 이처럼 변혁의지를 내포한 혁명적 민중상이나 본능적 무의식에 이끌려 저항한 저급한 의식의 민중상 모두 지나치게 일면적이라고 보인다. 이러한 민중상들은 한편에서는 항쟁에서 드러난 적대적이고 폭력적인 투쟁방식을 근거로 과도한 혁명성을 부여하고 다른 한편에서는 표출된 현상에만 집착하는 편향을 드러낸다고 보인다.

이 연구에서는 부마항쟁에 참여한 다양한 계층의 민중 속에서 다양한 층위의 개인과 집단이 존재하였을 것으로 전제하면서 기존의 민중항쟁론이 제시한 민중상과는 다른, 보다 실상에 근접한 유형의 민중상이 존재할 것이라고 가정하고자 한다. 이러한 유형의 민중은 일정한 정치의식을 바탕으로 자발적이고 주도적으로 항쟁에 참여하여 다양한 유형의 민중들과 함께 집합사고(collective thinking)를 통해 정치적 판단을 내리고 행동하는 합리적 민중상이다. 이러한 합리적 민중은 분노를 표출하되 행동의 범위를 스스로 제어할 수 있는 이성을 잃지 않으며 상황을 객관적으로 판단할 수 있는 정치적 능력을 갖고 있는 민중이다. 이러한 민중상을 가정하는 근거는 부마항쟁에서 민중이 보여 준 정치적 능력과 집합사고의 발현이다. 부마항쟁의 전개과정을 통해 민중은 정치적 타격대상을 정확히 설정하였으며, 일부의 지나친 행동은 견제하고, 필요할 경우에는 토론을 통해 집합적으로 판단하며, 범죄적 행위는 일체 하지 않는 도덕성을 보여 주었다.

이 책에서 가정하는 민중상이 실재하는지를 밝히기 위해서는 연구대상으로 설정한 항쟁 참여 노동자들의 항쟁체험을 재현하는 방법이 중요하게 대두한다. 선행연구에서 항쟁의 참여 주체와 주도 세력을 파악하는 데 현재까지 사용된 방법은 당국에 검거된 참가자의 직업 분석을 통해서 참여계층을 양적으로 추정하는 것과 참여자들의 행동 양태(폭력적 저항)를 통해 그들의 성격과 지향을 추정하는 것이 전부였다.

그러나 그러한 방법만으로는 노동자들의 항쟁 참여를 설명하는 데 명백한 한계가 있다. 부마항쟁은 한국현대사상 가장 체계적인 억압구조를 구축한 유신체제하에서 일어났다. 이러한 구조 하에서 체제의 일상적 감시망에 노출된 개인은 무력하고 고립된 존재였다. 더구나 당시 형성 중인 노동자계급은 병영적 통제 아래 놓여 있었고 계급적 정체성을 자각하고 집합행동을 경험한 사람은 극소수였다. 1970년대에는 어용화된 한국노총과 자주적 노조인 이른바 민주노조운동이 노동자의 조직운동을 대표하였는데 민주노조운동은 여성노동자들이 중심이었고 남성노동자들은 정치적으로 보수적인 집단으로 평가받았다. 그런데 부마항쟁에는 다수의 남성노동자들이 참여하여 격렬한 정치행동을 보여 주었다. 1970년대의 남성노동자들이 정치적 저항에 참여한 것은 놀라운 현상이었다. 어떻게 그러한 저항이 가능했는가라는 물음에 대한 답변은 자본주의체제의 구조적 억압과 착취, 개발독재의 배제적 노동정책, 김영삼에 대한 탄압 등으로 다 설명되지 않는다. 노동자들이 일상의 삶에서 정치를 어떻게 바라보고 어떤 정치를 생각했는지가 드러나야만 그토록 정치에 무관심한

듯이 보였던 노동자들이 부마항쟁이라는 정치무대에 등장한 사태에 대한 이해가 가능할 것이다. 이를 위해서는 그들 자신의 목소리로 자신들의 경험을 이야기(narative)하는 것이 가장 적절한 방법이 될 것이다. 이러한 이야기는 구술의 형식으로 담아낼 수 있으며 이를 통해 구술자의 항쟁체험을 충실히 재현할 수 있다. 이 이야기는 개인의 경험인 동시에 행위의 '본원적 사회성'에 의해 사회적인 것이 되며 개인사를 뛰어넘어 해당 사회의 구조적 특성을 보여 준다(이희영 2005: 129-133). 이러한 개인사를 통한 접근은 미시적 접근이지만 연구의 방향과 목표에 따라서 사회의 거시적 변동을 밝히는 데 활용될 수 있다.

이러한 관점에서 이 책에서는 선행연구의 한계를 극복하기 위한 방법으로서 항쟁 참여자와 목격자 총 351명의 설문조사와 참여 노동자 6명의 구술 자료를 사용하여 항쟁 참여 노동자들의 경험을 밝힘으로써 부마항쟁의 모습에 한 걸음 더 접근하려고 한다.

이러한 방법론을 통해 이 연구가 밝히고자 하는 것은 다음과 같다.

첫째, 부마항쟁에 참여한 남성노동자들은 어떤 의식과 동기에서 참여하게 되었는가라는 참여의 동인을 밝혀 보고자 한다. 이를 통해 부마항쟁의 참여자들이 어떤 사회적 성격을 갖고 있었는지를 고찰해 보고, 1970년대의 남성노동자들이 정치적으로 보수적이고 지역주의에 물들어 있었으며 가부장적이었다는 선행연구의 가정이 타당한가에 대해 검토하고자 한다.

둘째, 부마항쟁에 참여한 노동자들의 항쟁의 구체적 경험은 어떤 것이며 그를 통해 그들의 삶은 어떤 변화를 겪었는가를 밝혀 보고자 한다. 부마항쟁이라는 거대한 역사적 사건이 참여자 개인에게 미친 영향을 살펴보는 것은 부마항쟁을 미시적 수준에서 이해하는 데 도움을 준다.

셋째, 이상 두 가지 문제의 해명을 통해 부마항쟁에 참여한 항쟁 주체로서 노동자들은 어떤 민중상을 보여 주었는가를 밝혀 보고자 한다. 이 연구는 민중항쟁론에 입각한 연구들이 제시한 두 가지 민중상을 일면적이라고 비판하면서 이와는 다른 합리적 민중상을 가정하였다. 따라서 항쟁 참여 노동자들이 이러한 합리적 민중상에 부합하는지를 확인하고자 한다.

넷째, 이 연구에서 밝혀진 참여 노동자의 민중상을 바탕으로 부마항쟁의 성격을 재조명하기 위한 시사점을 제시하고자 한다.

다섯째, 이 연구의 시사점을 통해 부마항쟁이 이후 한국사회의 민주화와 노동운동의 발전에 끼친 영향을 밝히고 부마항쟁의 역사적·정치적 의의를 확인하고자 한다.

이상과 같은 연구목표를 설정한 이 책은 또한 다음과 같은 한계를 가지고 있음을 밝혀 두고자 한다.

이 책의 주된 연구방법론인 구술사 자료의 분석대상이 되는 노동자들은 모두 6명이며 이들이 부마항쟁에 참여한 모든 노동자들을 대표할 수 있는 대표성을 갖는 것은 아니다. 구술자의 수가 적을 뿐 아니라 표집 방법상의 한계도 있기 때문이다. 이러한 문제는 부마항쟁 참여자와 목격자들의 설문조사 결과로써 다소 보완할 수 있을 것이나 연구대상의 대표성에는 여전히 한계성이 있을 것이다. 따라서 이 연구에서는 부마항쟁에 참여한 다양한 층위의 참여자 가운데 있을 수 있는 특정한 유형의 참여 형태를 확인할 수 있을 뿐이며 이를 통해 연구목표가 가정한 합리적 민중상에 부합하는지를 판단할 것이다. 다만 연구대상이 되는 구술자들은 1970년대의 민주노조운동이나 민주화운동과는 어떤 직접적 연관도 없는 일반 노동자들로 구성되었다는 점에서 기존의 민주화운동의 관점을 대변하거나 그로부터 영향받은 바 없음을 밝혀 둔다.

이 책의 제1장에서 부마항쟁에 대한 문제의식과 목적을 밝혔으며 제2장부터는 다음의 내용으로 논의를 전개하고자 한다.

제2장에서는 부마항쟁에 관한 선행연구를 검토한다. 먼저 부마항쟁에 관한 연구 전반을 개관하고 다음으로 부마항쟁의 성격과 주체에 대한 입장을 기준으로 민주항쟁론, 민중항쟁론, 도시봉기론 등으로 분류하여 그 내용을 검토하고 부마항쟁과 노동자 참여에 관한 선행연구를 검토한다. 그리고 소결론으로 부마항쟁의 목표, 주체, 성격에 관한 논의를 통해 문제의 소재를 정리한다.

제3장에서는 제1절에서 연구방법으로서 문헌 연구와 설문조사방법을 제시한다. 이어서 제2절에서는 이 연구의 주된 방법론인 구술사 방법론에 대한 논의를 전개한다. 질적 연구의 의의와 구술사 방법론에 대한 소개와 아울러 구술사 방법론을 정치학에 적용함으로써 정치학의 발전에 기여할 수 있음을 밝히고자 한다.

제4장에서는 1970년대 노동자의 상태와 노동자의 부마항쟁 참여 문제를 다룬다. 먼저 부산과 마산지역의 노동자가 부마항쟁에 참여하게 되는 제반 조건을 밝히기 위해 제1절에서 유신체제의 성립과 중화학공업화 그리고 노동정책을 살펴본다. 제2절에서는 1960~70년대의 한국 노동자계급의 형성과정, 1970년대 작업장의 노동상황, 1970년대 노동운동을 대표하는 민주노조운동과 그 과정에서 여성노동자와 남성노동자의 상황 등을 살펴본다. 제3절에서는 부산과 마산

지역의 경제 상황, 노동자들의 상태 그리고 노동운동 상황 등을 살펴봄으로써 부마항쟁 전야의 지역 노동자들의 삶을 이해하고자 한다. 제4절에서는 부산과 마산지역 노동자들의 항쟁 참여 동인을 먼저 살펴본다. 참여 동인으로서 구조적 원인인 경제적 원인과 정치적 원인에 대한 기존의 논의를 살펴본 후 설문조사와 구술 자료에 나타난 항쟁 참여 요인을 분석한다. 다음으로 항쟁 참여의 조건들에 대한 논의를 살펴보고 미시적 동인의 요소들을 보다 세분하여 분석한다.

제5장에서는 부마항쟁의 발전 과정과 노동자의 항쟁체험 그리고 항쟁의 정치사회적 결과를 다룬다. 먼저, 제1절에서는 학생시위가 항쟁으로 발전하는 과정을 살펴보고 저항공동체의 형성과 저항의 양상에 대해 논의한다. 제2절에서는 노동자의 항쟁체험을 다룬다. 여기서는 주로 구술 자료에 의거하여 항쟁에서 노동자의 역할, 저항의 양태, 저항으로 인한 피해 등을 분석한다. 제3절에서는 항쟁 이후 노동자들의 변화를 의식과 삶의 양 측면에서 분석한 후 이를 정리하고 그 함의를 논의한다. 제4절에서는 부마항쟁 참여 노동자들의 성격을 국민, 계급과 민중, 남성이라는 측면에서 살펴본다.

제6장은 결론으로서 이상의 논의를 통해 드러난 부마항쟁 참여 노동자의 성격을 밝히고, 그에 기초하여 부마항쟁 주체로서의 민중상이 당초의 가정과 부합하는지를 살핀 다음 부마항쟁의 성격 규정에 대한 시사점을 도출하고 이 연구의 한계와 향후 과제를 밝히고자 한다.

제2장

부마항쟁을 어떻게
볼 것인가?

제1절 부마항쟁의 쟁점들

부마항쟁에 대한 선행연구는 양적으로나 질적으로 상당히 빈약하다. 그 이유는 첫째, 부마항쟁이 그 역사적 의의나 중요성이 4월혁명, 5·18항쟁 또는 6월항쟁에 못지않음에도 불구하고 그 전후의 상황논리에 의해 과소평가되었다는 점이다. 다시 말해 10·26정변 직후 벌어진 권력투쟁에서 김재규가 패배함으로써 박정희의 장례를 '국장'으로 치르고, 긍정적 이미지가 지속되게 함으로써 유신체제를 진정으로 넘어설 수 있는 기회를 가지지 못했다는 점이 이후 지역민들이 부마항쟁에 대한 분열적 인식을 갖게 하는 원인으로 작용했다고 할 수 있다(정근식 2000: 271). 무엇보다도 부마항쟁의 '적'은 박정희를 정점으로 하는 유신체제였는데 10·26정변으로 적어도 표면적으로는 종료한 것이어서 1980년대에 기억을 위하여 더 이상 싸울 것이 없었던 데에 반하여, 5·18항쟁의 '적'은 신군부 및 전두환을 정점으로 하는 독재체제로서 1987년 민주화시점에─즉 민주화의 기억, 그리고 기억투쟁이 시작되는 시점에─현존하는 권력이었다. 따라서 그 결정적인 민주화과정에서 특히 1987~90년 사이의 기간에 과거청산에 관한 주요한 담론의 중심에는 '광주'가 있었고 '부마'는 해당되지 않았다. 유신에 대한 기억이 무대의 중심에 서려고 했다면 그 시기는 1980년 서울의 봄이었어야 했으나 신군부의 권력탈취로 짓밟히고 말았다. 따라서 부마항쟁은 정당한 평가를 받을 수 있는 역사적 타이밍을 놓치고 말았던 것이다(조정관 2008: 46).

둘째, 1990년의 3당합당 이후 한국 정치를 지배적으로 규정해 온 지역주의와 특히 부마항쟁과 직접적으로 연결되었던 김영삼이라는 정치인의 변신이 부마항쟁의 기억투쟁에 부정적으로 작용함으로써 부산과 마산 시민들이 부마항쟁에 대해 분열적 인식을 갖게 하는 또 다른 계기로 작용하였다는 점이다.

셋째는, 둘째 이유의 연장선상에서 부마항쟁에 대한 기초적인 사료의 정리가 매우 미흡하였다는 점이다. 부마항쟁은 다른 항쟁에 비해 매우 단기간에, 비조직적인 형태로 일어났다. 따라서 문서 등의 형태로 남아 있는 사료가 매우 부족할 뿐 아니라 당국의 조사, 재판기록이나 항쟁 당사자의 증언 등도 제대로 확보되어 있지 못하다. 따라서 체계적인 연구를 수행하기에는 대단히 불리한 여건에 놓여 있었다.

이러한 여건들을 전제하고 그간에 생산된 부마항쟁에 관련된 명칭의 변화, 주요 자료와 연구 성과를 개관해 보면 다음과 같다.

부마항쟁 발발하자 박정희 대통령은 10월 18일 자정 계엄 선포와 함께 발표한 담화를 통해 부마항쟁은 "일부 학생들과 이에 합세한 불순분자들이… 공공질서를 파괴하는 난폭한 행동"으로서 '반국가적 반사회적', '난동 소요'라고 규정하였다. 최창림 마산경찰서장은

20일 기자회견을 갖고 마산의 항쟁은 "일부 학생과 불순분자들이 합세해서 소요를 일으키고 공공건물을 방화 파괴하고, 공용장비를 파괴하고 상가 점포를 파괴하는 등 난동"이며, "이번 소요의 특징은 단순한 시위가 아닌 폭동에 가까운 소요"라고 발표했다(편집부 엮음. 1984a: 103-107). 또한 부마항쟁 관련자를 재판한 부산·경남지구계엄군법회의는 부마항쟁에 대해 "지난 소요사태는 단순한 시위의 범위를 넘어 사회질서를 극도로 교란시킨 폭동사태"로 규정하였다(부산일보 1979년 11월 29일자). 이처럼 유신정권의 부마항쟁에 대한 명칭은 '난동', '소요', '폭동'이었다.

당시 언론은 부마항쟁을 '시위' 또는 '부산사태' 등 객관적 용어를 사용한 경우도 있으나 대체로 '소요사태', '학생소요사태' 등으로 정부가 사용한 용어로 보도하였다(편집부 엮음 1984a: 103-107). 한편 일반적으로 가장 널리 쓰인 명칭은 '부마사태'였다.

이러한 정권과 언론의 규정에 반해 학생들은 '항쟁', '의거', '봉기' 등의 명칭을 사용하였다. 1980년 4월 19일에 발표한 "4·19 제20선언"에서 서울대 총학생회는 '10월 부마항쟁'이란 용어를 썼고, 같은 해 5월 1일에 연세대학교 총학생회가 발표한 "민주화를 위한 시국 선언문"에서는 '부마의거'로 표현되었다. 같은 해 5월 2일 서울대 총학생회의 "시국선언문"에서는 '부마민중항쟁'이라는 명칭이 나타났고, 같은 날 성균관대학교 비상총회가 채택한 "시국에 대한 우리의 결의문"에서는 '부마의거'가 사용되었다. 같은 해 5월 3일 서울대 대학원생 총회가 채택한 "현 시국과 민주화투쟁에 관한 우리의 입장"에서는 '부마민중봉기'라는 명칭이 사용되었다(편집부 엮음 1984b: 3-107). 이처럼 1980년 봄에는 주로 학생운동에서 '부마의

거', '부마항쟁', '부마민중항쟁', '부마민중봉기' 등 다양한 명칭이 사용되었다.

1980년 5월, 신군부의 5·17쿠데타와 5·18항쟁의 발발, 그에 잇따른 대탄압의 공세가 몰아치면서 부마항쟁은 5·18항쟁과 마찬가지로 공개적으로는 언급할 수 없는 금기의 사건이 되었다. 이 침묵의 시기 이후 다시 부마항쟁이 언론에서 공개적으로 언급되는 시기는 1985년 2월 총선 이후였다. 그러나 그 이전인 1983년 말, 이른바 유화국면 이후에 부마항쟁을 기억하는 투쟁을 먼저 시작한 것은 부산지역의 학생운동 세력이었는데 최초의 공식적 기념행사는 1984년으로 나타난다.

1984년 10월 부산대학교 민주화추진위원회가 부마항쟁 5주년을 맞아 기념식을 가지고 「새벽 함성」 창간호를 배포하였는데 그 내용 속에 특집으로 부마항쟁의 사회경제적 배경과 항쟁 일지를 실었다. 이 문건은 부마항쟁에 대한 최초의 체계적 작업이라고 할 수 있으며 부마항쟁을 '10·16 부·마 민중항쟁'으로 명명하였다(부산대학교 민주화추진위원회 1984: 18-23).

1985년 9월 27일에는 부산대, 동의대, 동아대 등 부산지역 5개 대학 학생들이 부산대 효원회관 앞에서 부산대 총학생회 주최로 '10·16부마항쟁6주년기념식'이 열려 '민주개헌쟁취', '서민생계보장' 등의 구호를 외치며 교내 시위를 했다. 인천대학교에서도 총학생회 주최로 부마항쟁 기념식을 가졌다고 한다. 또 1986년 10월 23일 동아대학교에서 부산마산지역 7개 대학 총학생회 공동명의로 연합성명서가 발표되고 10·17 부마민주항쟁 7주년 기념식을 가진 후 '민주헌법쟁취투쟁위원회'를 결성했다고 한다(민주공원 2003b).

언론에서 공개적으로 부마항쟁을 다룬 것은 1985년이었다. 1985년 신동아(5월호)에서 "부마사태의 장막을 벗긴다"(이수언)라는 기사가 나왔고, 같은 해 월간조선 5월호("김재규와 차지철의 암투")와 6월호("김재규 최후의 날")도 부마항쟁을 다루었다. 흥미로운 것은 신동아의 기사는 부마항쟁 자체를 중심으로 다루었고 그 시각도 부마항쟁을 부마민중항쟁으로 규정한 84년 부산대학교 민주화추진위원회의 유인물을 인용하는 등 긍정적으로 기술한 데 비해, 월간조선의 기사는 김재규-차지철의 암투와 10·26사건을 중심에 두고 부마항쟁을 배경 정도로 다루었고 그 내용조차 부정확하거나 왜곡된 부분이 있어 기사에 대한 반박문이 부산대 신문(1985년 6월 3일자)에 실렸다. 기사의 제목에서 알 수 있듯이 이 시기에도 언론에서는 부마항쟁의 명칭을 여전히 '부마사태'로 기록하는 상황이었다.

1985년 10월, 부산대학교 총학생회는 "10월 부마민중항쟁사"라는 부제가 붙은 「거역의 밤을 불사르라」는 자료집을 발간하였다. 이 자료집은 부마항쟁을 '부마민중항쟁'으로 규정하면서 부마민중항쟁을 보는 시각, 배경, 전개과정, 평가 및 전망 등을 다루고 있는데 운동론적 시각에서 「새벽 함성」보다 훨씬 상세하고 본격적인 분석을 전개하였다. 이 문건은 이후의 부마항쟁 관련 자료들의 바탕을 제공한 것으로 보인다.

1985년 12월에는 마산에서 발행한 무크지 『마산문화』제4집에 박영주의 "10·18마산민주항쟁의 전개과정"이 실렸다. 이 글은 마산지역의 항쟁의 전 과정을 참여자와 목격자의 증언을 토대로 한 일종의 보고서로서 50여 명의 증언을 듣고 사실 확인을 거친 성실한 노력이 돋보이는 노작(勞作)이었다.

1987년 7월 한국기독교교회협의회 인권위원회가 전 5권으로 발간한 『1970년대 민주화운동』총서에 부마항쟁이 정리되어 있는데 여기서는 부마항쟁을 70년대의 여러 민주화운동 중의 일부분으로 다루고 있어서 하나의 지역운동 정도로 과소평가하고 있는 듯한 느낌마저 있다.

같은 1987년 7월에 조갑제의 『유고!』1, 2권이 발간되었다. 이 책은 부마항쟁에서 10·26사태까지를 다룬 최초의 다큐멘터리인데 부분적으로 사실 관계의 문제 등이 있지만 그나마 다수 시민들의 증언과 관련 자료의 수집과 분석을 통해 당시 상황을 재구성한 자료로서 유용성이 있다.

언론에서 최초로 부마항쟁을 집중적으로 조명한 것은 한겨레신문인데, 1988년 10월 부마항쟁 10주년 기념일을 전후하여 부마항쟁을 '부마 10월항쟁'으로 명명하며 5회에 걸쳐 기획기사로 다루어 자료, 증언과 평가 등을 수록하고 있다. 여기서 부마항쟁은 70년대 민주화운동의 정점으로 평가되고 있다.

1989년 부마항쟁 10주년을 맞아 부산과 마산의 항쟁 관련 당사자들이 중심이 되어 기념사업회를 조직하고 10주년 기념사업의 일환으로 『부마민주항쟁10주년기념자료집』을 발간하였는데, 여기에 당시 수집 가능한 문건 등 자료와 참가자들의 간략한 증언, 기획논문 등을 수록하여 향후 연구를 위한 1차 자료들을 종합적으로 정리하였다. 이 자료집은 현재까지 부마항쟁 연구의 주된 기초 자료로 활용되고 있다.

1990년 3월에는 5·18광주민중항쟁동지회가 편집한 『부마에서 광주까지』가 출판되었는데 부마항쟁, 서울의 봄, 5·18항쟁의 세 가지 내용이 수록되었다. 여기서 부마항쟁 부분은 「거역의 밤을 불사르라」를 거의 옮겨 놓은 것으로서 새로운 내용은 찾아보기 어렵다.

1998년 6월에는 부산민주운동사 편찬위원회가 집필한 『부산민주운동사』가 발간되어 부마항쟁에 대한 보다 정제된 기록이 정리되었다. 이 책은 개항기부터 1990년대에 이르는 시기까지의 부산지역 사회운동사를 정리하였는데 부마항쟁은 제5장 유신체제하 1970년대 부산지역 민주화운동 가운데 상당한 비중으로 서술되어 있다. 이 책의 서술이 현재까지 부마항쟁에 대한 일종의 정본(text)의 위치를 점하고 있다.

1999년은 부마항쟁 20주년이 되는 해인데, 부산에서는 '박정희 정권과 한국민주주의'를 주제로, 마산에서는 '부마항쟁의 역사적 의의와 과제'를 주제로 학술심포지엄을 개최하였고 관련 연구논문들이 발표되었다.

2000년 5월에는 한국정치학회가 '한국의 정치변동과 민주주의' 기획학술회의를 개최하여 '한국 민주화 운동의 민족사적, 세계사적 의의: 부마, 광주와 한국과 세계의민주화'를 주제로 관련 연구 논문을 발표하였다. 이 학술회의에서 부마항쟁을 직접 다룬 논문으로서 임현진의 "민주화의 전주곡으로서 부마항쟁: 유신체제의 지연된 붕괴", 정경환의 "부마민주항쟁의 현대 정치사적 의미와 교훈: 지역사회운동에서 한국민주화운동에로의 복원", 박광주의 "부마와 광주의 전국화, 세계화" 등이 발표되었다.

2003년에는 부산민주공원에서 편집한 『부마민주항쟁 연구논총』이 발간되었는데 부마항쟁과 관련한 여러 주제에 대해 전문 연구자들이 집필한 것으로 부마항쟁에 대한 최초의 본격적 연구서라고 할 수 있다. 이 책은 부마항쟁을 각 분야별로 조명하는 기획논문집으로서 부마항쟁의 개관, 정치적 배경, 경제적 배경, 사회·문화적 배경, 학생운동과의 관련성, 노동운동과의 관련성, 부산정치지형의 변화, 양서협동조합과의 관련성, 부마민주항쟁과 5·18민중항쟁의 비교, 부산지역사회의 변화 등이 수록되었다.

2006년에는 마산 지역의 부마항쟁 관련 1차 자료가 입수되었다. 부마항쟁 당시 육군고등군법회의가 정리한 6,000면가량의 『부마사건 재판기록』 7권이다. 이 자료의 발굴을 계기로 마산지역의 항쟁 연구가 주로 이은진 교수에 의해 진척되었다. 육군고등군법회의의 자료는 이은진 교수에 의해 『1979년 마산의 부마민주항쟁』으로 정리되어 2008년 3월에 발간되었다.

2007년에는 (사)부산민주항쟁기념사업회가 부산지역의 항쟁 참여자와 목격자를 대상으로 설문조사를 실시하여 보고하였다.

이상에서 살펴본 바와 같이 부마항쟁에 대한 본격적인 학술 연구는 양적으로나 질적으로나 아직 대단히 부족한 상태에 머물러 있다. 그렇지만 그리 많지 않은 부마항쟁 연구에서도 연구자의 관점에 따라 몇 가지 쟁점들이 부각되었다.

첫째, 부마항쟁의 성격과 관련하여 쟁점이 되는 것은 부마항쟁이 1970년대 민주화 운동의 연장선 위에 서 있는 것인가, 아니면 그와는 다른 독자성을 갖고 있는가 하는 문제이다. 이는 1970년대 민주화운동과 부마항쟁의 연속론과 단절론이라 부를 수 있을 것이다. 연속론을 주장하는 연구자들은 부마항쟁은 1970년대 유신체제에 대한 저항으로서 민주화운동의 발전과정과 연속되는 사건으로 이해한다. 따라서 부마항쟁은 1970년대 민주화운동의 정점으로서 민주화운동이 대중적으로 확대된 항쟁이라고 볼 수 있다. 반면, 단절론은 부마항쟁이 1970년대의 민주화운동과 일정하게 연관되어 있음을 부정하지 않지만 본질적으로는 그와는 다른 사건으로 이해한다. 즉 경인지역 중심이고 대학생, 지식인, 재야세력, 종교단체 등의 중간층이 중심이었던 1970년대의 민주화운동과는 달리 민중 혹은 근로대중에 의해 주도된 봉기라고 본다. 따라서 부마항쟁을 민주화운동의 맥락에서 파악하는 것은 오류이며 전혀 새로운 상황의 전개로 이해해야 한다는 것이다.

둘째, 부마항쟁의 주체와 관련하여 1979년의 부마항쟁에 어떤 계급, 계층의 시민들이 주로 참여하였으며, 그 주도세력은 학생인가, 시민 혹은 민중인가, 도시하층민인가라는 문제가 또 하나의 쟁점이 된다.

〈표 1〉 부마항쟁 선행연구에 대한 쟁점별 분류

구분	연속론	단절론
민주항쟁론	부마민주항쟁10주년기념자료집(1989) 조희연(1990) 부산민주운동사(1998) 이은진(1998) 정근식(1999) 박광주(2000) 임현진(2000) 정경환(2000) 이행봉(2003) 손호철(2003)	
민중항쟁론	부산대학교 총학생회(1985) 한국기독교교회협의회 인권위원회(1987) 정광민(1989)	박영주(1985) 주대환(1999)
도시봉기론		김원(2006)

이상 두 가지 쟁점, 즉 1970년대 민주화운동과의 연속성, 주체 및 주도세력에 대한 인식 그리고 항쟁의 목표 등에 따라 연구자들은 부마항쟁을 민주항쟁, 민중항쟁, 도시봉기 등으로 그 성격을 달리 규정하고 있다.

이 두 가지 쟁점은 모두 부마항쟁에 등장한 민중을 어떻게 평가할 것인가라는 문제와 연관되어 있다. 선행연구들을 이상의 쟁점별로 분류해 보면 <표 1>과 같다.

셋째, 부마항쟁의 원인도 쟁점이 된다. 부마항쟁 발생과 관련하여 그 원인은 무엇이며, 경제적 원인과 정치적 원인은 어떤 관계에 있는지 등에 대해 연구자에 따라 상당한 견해차가 있다.

그 밖에도 다른 쟁점들이 있을 수 있지만 주요한 쟁점은 위 세 가지 정도로 요약할 수 있을 것이다. 다음에서는 이상의 쟁점을 염두에 두고 부마항쟁의 성격 규정을 중심으로 선행연구들을 검토해 보고 아울러 노동자들의 항쟁 참여에 대한 선행연구를 살펴보기로 한다.

제2절 부마항쟁의 성격

부마항쟁에 대한 체제 측의 성격 규정은 '폭동사태'였다. 초기에 언론에서는 부마항쟁을 '소요사태' 혹은 '학생소요'로 명명하였다. 이후 부산·경남지구 계엄군법회의는 1979년 11월 28일 항쟁 관련자에 대한 선고 공판을 열고 "지난번 소요사태는 단순한 시위의 범위를 넘어 사회질서를 극도로 교란시킨 폭동사태였다"고 부마항쟁을 폭동으로 규정하였다(박영주 1985: 167). 이러한 규정은 1993년 김영삼 정부의 집권 이후 정부 차원에서 제기한 이른바 '역사 바로

세우기'의 일환으로 부마항쟁이 민주항쟁이라고 규정하기 전까지 정부의 공식 입장이었다. 그러나 민족민주운동세력은 정부 측의 성격 규정을 거부하고 초기부터 부마항쟁을 달리 평가하였음은 앞서 살펴본 대로이다.

1. 민주항쟁론

부마항쟁에 대한 가장 일반적인 성격규정은 민주항쟁론이다. 이는 부마항쟁이 '유신철폐', '독재타도'를 부르짖으며 유신독재에 항거해서 일어났다는 사실에서 일찍부터 사용되었던 개념이다.

무엇보다도 민주항쟁론은 1970년대에 반독재 민주화운동에 참여했던 세력들에게는 민주화운동과 부마항쟁을 연결시키는 논리로서 자연스럽게 일반화되었다. 민주항쟁론을 주장하는 연구자들은 부마항쟁 이전의 사회운동을 민주화운동 혹은 민중운동, 민족민주운동 등 다소간 상이하게 파악할지라도 부마항쟁에 이르기까지 연속적인 과정으로 이해한다.

1989년 부마항쟁 10주년을 기념하여 부산과 마산의 부마민주항쟁 기념사업회 등이 발간한 『부마민주항쟁10주년기념자료집』(이하 『자료집』으로 약칭)은 부마항쟁을 70년대 사회운동의 연장선상에서 부산 마산지역 민중들에 의해 독재정권에 대항하여 일어난 유신독재 정권에 대한 전면적 부정, 항쟁으로 규정한다.[3]

---

3) 자료집은 부마항쟁 이후 최초로 시도된 종합적 자료 정리와 이론작업의 결과물로서 의의가 있다. 다만 자료집에 실린 5편의 기획논문들에는 필자가 명기되어 있지 않아 연구자의 이름을 밝히지 못하고 자료집으로 소개한다.

『자료집』은 또 부마항쟁의 주체와 관련하여 몇 가지 관점이 혼용되어 왔음을 지적하면서 '시민항쟁', '학생운동', '민중항쟁'적 관점을 예시한다. 『자료집』에 의하면 이런 관점들은 부마항쟁의 주체와 운동의 중심이 어디에 있는가를 규정하는 결정적 요소로서 그 결정 방향에 따라 항쟁의 성격이 달라진다고 한다. 『자료집』은 '시민항쟁'적 관점에 대해 단순한 공간적 개념으로서 '도시의 주민'이라는 의미의 시민 개념이라면 몰계급적 이해이며, 근대 부르주아계급의 의미라면 부마항쟁에 자본가계급이 참여하지 않았으므로 잘못된 관점이라고 비판한다. '학생운동'적 관점에 대해서는 학생운동의 선도성은 인정하더라도 항쟁 과정에서 시위의 주도권이 민중에게 넘어갔으므로 역시 잘못된 관점이라고 비판한다(자료집 1989: 302-306).

『자료집』은 부마항쟁의 주체는 민중으로서 계급·계층적 관점에서 보면 노동자·농민·도시빈민 등 기층민중과 진보적인 중간 제계층이라고 전제하고 민중 개념으로 부마항쟁의 주체를 파악하는데 그 지표는 계급적 구성(양적 측면)과 항쟁의 대응 정도(질적 측면)이다. 부마항쟁에 참여한 시민들의 계급적 구성은 항쟁 중의 검거자와 구속자의 대다수가 기층민중으로서 영세상인, 영세기업 노동자 등 반프로층과 무직자 등이 대종을 이루고 있었다고 인식하였다. 또, 항쟁의 질적 측면에서 단순 시위의 차원을 넘어 정권의 통제기구에 대한 공격으로 전환하여 기층민중의 폭발적 힘이 물리적으로 나타남으로써 민중들의 혁명성이 여실히 드러났다고 이해하였다. 따라서 부마항쟁이 유신독재 타도라는 정권의 교체를 통한 민주화운동의 일환이라 할지라도 그 양상은 이전의 운동과는 달리 기층민중이 주체가 된 4월혁명 이후 최초의 민중운동이라고 기술하고 있다(자료집

1989: 306-312).

　이상에서 본 바와 같이 『자료집』의 항쟁 성격 규정은 상당히 모호하고 복합적이다. 즉 항쟁의 성격을 규정하는 것은 항쟁의 주체라고 전제하고 부마항쟁의 주체를 민중으로 파악하는 '민중항쟁'적 성격을 강조하면서 동시에 부마항쟁은 70년대 사회운동의 연장선상에서 민주화운동의 일환으로 이해하고 '민주항쟁'이라는 명칭을 사용하고 있다. 다시 말하면 『자료집』의 부마항쟁에 대한 인식은 부마항쟁의 주체는 민중이며 따라서 '민중항쟁'적 관점에 서야 하지만, 부마항쟁 그 자체는 민중의 계급적 요구를 내세운 것이 아니라 민주화운동의 요구와 목표를 제기한 민주주의 쟁취를 위한 투쟁으로 이해하고 있음을 보여 주고 있다.

　조희연(1990)은 『한국사회운동사』에서 1970년대 민족민주운동의 전개과정으로서 부마항쟁을 이해한다. 유신시대에 들어서 학생운동의 선도적 투쟁이 대중운동으로 발전하게 되는데 1978년 6월의 광화문 시위는 학생들의 반유신투쟁이 대중투쟁으로 전환되어 가고 있음을 보여 준 상징적 사건이라고 본다. 이러한 학생들의 선도적 투쟁과 대중투쟁의 결합은 1979년 부산마산항쟁에서 절정에 이르게 되고 그 여파로 유신체제는 붕괴하게 된다고 이해한다. 학생들의 선도적 투쟁이 대중투쟁으로 전환되고 대중투쟁과 결합하는 사례로서 부마항쟁을 이해하는 이러한 인식은 전형적인 '연속론'으로서의 '민주항쟁론'의 인식을 보여 주고 있다.[4]

　1998년에 부산민주운동사편찬위원회가 발간한 『부산민주운동사』

---

4) 조희연 편. 1990. 『한국사회운동사』. 서울: 죽산.

는 부마항쟁을 상당히 비중 있게 다루고 있는데 그 주된 내용은『자료집』의 인식과 대동소이하지만『자료집』보다는 구체적·체계적으로 정리하고 있다.[5]

『부산민주운동사』(1998: 428)에 의하면 부마항쟁의 성격은 다음과 같이 규정된다. 첫째, 항쟁의 목표에 있어서 민중민주적·계급적 혁명성을 가진 목표는 잠재적으로 내포되는 수준을 넘지 않았고, 직접적으로는 자유주의적 민주주의가 가치목표로서 반영된 '반독재 민주항쟁'이었다. 둘째, 주체세력과 지도부의 면에서는 조직적 지도부 없는 민중적 주체 곧 도시빈민 위주의 기층민중에 중간층 시민이 가세한 미조직 대중이 이끈 '민중적' 항쟁이었다. 셋째, 투쟁 방법의 면에서는 경찰기관이나 관공서 등에 대한 공격, 진압 경찰의 폭력에 대한 자구적 대응 폭력은 상당하였으나, 무장투쟁 같은 극단적 저항은 없었다. 넷째, 항쟁의 결과 면에서는 부마항쟁은 '미완의 항쟁'이었다. 부마항쟁의 성격을 이상과 같이 몇 가지 측면으로 나누어 규정한 후, 『부산민주운동사』는 항쟁의 목표와 주체 사이의 탈구(脫臼)현상을 지적한다. 즉 부마항쟁에서 민중적 주체에 의하여 주장된 항쟁 목표가 민중적 계급 요구이기보다는 부르주아적 과제로서의 '독재타도'와 '민주회복'에 그치고 있으며, 이 현상의 이면에는 전쟁과 분단의 체험 속에 수십 년간 매카시즘적 공포를 체질화해 온 한국의 대중적 정서가 가로놓여 있다는 것이다.

이상에서 본 바와 같이 부마항쟁은 '민중적' 주체에 의한 '민중적'

---

5) 부산민주운동사의 부마항쟁 기술은 지금까지 나온 항쟁에 대한 역사적 기술로서는 가장 정리된 내용을 담고 있어 일종의 정본(正本)의 역할을 하고 있다. 부산민주운동사는 여러 사람의 공동집필로 이루어졌으며 부마항쟁을 기술한 부분(제5장 제3절)의 책임집필위원은 이행봉, 공동집필위원은 김형균, 유영국이다.

항쟁이기는 하나 '민중항쟁'은 아니며, 항쟁의 목표 면에서 보아 '반독재 민주항쟁'으로서 1970년대 반유신운동의 귀결점이자 총결산으로 규정함으로써 1970년대 민주화운동과의 연속론이 부산민주운동사의 항쟁 인식임을 알 수 있다.

이러한 『부산민주운동사』의 항쟁 성격 규정은 항쟁의 주체와 목표 사이의 괴리라는 탈구현상을 지적함으로써 이러한 탈구현상에 대한 보다 심도 깊은 해명의 과제를 제기하였으며, 아울러 항쟁의 주체로서의 '민중적' 주체에 대한 심층적인 분석의 과제를 남기고 있다.

이은진(1998)은 1979년 10월 18일부터 일어난 마산지역의 부마항쟁을 '10 · 18 마산민주항쟁'으로 명명하면서, 부마항쟁의 해석이 박정희 시대의 전반적 사회 흐름을 평가하는 계기가 된다고 이해하였다. 즉 박정희 시대 전반의 흐름과 부마항쟁을 연속적으로 이해하는 입장이며 마산에서 항쟁을 주도한 세력은 학생이었고 학생들이 주동한 사실은 참여한 학생에 비해 구속된 학생의 비율이 높았던 점에서 추정된다고 본다.

이은진(1998)은 버크(Berk)의 집합행동의 3단계론을 따라 선행조건, 환경적 요인, 집합행동으로 나누어 마산항쟁을 해석하였다. 부마항쟁의 발생원인으로서 경기에 민감한 노동자층, 이입노동자의 존재, 계기적 사건으로서 김영삼의 제명, 부산 시위 소식의 전파, 3 · 15의 역사성과 현재의 정치적 무기력 등을 들고 있다. 집합행동의 과정으로서 대학생들이 주동한 점, 시위 동조자는 육체노동자, 상인, 고교생 등이 차례로 등장한 특징이 있다고 본다. 경찰은 지역에 대한 대비 능력이 취약했고 미국은 시위 확산을 막기 위해 적극적 조치를 취했다. 결과로서 부마항쟁은 유신체제의 와해를 가져왔고 체제측은 노동자층의 후속 시위를 가장 두려워하였다고 분석했다. 이는 10월 22일에 검거된 163명의 시위대를 분석하면 학생층에게는 관대한 반면 노동자층에 대해 가혹하게 대응하는 방식이 드러나므로 당국이 위험시한 계층이 노동자층이었음을 간접적으로 증명한다고 이해하였다.

이러한 이은진의 항쟁 이해는 항쟁의 성격을 '민주항쟁'으로 이해하는 점에서는 자료집이나 부산민주운동사와 동일하지만 항쟁 주도 세력을 학생으로 파악하는 점에서는 다르다. 이은진의 분석을 따르면 마산의 항쟁에서 노동자층의 참여가 높은 것으로 나타나는 이유 중의 일부는 이들을 위험시한 정부 당국의 가혹한 대응이라고 해석될 수도 있다.

정근식(1999)은 부마항쟁을 민주주의에 대한 대중적 염원을 표출시킨 사건으로서 4월혁명, 부마항쟁, 광주항쟁, 6월항쟁으로 이어지는 민주운동사의 주요한 지점이며 70년대 민주화운동의 정점이었고, 유신체제라는 군부권위주의를 불식하고 사회 전체를 민주화시켜 가는 과정의 제1보라고 평가하였다. 즉 부마항쟁을 1970년대의 민주화운동의 연장선상에서 파악하는 '민주항쟁론'의 입장에 있다. 항쟁의 주체는 초기에는 학생들에 의해 주도되었으나 점차 시민들이 중심이 되어 갔으며 특히 야간 시위에서는 하층시민들이 주축을 이루었다고 본다. 그러나 항쟁의 주체로서 '민중' 개념의 사용에는 매우 조심스럽다. 사회운동 분석에서 '민중' 개념은 모호하고 다루기 어려운 것으로서 굳이 사용한다면 경험적 개념이 아니라 출현적(emergent) 개념으로 사용할 것을 제안한다. 즉 민중은 일상적·경험적 범주가 아니라 새로운 사회를 지향하는, 일상적·계급적 존재를 넘어서서 새로운 역사창조에 동참하는 존재들이라는 것이다.

정근식(1999: 259-262)은 부마항쟁과 5·18항쟁을 포함하여 한국의 민주화과정 전반에 걸친 분석을 전개하면서 특히 부마항쟁에서 김영삼 변수를 중시한다. 즉 유신정권의 지역 간 분할통치와 정치인들의 분할관리체제하에서 반체제세력은 시민사회에서 배제되며 도전세력은 정치사회에서 배제된다. 언론을 통해 항상 가시적으로 보이는 영역은 권력블록과 반대가 허용되는 제도적 영역으로 한정된다. 제도정치권이 대중들의 운동과 투쟁에서 차지하는 의의는 과소평가될 수 없으며, 유의미한 대중투쟁은 이 제도적 영역에서 촉발되며 이 과정에서 시민들은 민중으로 전화된다. 민주화의 이행기에 발생하는 대중적 활성화와 투쟁은 정치인을 매개로 발생한다. 따라서 김영삼 변수는 당시 운동의 틀 정렬과정에서 숨겨진 것이나 실제로는 항쟁의 형성에 크게 작용하였다고 본다.

박광주(2000: 2)는 부마항쟁과 5·18항쟁이 모두 민주항쟁이며 권위주의체제하에서 꾸준히 전개되어 온 민주화운동들에 비해 특별한 의미를 갖는 것은 항쟁의 시기와 규모의 측면에서 범시민적 투쟁이었다는 점이라고 본다. 부마항쟁은 유신체제하에서 계속 증폭된 민주화요구가 가장 대규모적으로 폭발한 사건으로서 1970년대 민주화운동의 연장선에서 파악하는 민주항쟁론의 입장에 서 있다.

박광주(2000: 3)는 왜 부산과 마산에서 그리고 광주에서 항쟁이 일어났는가에 대해 김영삼이나 김대중에 대한 정치적 탄압만으로 발생한 것이 아니라 군사권위주의에 대한 대중적 반발이 그러한 사건을 계기로 촉발되었을 뿐이라고 본다. 마산이 3·15민주성지라거나 광주가 1929년 광주학생운동의 성지라는 사실은 충분한 설명이 되지 않는다. 만일 박정희 암살이 없었더라면 부마항쟁은 전국적 항쟁으로 확산되었을 것이고, 광주항쟁의 전모가 제대로 알려졌더라도 마찬가지였을 것이라는 의미에서 이들 항쟁이 특정 사건이나 특정 지역의 민주역량 때문만은 아니다. 그보다는 군사권위주의 체제 내의 권력투쟁-김재규의 반항이나 신군부의 집권의지-이 사태의 진전에 결정적인 영향을 미쳤다고 보는 것이 옳다고 지적한다. 이러한 지적은 일면 타당하지만 그러나 특정 국면에서 특정한 사건이 특정 지역에서 먼저 발생한 이유를 해명해야 할 필요성은 여전히 남아 있다고 본다.

임현진(2000: 5)은 부마항쟁을 민주화운동이란 측면에서 성격을 규정할 수 있다고 본다. 또한 부마항쟁의 주체는 민중인데 이는 언론, 출판, 집회, 결사의 자유가 없었던 당시 한국사회의 현실에서 '능동적 시민'의 존재를 인정하기 어렵다는 점에서 반유신독재의 민주화운동의 주된 참여자는 피지배층으로서 민중으로 보아야 하기 때문이라는 것이다. 그렇다고 이러한 민중이 계급적 실체를 가졌다고 보기에는 이념이나 사상 면에서 대안적 사회를 전제한 기든스가 지적한 '적대적 계급의식'을 찾아보기 어렵다고 지적한다.

정경환(2000: 12-13)은 부마항쟁을 반독재 민주화운동인 동시에 민중생존권 확보를 위한 투쟁의 일환으로 의미를 부여한다. 이는 기층민중들의 절박한 경제적 고통을 외면할 수 없었던 학생들의 선언문에 표현되어 있다. 그러나 기층민중들의 시위에서 나타난 구호에는 부가가치세 철폐 이외에는 경제적 요구가 없었던 점은 별도의 설명을 요하는 문제다.

이행봉(2003: 7-56)은 『부산민주운동사』의 항쟁 인식에 입각한 관점에서 부마항쟁을 민중 주체의 유신독재 타도를 목표로 한 반독재 민주항쟁으로 파악하였다.

손호철(2003: 59-97)은 '민주항쟁론'의 시각에서 부마민주항쟁의 정치적 배경을 설명하면서 박 정권 몰락의 직접적 요인은 지배세력의 분열과 이에 따른 김재규의 박정희 암살이지만 이를 촉발한 것은 민중저항이었음을 강조하였다. 또한 정치적 배경으로서 '김영삼 변수'와 지역주의를 중요시한다. 즉 부마항쟁을 '김영삼 변수'와 지역주의로 환원하는 것은 잘못이지만 유신의 보편적 모순이 지역적 특수성 그리고 지역을 대표하는 김영삼이라는 변수를 통해 폭발한 것으로 파악한다. 다른 한편 부마항쟁은 한국에서 신자유주의 정책에 의해 촉발된 최초의 '반신자유주의적 저항'이었다고 지적했다. 박 정권은 당시의 경제위기를 극복하기 위해 IMF에 구제금융을 신청했고 IMF는 구제금융 제공과 함께 긴축 등 신자유주의적 정책을 조건으로 걸었다. 이를 받아들여 박 정권은 1979년 4월 「경제안정화종합시책」을 발표했고 그 결과 중소기업 등의 도산과 민중생활의 궁핍화를 가속화시켰으며 이 같은 경제적 조건이 부마항쟁의 중요한 원인이 되었다는 것이다. 이러한 지적은 부마항쟁의 경제적 원인으로 제시되어 온 1970년대 중화학공업화의 부작용과 제2차 오일쇼크 등 경제위기와 그에 대한 정권의 대응에 대한 보다 면밀한 분석을 요청한다고 할 것이다.

이상에서 살펴본 민주항쟁론의 입장에 선 연구들에서 부마항쟁의 주체와 성격 그리고 그 근거를 표로 정리하여 보면 다음과 같다(이 표는 항쟁의 성격 규정과 관련하여 뚜렷한 근거를 밝힌 연구를 중심으로 작성하였다).

〈표 2〉 민주항쟁론에 입각한 부마항쟁의 주체와 성격

구분	주체	항쟁성격	근거
자료집 (1989)	민중	민주항쟁	① 참여자 구성: 검거자의 다수가 민중임 ② 투쟁 방법: 민중의 혁명성 발현 ③ 항쟁 성격: 주체는 민중이나 항쟁 목표는 계급적 요구가 아닌 민주화
부산민주운동사 (1998)	민중적 주체	반독재 민주항쟁	① 참여자 구성: 도시빈민 위주의 기층민중＋중간층 시민 ② 투쟁 방법: 자구적 대응 폭력 ③ 항쟁 성격: 항쟁의 목표와 주체 간의 탈구. 항쟁 목표가 민중적 계급 요구가 아닌 부르주아적 과제
이은진 (1998)	학생	민주항쟁	① 참여자 구성: 참여 학생에 비해 구속 학생의 비율이 높으며, 노동자, 상인, 고교생은 시위 동조자
임현진 (2000)	민중	민주항쟁	① 참여자 성격: 유신체제하에서 '능동적 시민'을 인정하기 어려우므로 피지배층인 민중으로 파악 ③ 항쟁 성격: 민중이 계급적 실체를 가졌다고 보기 어렵고 적대적 계급의식 없음
손호철 (2003)	민중	민주항쟁	③ 항쟁 성격: 김영삼 변수와 지역주의적 저항의 성격을 중시. 부마항쟁을 최초의 반신자유주의적 저항으로 이해

2. 민중항쟁론

위에서 본 대로 부마항쟁이 1970년대의 민주화운동의 연장 선상에 있다는 연속론은 항쟁의 성격 규정에서 대체로 '민주항쟁론'으로 나타난다. 그러나 연속성을 인정하면서도 항쟁의 주체가 민중임을 강조하는 입장에서 '민중항쟁론'을 주장하기도 한다.

반면 부마항쟁은 70년대 민주화운동과는 다른 독자적 성격을 갖는다는 단절론은 '민중항쟁론'과 '도시봉기론'으로 나타난다.

먼저 연속론의 입장에 선 '민중항쟁론'을 살펴보자.

한국기독교교회협의회 인권위원회(1987: 1762-1769)는 『1970년대 민주화운동(Ⅳ)』에서 부마항쟁을 그 주체가 민중임을 강조하여

'부·마민중항쟁' 혹은 '부·마민중봉기'로 명명하고 있다. 그렇지만 부마항쟁을 1970년대 민주화운동의 한 부분으로 보는 입장임은 서술의 구성에서도 명백하다. 그러나 성격 등에 대한 분석은 없으며 사건의 경과만 간단히 정리하고 있다.

정광민(1989: 330-333)은 부마항쟁을 그 주체와 지향에 있어 '반독재 민중항쟁'이라 규정한다. 즉 투쟁의 목표에 있어 1970년대 반유신 민주화운동과 동일함을 전제하고 주체에 있어 민중의 등장을 강조하고 있다. 즉 1970년대 민주화운동의 특징과 새로운 요소가 혼재되어 있는 것이 부마항쟁의 실태라고 본다.

부산대학교 총학생회(1985: 67-73)에서 발간한『거역의 밤을 불사르라』는 부마항쟁의 성격 규정이 항쟁 주체의 분석에서 나와야 한다고 전제하고 주체의 계급 구성만이 아니라 항쟁의 내용=구체적인 싸움의 양상이라는 질적 규정에 의해 파악해야 한다고 한다. 그에 따르면 첫째, 주체의 계급분석은 검거자 중 구속 기소된 사람의 직업 구성을 통해 개략적으로 분석하면 압도적 다수는 민중이며, 둘째, 주체의 투쟁방식은 적대적인 동시에 혁명적이었으며 이는 억압적 현실에 대한 변혁의지를 내포하는 것이며 반민주적 사회구조를 해체하고 새로운 사회로의 지향을 의미하는 것으로 해석한다. 이러한 분석을 통해 부마항쟁은 반유신독재 민중항쟁으로서 1970년대 한국 사회 전체의 민주화운동의 중요한 성과이며 새로운 민주화운동의 가능성을 열어 주었다고 평가하였다. 그러나 항쟁 주체의 분석은 여전히 미흡한 상태로 보다 심층적 분석이 필요하다 할 것이다.

다음으로 단절론의 입장에 서 있는 '민중항쟁론'을 살펴보자.

박영주(1985: 137-138)는 부마항쟁이 60, 70년대의 한국 지식인·

학생운동, 노동·농민운동과 하나의 측면으로는 연속되어 있고 다른 하나의 측면으로는 단절되어 있으며 그 두 개의 측면 중에서 단절되어 있는 측면이 보다 지배적이고 주요한 측면이라고 본다. 즉 부마항쟁은 1970년대 민주화운동의 주된 무대였던 경인지역이 아닌 지방에서 일어났고, 항쟁을 책임진 운동가도 없었고, 민주화운동이 키워 놓은 그 어떤 조직도 결정적 역할을 못 했다는 것이다. 그리고 이러한 단절의 측면이 70년대와 80년대를 구분 짓는 선으로서 70년대 민중운동과 부마항쟁, 광주항쟁과의 대립(단절)되면서 통일(연속)되어 있는 모순관계를 한 단계 높은 수준으로 발전시키는 데에, 그리하여 대립의 측면보다는 통일의 측면이 보다 주요한 측면으로 되게 하는 데에 80년대의 시대적 과제가 있다고 본다.

주대환(1999: 33-37) 역시 구체적 연구 없이 부마항쟁을 논하는 경우에 대표적으로 저지르는 오류가 부마항쟁을 '민주화운동'의 맥락에서 서술하는 것이라고 비판한다. 민주화운동과 부마항쟁이 관련이 없지는 않으나 부마항쟁은 새로운 주체의 등장, 가담이요, 새로운 상황의 전개였으며 따라서 민주화운동의 사고방식으로는 이해할 수 없는 놀라운 현상이었다는 것이다. 즉 지역적으로 경인지방 중심이었고 사회적으로는 일부 민주인사, 학생들 중심이었던 70년대 민주화투쟁과 부마항쟁은 직접적 관련은 없다는 것이다. 부마항쟁은 어떤 지도자도 사전계획도 없었고 자연발생적인 민중의 봉기이고 폭동이라는 '민중항쟁론'의 입장이다.

항쟁의 주체는 시민 가운데 가난한 하층 시민들, 룸펜 프롤레타리아적인 부분들 즉 깡패와 구두닦이, 술집 웨이터, 인쇄소와 철공소와 자동차 정비공장의 견습공들이며 그들이 항쟁을 이끈 지도자요

선봉대라고 한다.

단절론의 입장에 서 있는 '민중항쟁론'은 항쟁 초기에 학생시위가 도화선이 되기는 했지만 항쟁이 본격화되면서 지식인, 학생들의 의도, 생각, 상상력, 행동방식과는 다른 방향으로 나아갔다고 본다. 도시 신중간층이 중심이었던 6월항쟁과 비교하여 부마항쟁은 기층민중이 중심이었고 따라서 그 성격은 경제적 문제와 깊은 관련을 가진다는 것이다. 이는 대중의 공격행동이 경찰관서나 방송국에 머물지 않고 자가용차, 호화주택, 큰 가게 등을 겨냥하기도 했다는 증언에서 확인할 수 있다는 것이다. 시위군중 가운데 과격한 행동을 한 주동자들은 대부분 하층노동자들이라는 경찰의 분석도 이를 뒷받침한다는 것이다.

또한 주대환(1999: 37-38)은 부마항쟁을 주도한 민중의 행동을 평소 억압되어 있던 무의식의 해방으로 이해한다. 즉 부마항쟁은 하층민중들의 억압에 대한 반발, 자유에 대한 본능적 의지, 무의식의 발로라는 측면에서 이해되어야 한다는 것이다.

단절론의 입장에 선 '민중항쟁론'은 1970년대의 민주화운동과는 분명히 구별되는 부마항쟁의 양상을 예리하게 포착하였으나 보다 심도 깊은 분석으로 나아가지는 못하였다.

3. 도시봉기론

김원(2006: 4-6)은 부마항쟁은 도시하층민이 일으킨 '한국 최초로 신자유주의에 맞선 최후의 도시봉기'라고 평가하면서 도시봉기를 민주화운동과 동일시하거나 민주화운동의 경계선 내로 포섭하려는 것은 허구적이라고 비판했다. 부마항쟁을 학생운동이나 민중운동사의 일부분으로 취급하거나 민주화운동의 맥락에서 다루는 데 반대하면서 1960년대 후반 이후 도시하층민을 둘러싼 사회적 모순의 심화에 따라 도시봉기가 발생하게 되었고 이것이 1960년대와 상이한 '1970년대적 상황'이라고 본다. 한국에서 이러한 도시봉기의 계보는 4·19-광주대단지-부마항쟁으로 연결된다. 즉 부마항쟁은 지식인, 학생, 재야 등 이른바 저항엘리트들의 운동과 다른 맥락의 '밑으로부터의 저항'이며, 민중·민주화운동으로 통합될 수 없는 사건이라는 단절론의 입장에 서 있다.

부마항쟁의 성격은 민주항쟁이나 민중항쟁이 아닌 '도시봉기'이며 이는 전근대사회의 농민운동에서 노동자운동으로 이행(농민운동→도시봉기→노동자운동)하는 과도기에 발생하는 것으로 도시하층민의 직접적 행동을 통해 정치·경제적 변화를 이루려는 운동으로 규정된다. 즉 부마항쟁은 도시하층민에 대한 차별과 배제, 경제적 양극화, 조세저항 등이 결합된 도시봉기로서 그 투쟁의 대상은 억압적·이데올로기적 국가장치와 부유층이었으며 투쟁방식이 폭력적 파괴였다는 것이다.

항쟁의 주체로서의 '도시하층민'은 민중이나 대중으로 환원되지 않는 사회집단, 1970년대부터 나타난 도시화라는 새로운 사회적 국면에서 사회적 양극화에 따른 공간적 분할을 경험하고 도시 위생학의 대상이 되어 사회적인 차별과 배제를 일상적으로 겪은 통일적이지 않은 이질적이고 비균질적인 사회집단이라고 정의한다.

김원(2006: 30-33)은 도시하층민을 대중이나 민중이라고 단일하게 통합된 주체로 명명하는 문제설정 자체가 매우 이질적이고 상이한 주체들을 '타자'로 남겨 두고자 하는 지식인들의 '의식적 욕망'의 산물이라고 본다. 그들을 대중과 민중으로 불러온 기존 한국현대사 해석의 '근대적 문제설정' 자체가 문제시되어야 한다는 것이다.

이러한 부마항쟁 해석은 여러 가지 쟁점을 제기하고 있다. 우선, 이러한 문제의식을 긍정하더라도 '해체주의적 환원불가론'으로는 어떠한 유의미한 개념도 사용하기 어렵다. 극단적으로 말하면 이질적이고 상이한 주체들이 어떻게 단일한 대오를 이루게 되는지조차 설명하기 어려울 것이다.[6] 둘째, 도시봉기의 개념 역시 모호하다. 여기에는 도시화가 전제되어 있고 노동자운동의 미발달이라는 정도가 조건이 되는데 예컨대 부마항쟁이 '최후의 도시봉기'라면, 5·18항쟁은 왜 달리 규정되어야 하는지 등은 여전히 모호하다. 셋째, 도시 하층민들은 어떤 동인에 의해 항쟁에 참여했는지는 여전히 항쟁의 양상에 의해 추정될 뿐 구체적 분석은 제시하지 못하고 있다. 이상에서 살펴본 민중항쟁론 및 도시봉기론의 관점에 선 연구에서 밝힌 부마항쟁의 주체와 성격 그리고 그 근거를 표로 정리하여 보면 다음과 같다.

---

6) 이 점에 대해 김보현은 김원의 '환원 불가한 주체성들'의 강조가 기존 논자들의 지배적 경향을 감안할 때 아주 중요하다고 인정하면서도 그 역편향으로 빠져 비관주의, 냉소주의로 다가설 위험성을 경고한다(김보현, 2006, "대중독재론의 균열과 역설 그리고 딜레마", 토론문).

〈표 3〉 민중항쟁론, 도시봉기론에 입각한 부마항쟁의 주체와 성격

구분	주체	항쟁성격	근거
박영주 (1985)	민중	민중항쟁	① 참여자 구성: 군법회의 기소자의 구성 등 참여자의 다수가 민중이며, (반·룸펜)프롤레타리아트 대중+중·소 부르주아지를 포함하는 민중으로 규정 ③ 항쟁 성격: 민중의 자연발생적 봉기. 70년대 민주화운동과 단절성이 지배적
정광민 (1989)	민중	반독재 민중항쟁	③ 항쟁 성격: 투쟁목표는 반독재 민주화. 1970년대 민주화운동의 특징과 민중의 등장이라는 새로운 요소가 혼재됨
부산대 총학생회 (1985)	민중	반독재 민중항쟁	① 참여자 구성: 검거자의 다수가 민중 ② 투쟁 방법: 적대적·혁명적 방식으로 억압적 현실에 대한 변혁의지 발현 ③ 항쟁 성격: ①과 ②를 근거로 규정
주대환 (1999)	민중	민중항쟁	① 참여자 구성: 참여자의 다수가 민중 ③ 항쟁 성격: 민중의 자연발생적 봉기
김원 (2006)	도시 하층민	도시봉기	① 참여자 구성: 70년대 도시화과정에서 나타난 비균질적 사회집단인 도시하층민 ③ 항쟁 성격: 도시하층민의 직접적 행동을 통한 정치경제적 변화를 추구하는 도시봉기로서 억압적 국가장치와 부유층이 투쟁대상. 근대화 과도기에 발생.

제3절 부마항쟁과 노동자 참여

이상에서 본 바와 같이 부마항쟁에 대한 상이한 관점과 그에 관련한 쟁점들은 향후의 연구를 통해 깊이 있게 해명해야 할 과제로 남아 있다. 이러한 과제를 해명하기 위해서는 부마항쟁의 연구에 대한 총론적·거시적 연구와 함께 중위적·미시적 연구들이 반드시 필요하다고 생각한다.

특히 부마항쟁에 참여한 주체들에 대한 구체적 분석은 항쟁의 성격을 이해하는 데 핵심적 과제이며, 참여 주체에 대한 연구의 축적이 없이 해석만으로 문제에 접근하는 것은 커다란 한계가 있다.

부마항쟁의 참여 주체 가운데 대학생들의 운동은 비교적 잘 알려

져 있으며 특히 항쟁을 촉발한 역할 때문에 중요하게 다루어졌다. 그렇지만 노동자, 빈민 등 대중 혹은 민중으로 불리는 계층의 항쟁 참여에 대한 연구는 매우 드물었다.

부마항쟁에 참여한 대중 가운데서 노동자계급은 큰 비중을 차지하였으며 매우 중요한 역할을 수행한 것으로 알려져 있다. 그렇지만 노동자들은 조직적 참여가 아닌 개인적·소그룹적 형태로 참여하였으므로 그 양상을 확인하기 쉽지 않았으며 그동안 거의 연구된 바가 없었다.

부마항쟁에 참여한 노동자들에 대한 연구는 최근에 와서 시작되었는데 부마항쟁과 노동자 참여 혹은 노동운동과의 관련을 다룬 선행연구를 살펴보면 다음과 같다.

주무현(2003: 229-260)은 노동운동과 부마항쟁의 관계를 고찰하였다. 한국 사회운동의 동학에서 정치적 민주화운동과 노동운동은 상호 긴밀하게 연관되었는데 그 핵심적 기제는 독점재벌 중심의 종속적 자본주의 축적체제의 재생산을 위한 국가의 억압적 노동통제였다. 억압적 노동통제는 고도성장을 위해 정당화되고 직접적 생산과정에 절대적 영향력을 행사했다. 그리고 노동자계급의 기본적 권리와 정당한 분배요구, 노조 건설 등은 물리적 국가기구의 무자비한 폭력에 의해 억제되었다. 이러한 과정에서 노동자계급은 국가권력의 계급성을 자연스럽게 인식하게 되었으며, 권위주의적 국가권력의 민주화와 같은 정치적 변동과정에 민감하게 반응하였다. 이처럼 유신체제의 억압적 노동통제는 한편으로 사회운동의 정치적 공간과 조직적 자원을 제약하였지만 다른 한편으로 노동운동을 정치화하고 노동운동과 정치운동의 긴밀한 연계를 형성하는 핵심적 기제로 작용하는 모순적 기능을 수행하게 된다. 이처럼 국가의 억압적 노동통제를 매개로 한 맥락적 의존성(contextual dependency)이라는 개념을 도입, 양자의 역사적 인과관계를 분석하여 부마항쟁은 1970년대 민주노조운동의 성장과 발전에 맥락적으로 의존하여 발생하게 되었으며 또한 1980년 봄의 노동운동의 폭발적 고양은 부마항쟁과 같은 정치적 민주화에 맥락적으로 깊게 의존하였음을 보여 주었다.

그러나 주무현은 정치적 민주화운동으로서 부마민주항쟁이 노동운동진영에 의해 주도되고 부산·경남지역 노동자계급의 광범위한 조직적 참여로 전개되었다고 볼 수 없다는 점을 들어 1970년대 민주노조운동과 부마민주항쟁의 직접적 역사적 인과성을 찾는 것은 무모한 접근방법이라고 보았다.

1970년대 말 부산·마산지역에도 민주노조운동의 맹아가 싹트고 있었던 것은 분명한 사실이지만 부마항쟁에 직접 큰 영향을 미칠 수는 없었다. 그렇지만 부마항쟁에 비조직적 형태로 참여한 많은 노동자들의 경험은 이후 노동운동에도 결코 간과할 수 없는 연관성을 가진다.

2006년에는 마산 지역의 부마항쟁 관련 1차 자료가 입수된 것을 계기로 마산의 부마항쟁에 대한 수편의 연구 논문이 발표되었으며 그 가운데는 노동자들의 참여와 관련한 연구도 포함되었다.

이은진(2006: 1-15)은 부마항쟁 당시 마산 지역의 경찰, 검찰, 군사재판 관련 기록 등을 토대로 마산지역의 항쟁 참여자들을 대학생, 유랑지식인, 조직노동자, 자유노동자의 네 집단으로 나누어 참여 요인을 분석하였다.

이 분석에 의하면 부마항쟁 당시 창원공단의 조성으로 외지의 인구 중 특히 20세 전후의 남성 그리고 더욱 많은 여성노동자들이 마산에 거주하고 있었다. 당시 인구는 42만 명 정도로 반수 이상이 외지 유입 인구인 것으로 추정된다. 이들 외지인은 정착민적 네트워크가 아닌 유목민적 네트워크를 지녔을 것으로 짐작된다.

조직노동자층은 상당 정도의 안정적 소득과 직장생활을 누리는 계층으로 경기에 민감한 층과 이입 노동자층을 중심으로 항쟁에 참여한 것으로 추정한다. 분석에서 조직노동자층의 참여 요인은 지리적 근접성,[7] 사회적 관계의 망, 거리의 도덕적 감시망[8]이 제시되었다.

주변 노동자층은 일용 내지 비공식적 분야에서 종사하고 있는 떠돌이 또는 자유노동자층으로서 권력의 공백기에 항상 가장 잃을 것이 적은 층으로 항쟁에 늦게까지 권력의 공백기에 활동한 층이며 폭력과 방화로써 가담한 층으로 분류된다. 이들의 활동에 의해 국가의 통치기구들은 물리적 영향을 받고 파괴되고 위협을 받게 된다. 분석에서 주변 노동자층의 참여 요인은 술의 효과, 심리적 해방감, 거리에서의 도덕적·사회적 관계의 압력을 들고 있다. 주변 노동자층은 거리에서 익명의 시위자들과 도덕성과 연대를 쉽게 형성하여, 늦은 밤에 지식인 집단이 사라진 거리에서 시위의 흐름을 결정하고 파괴적인 해방의 행동을 드러낸 층으로 평가된다.

이은진(2007: 1-20)은 조직노동자층의 참여와 관련하여 마산수출자유지역 노동자들의 항쟁 참여를 분석하면서 그들의 사회의식수준

---

7) 지리적 근접성이란 조직 노동자층이 퇴근길의 (시위로 인한) 교통마비로 자연스럽게 시위에 참여하는 경우를 말한다.

8) 거리에서 만난 익명의 시위자들과 보행자들은 즉석에서 상호 도덕성이 형성되었고 이것이 시위에 참가하게 된 계기가 된다고 본다. 이러한 상호 도덕성은 출현적 규범으로 볼 수 있을 것이다.

이 스스로의 저항 이념을 내면화하거나 자신들의 행위를 정당화할 수 있는 수준은 아니었으나, 적어도 지배적인 이데올로기가 무엇인지는 깨닫고 있었고, 이를 기반으로 자신들을 적극적으로 방어할 수준이었다고 평가하였다.

마산수출자유지역의 노동자들은 공장을 통해 근대적 생활을 경험하면서 매우 강한 상승 열망을 가진 반면, 공장 내의 억압적·착취적 상황에 매우 민감하게 반응하는 모순적인 상황을 체화하고 있었으며, 이는 불만의 무의식에의 누적을 가져오며, 현실의 상황을 합리적이고 사회에서 받아들이는 방식으로 설명할 수 있는 이데올로기의 부재를 가리킨다고 본다. 이러한 노동자의 의식 상태는 이은진에 의하면 노동자들이 자신의 현실에 대해 '알 수 없는 분노'를 느끼는 상태이다. 다시 말해 노동자들은 무의식의 수준에서 모순을 느낄 뿐, 의식의 수준에서 명확한 정치의식, 사회의식을 형성하지 못하였다는 평가로 해석된다.

차성환(2007: 238-274)은 노동자들이 명확한 정치의식을 형성하지 못했다는 이은진의 분석에 대하여 부마항쟁에 참여한 노동자에 대한 생애사적 사례 분석을 통해 정도의 차이는 있을지라도 그들이 유신체제에 대한 비판적 정치의식을 일정하게 공유하였음을 보여주었다. 그리고 이러한 비판적 정치의식의 획득 경로는 계급 경험을 배경으로 한 대중매체의 영향과 가족의 영향을 들고 가족의 영향은 결국 세대를 통해 전승되는 역사적·사회적 영향으로 파악해야 한다고 이해하였다.

이은진(2008b: 1-10)은 다시 창원국가공단 노동자의 항쟁 참여 요인을 구조적 요인, 상황적 요인, 개인적 속성으로 분석한다. 구조적 요인은 유신체제의 정당성 위기로서 내면화된 사회적 불만의 폭발이 나타나고 여기에는 김영삼이라는 정치적 상징이 작용하였다고 본다. 즉 김영삼의 고난을 자기의 고난으로 동일시하였다는 것이다. 상황적 조건은 지리적 근접성, 야간시위의 익명성, 경찰의 폭력진압, 행위의 준거가 되는 대학생들의 시위, 여성 시위자에 대한 보호의식, 시위에서 형성된 연대감 등을 참여 요인으로 꼽는다. 개인적 속성으로는 가족적인 사회적 감시의 약화와 동료의식이 시위 참가를 촉진하는 요인으로 작용하였을 것으로 이해하였다.

이은진은 마창지역의 노동자들이 매우 모순적인 작업장 상황을 통해 불만을 무의식 속에 내장하고 있었으며, 이것이 김영삼에 대한 정권의 탄압을 계기로 하여 상황적·개인적 요인들이 작용하여 항쟁에 참여한 것으로 분석하고 있다. 즉 마창지역 노동자들은 명확한 정치의식을 갖고 항쟁에 주도적으로 참여했다기보다 무의식에 누적된 불만이 김영삼 탄압을 계기로 대학생을 준거집단으로 하여 동조 참여한 것으로 해석한다.

이은진의 작업은 마산지역에 한정된 것이기는 하나 부마항쟁에 참여한 노동자계급의 참여 요인을 객관적으로 이해하는 데 매우 유용한 분석을 제공하고 있다. 그러나 주요한 분석 자료가 항쟁 참가자들의 경찰, 검찰 등에서의 신문조서 등으로서 참가자들의 자기 방어 전략이 작용한 진술이라는 결정적 한계가 있음을 감안하지 않으면 안 될 것이다. 따라서 이은진의 연구는 이러한 자료의 한계를 넘어설 수 있는 방법론적 보완이 필요하다고 보인다.

제4절 부마항쟁의 주체와 성격

이상에서 부마항쟁을 대상으로 한 선행연구를 항쟁의 성격, 주체 등을 중심으로 살펴보았다.

선행연구들에서 항쟁의 성격을 규정하는 데서 기준으로 삼은 것은 항쟁의 주요 원인, 목표와 항쟁의 주체 혹은 주도세력 등이다. 다음에서는 이 요인들을 중심으로 항쟁의 성격과 관련한 논점들을 살펴보기로 한다.

1. 항쟁의 목표

부마항쟁의 정치적 목표가 '반독재 민주화'라는 데는 민주항쟁론이나 민중항쟁론이나 대체로 동의한다. 항쟁의 주요한 계기가 된 사건이나, 학생들의 선언문, 항쟁의 슬로건 등에서 드러나듯이 반독재 민주화가 항쟁의 정치적 목표라는 견해에 대해서는 별다른 이견이 보이지 않는다.

민주항쟁론은 대체로 항쟁의 정치적 원인을 중시하는 입장에서 항쟁의 정치적 목표로서 반독재 민주화만을 강조하는 경향이 있다. 반면에 민중항쟁론은 정치적 원인과 함께 경제적 원인을 중시하는 입장을 보여 준다. 박영주(1985: 170)는 민중들이 유신체제와 함께 매판독점재벌 위주의 경제체제에 대한 민중들의 거부 투쟁이라는 의미를 강조한다. 주대환(1999: 36)도 부마항쟁이 정치적 쟁점과 함께 경제적 문제와 깊이 관련된 항쟁임을 강조하고 부유층에 대한 적대행위 등 계급적 갈등의 표출이 있었음을 환기시킨다. 김원(2006:

4)은 도시하층민의 행동의 동기로서 불평등 과세, 빈부격차 등의 경제위기와 신자유주의적 양극화, 이로 인한 사회적·문화적 박탈감을 들고 있다.

부마항쟁에 참여한 민중들이 부가가치세의 철폐를 외치고, 세무서를 공격하고, 부유층에 대한 적대감을 드러내는 등 계급성을 띠고 있었던 것은 사실이다. 그러나 부유층에 대한 적대감 등을 지나치게 강조하는 것은 타당하지 않다. 민중들의 주요 타격대상은 어디까지나 정치적·억압적 국가기구들에 집중되었기 때문이다.

2. 항쟁의 주체

여기서 항쟁의 주체 문제를 살펴봄에 있어 주체세력을 참여 주체와 지도 주체로 나누어 살펴볼 수 있다. 이는 항쟁에 중심적으로 참여한 세력(참여 주체)과 항쟁을 지도, 주도한 세력(지도 주체)이 반드시 일치하지는 않기 때문이다(양현아 2004: 125-133).

그런데 부마항쟁의 주체세력이 민중이라는 데는 다수의 연구가 일치하고 있다. 민주항쟁론에서도 민중 혹은 대중, 하층시민 등으로 구체적 내용이나 표현상에서 다소의 차이는 있으나 민중 혹은 민중적 주체가 중심이라는 점에서는 대체로 이의가 없다. 민중이 참여 주체인 동시에 지도 주체라고 이해하고 있다. 민중항쟁론에서도 역시 민중을 참여 주체인 동시에 지도 주체로 보고 있다.

민중이 부마항쟁의 주체세력이라고 규정하는 근거는 다음과 같다.

첫째, 부마항쟁의 참여자의 다수가 학생이 아닌 민중의 범주에 속하는 사람들이라는 것이다. 즉 민중이 참여 주체라는 것인데, 이런 사실은 항쟁 관찰자들의 보고, 피검거자들의 양적 구성 등에 의거하고 있다. 둘째, 부마항쟁 초기에 대학생들이 갖고 있던 주도권이 항쟁이 격화하면서 민중으로 이전되었다는 것이다. 학생들보다 민중들이 더 적극적·혁명적으로 투쟁했을 뿐 아니라 항쟁을 주도했다는 것이다. 즉 민중이 지도 주체라는 것이다. 그런데 여기서 지도의 방식이 문제가 된다. 부마항쟁은 지도부나 조직적 구심체가 없었던 항쟁으로서 미조직 대중들의 자생적 저항력 그 자체에 의존하였던 특징을 가졌다는 데(부산민주운동사편찬위원회 1998: 426) 대체로 일치하고 있다. 민주항쟁론이나 민중항쟁론이나 그런 의미에서 조직적 지도는 아니지만 자발적 행동을 통해 지도적 역할을 한 주체로서의 민중을 승인하고 있다. 다만 민주항쟁론은 민중의 비조직성이라는 한계에 대해 더 비판적이며, 민중항쟁론은 민중의 자발성, 혁명성을 더 높이 평가하는 차이가 있다.

이러한 민중의 계급적 구성은 대체로 도시빈민 위주의 기층민중에 중간층 시민이 가세한 것으로 파악하며 이에 대해서 민주항쟁론이나 민중항쟁론이나 큰 차이는 없다.

반면에 도시봉기론은 부마항쟁의 주체는 도시하층민이며, 이들은 대중 혹은 민중으로 환원될 수 없는 이질적이고 비균질적인 집단으로서 도시노동자, 도시빈민, 실업자, 도시하층 서비스업 종사자 등을 모두 포괄한다. 도시봉기론에서는 중간층 시민은 주체에 포함하지 않는다. 그러나 학생과 함께 중간층 시민들도 항쟁에 참여한 것은 객관적 사실이다.

3. 항쟁의 성격

이상에서 보았듯이 도시봉기론을 제외하면 민주항쟁론이나 민중항쟁론이나 다 같이 항쟁의 목표로서 반유신독재 민주화에 동의하며, 항쟁의 참여 주체나 지도 주체는 표현은 달라도 학생이 아닌 일반 시민층 혹은 민중으로 파악하고 있다.

그렇다면 민주항쟁론과 민중항쟁론의 차이는 무엇인가? 민주항쟁론은 민중이 주체로 나섰지만 민중의 주된 요구는 반독재 민주화였고 계급적 요구는 아니었다고 보는 입장이다. 민중의 박정희 정권에 대한 울분과 분노에도 불구하고 항쟁에서 민중민주적 혹은 계급적 급진성을 담은 혁명적 주장이나 구호는 결코 나타나지 않았다(부산민주운동사편찬위원회 1998: 423-426). 따라서 부마항쟁을 민중의 계급적 이해를 반영하지 않는 자유민주주의적 정치항쟁으로 보고, 정치적 목표로서의 민주화를 강조하는 것이 민주항쟁론이다.

반면 민중항쟁론은 민중의 주된 요구는 민주화라기보다 계급적 색채를 강하게 띠는 자연발생적 저항이라고 보는 입장이다. 즉 민중은 주로 경제적인 불만 요인에 의해 항쟁에 참여하였으며, 부유층에 대한 공격 등 계급적 성격을 드러내고 있으며, 적대적이고 혁명적인 저항을 통해 민중적 혁명성을 보여 주고 있다고 평가한다. 따라서 항쟁의 주요 목표가 민주화였다고 하더라도 항쟁의 민중성이 두드러진 특징이라고 본다.

이에 반해 도시봉기론은 항쟁의 주체를 민중으로 보는 입장을 비판하면서 도시빈민 등 다양한 계층을 포함하는 도시하층민이라고 본다.

이상에서 보았듯이 민주항쟁론이나 민중항쟁론 모두 다분히 계급주의적 입장을 취하고 있는데, 민주항쟁론은 민중의 계급적 요구가 아닌 자유민주주의적 목표를 추구한 저항이란 점에서, 항쟁에서 민중의 주체성, 주동성을 인정하면서도 '민중적' 항쟁이기는 하지만 민중항쟁은 아니라는 입장이다. 반면 민중항쟁론은 민중의 계급성의 발현을 부각시키며, 항쟁에서 민중의 자발성을 강조하고 있다. 즉 민주항쟁론은 민중이 자기의 계급적 요구를 추구하지 않고 자유민주주의라는 부르주아적 과제를 추구하였기 때문에 민중항쟁이 아니라는 것이며, 민중항쟁론은 항쟁에서 민중의 주동성과 계급적 혁명성을 강조하면서 민주항쟁론을 비판한다.

여기서 민중과 계급의 관계를 다시 살펴보지 않을 수 없다. 최장집(1993: 379-381)에 의하면 생산의 기본적인 사회관계 내에서 객관적으로 존재하는 계급이 사회적·정치적 수준에서도 필연적으로 계급으로 나타나지는 않는다. 객관적 사회관계에서 존재하는 계급과 그것이 민주화투쟁이든 계급투쟁이든 정치적 집단행위자가 되는 것 사이에는 개연성, 잠재성, 선택적 친화성(elective affinity)은 존재할 수 있어도 필연적 관계는 없다. 이 양자 간 관계를 연결시키는 것은 정치적 실천, 헤게모니의 행사, 정치교육이지 않으면 안 된다. 정치적 실천 없이 집단적 행위자로서의 계급을 기대하는 것은 불가능하다. 다만 그 사회적 집단은 기대의식(anticipatory consciousness)을 가질 뿐으로 계급에게 그것을 기대할 수는 있으나 그 의식은 필연적으로 담보되지 않는다. 즉 객관적으로 존재하는 계급과 사회적·정치적 수준에서 계급의식을 갖는 실천의 주체로서의 정체성을 갖는 계급 사이에는 커다란 괴리와 간극이 있음을 인정해야 한다. 민중은 이 양자 사이에 현실적으로 광범하게 존재하는 경제적·정치적·사회적 수준에서 범주화될 수 있는 사회집단이다. 구체적으로 민중은 한국에서 경제적으로는 자본주의 생산관계와 노동분업 내에서 피지배적 지위에 위치하고 있는 집단이며, 정치적으로는 강력한 권위주의 통치하에서 시민으로서의 자유와 정치참여가 제한됨으로써 정치과정에서 배제·소외된 집단이며, 외세와의 관계에서 부정적 영향을 받는 사회집단이다. 또한 민중은 마르크스의 계급이론만으로 설명하기 어려운 한국의 역사적 사회구성체의 특수성 때문에, 여러 수준에서의 사회계급간 경계의 포괄성, 포섭성, 유도성 때문에, 계급적 언술이 억압의 대상이 되기 때문에 형성된 지극히 한국적인 언술이다. 이처럼 민중은 포괄적이고 역동적인데 한 가지 핵심적인 것은 민중은 객관적으로 존재하는 계급을 중심에 두지 않으면 안 된다는 점이다.

계급과 민중이라는 개념의 관계를 이렇게 볼 때 민중의 계급적 요구에는 자본주의 체제 내에서 정치적 억압에 반대하고 정치적 자유를 추구하는 자유민주주의적 요구도 역사의 일정 단계에서 주요한 내용이 된다.

먼저 민주항쟁론의 논리를 살펴보면 항쟁의 주체인 민중이 자기의 계급적 요구를 추구하지 않고 자유민주주의라는 부르주아적 과제를 추구했다는 점을 한계로 지적하고 있다. 즉 항쟁의 목표와 주체 사이의 탈구현상[9]이 있다는 것이다(부산민주운동사편찬위원회 1998: 428). 부마항쟁에 참여한 민중들이 전적으로 자유민주주의적 요구만을 제기했던 것은 아니며 이는 항쟁의 양상이 잘 보여 주고

---

9) 탈구(脫臼)란 dislocation의 번역어로 전위(轉位)라고 번역하기도 한다. 이 개념은 제3세계의 생산양식에 대한 경제학적 분석에서 사용되었는데 자본주의적 생산양식과 전자본주의적 생산양식이 공존하는 과정에서 경제, 정치, 이데올로기의 영역에서 발생하는 상호 불일치 혹은 부조응 현상을 지칭한다(존 테일러 1982: 269-337).

있다. 그러나 주로 절차적 민주화의 요구가 중심이 된 자유민주주의적 목표를 추구했다고 하더라도 그것은 민중의 정치의식의 한계를 보여 주는 것이기는 해도 탈구현상이라고 하기는 어려울 것이다. 위에서 보았듯이 자유민주주의적 요구는 민중의 계급적 요구의 주요한 내용일 수밖에 없는 것이다. 그 이유는 다음과 같다.

문자 그대로 자유주의와 민주주의의 합성어인 자유민주주의는 서구에서 발전할 때 자본주의 시민사회가 발전한 다음에 그 사회경제적 토대 위에서 발생했다는 사실이다. 바꾸어 말하면 자본주의 발전의 필연적인 결과로서 사회계급의 구조화라는 조건 위에서 발전한 것이다. 이 과정에서 먼저 발전한 것은 자유주의였다. 민주주의는 자유주의적 부르주아 시민사회가 발전한 토대 위에서, 자본주의 시장경제에 의해서 계급구조가 형성된 다음, 즉 노동자계급이 창출된 이후에 발전된 제도이다. 실제로 민주주의는 부르주아 계급사회에서 소외되고 억압받는 노동자계급의 힘의 팽창의 결과였다. 그것은 노동자계급이 경제 및 정치과정에 참여할 수 있을 정도로 힘이 성장한 결과이며 그 제도적 표현인 것이다. 때문에 이 민주주의의 이념과 기본정신, 제도적 발전은 갈등하는 사회세력 간의 힘의 경쟁관계에서 양자 사이의 끊임없는 타협의 산물이었다(최장집 1993: 139-140).

민주주의는 배제되고, 소외되고, 박탈된 사회계층이 주도할 수밖에 없으며 이는 서구에서도 처음에는 신흥 부르주아지가, 다음에는 프롤레타리아가 자유민주적 권리를 요구한 이유였다. 같은 이유로 한국에서는 부르주아지나 중산층과 함께 특히 민중이 이를 요구할 수밖에 없었다. 사실상 부르주아지와 중산층은 아무리 폭압적인 권위주의 하에서도 다양하고 다층적인 채널을 통해 권력에 접근할 수 있었고, 오히려 권위주의체제가 주도한 경제성장의 수혜자들이었다. 반면에 정치적 탄압의 중심적 대상은 민중들이었다. 중산층들은 매우 낮은 수준의 민주화에 대체로 자족할 수 있고 갈등이 공적 영역에서 공개적으로 논의되는 것을 의미하는 정치에 대하여 쉽게 냉소적이고 부정적인 자세를 보여 왔다. 때문에 한국에서 민주주의를 강력하게 요구하고 주도할 수 있는 계층은 민중이라고 할 수 있다(최장집 1993: 379).

그러나 유신체제하에서 자유민주주의적 요구를 주장하고 민주화운동을 추진했던 것은 중산층의 일부인 재야세력과 대학생, 종교인 등이었고 하층 민중은 생존권적 투쟁에 머물러 있었다. 그렇다고 해도 자유민주주의적 요구는 하층 민중의 계급적 이해에 부합할 뿐 아니라, 당시의 한국과 제3세계에서 자유민주주의는 진보성을 갖는 이념이었다. 제3세계에서 해외독점자본과 토착예속자본이 공권력의 직접적인 개입 없이 자신의 헤게모니로 민중을 포섭하기 어려운 한계 때문에 자유민주주의가 장기적으로 가능하지 않다는 구조적 한계론을 받아들이더라도(손호철 1993: 366-377) 당시 한국의 상황에서 자유민주주의는 진보성을 가지고 있으며 자유민주주의를 추구하는 주체는 독점부르주아지가 아닌 중간층을 포함한 광범한 민중일 수밖에 없다는 사실 때문에 자유민주주의적 요구가 민중의 계급적 요구의 일부분임을 지적하지 않을 수 없다. 따라서 민중의 계급적 요구와 자유민주주의적 목표가 탈구현상을 보여 준다는 주장은 적실성이 없다.

민주항쟁론의 또 다른 문제점은 4월혁명과 부마항쟁의 차별성을 드러내기 어렵다는 점이다. 4월혁명 역시 부마항쟁과 마찬가지로 반독재 민주화을 요구하는 자유민주주의적 목표를 갖고 있었으며 학생과 함께 다수의 민중이 참여하였다. 당시 실업과 저임금에 시달리던 하층노동자와 도시빈민층의 참여는 4월혁명 희생자의 분포에서도 명확하게 나타난다.[10] 그러나 4월혁명에서 지배계층에 맞섰던 일차적 집단은 젊은 학생, 지식인, 도시청년층[11] 등이었다. 이들은 공통적으로 자유민주주의에 대한 깊은 선호성을 가지고 있었고 현실적으로 전개되고 있었던 이승만 정권의 독재질서에 대해서는 심각할 정도로 이념적·현실적 괴리감을 갖고 있었다(진덕규 1983: 71). 다시 말하면 4월혁명은 흔히 미완의 민중혁명으로 불리지만 민중 자신이 아닌 학생에 의한 대리혁명이었다는 한계를 가지고 있다. 4월혁명의 과정에서 학생층은 스스로 민중적 요구의 대변자로 자처하면서 대중의 정치참여를 유도하지 않았다. 즉 4·25대학교수단의 데모에 뒤따른 자유당 정권의 붕괴를 계기로 학생층이 민중적 요구를 외면하고 무너진 제도경찰을 대신하여 질서유지를 위한 경찰로 역할한 것은 학생층의 자기 한계를 크게 드러내 놓은 것이라고 말해진다(박현채 1983: 46-55). 그런 점에서 4월혁명의 한계는 '시민민주주의적' 수준의 혁명이었다는 점, 민중 자신이 주체로 나서지 못한 혁명이라는 점이 지적된다(조희연 1990: 67).

이에 반해 부마항쟁에서는 학생이 항쟁의 발단을 이끌었지만 항쟁이 발전하면서 민중이 전면에 나서게 되고 항쟁의 주도권이 민중

---

10) 4월혁명의 희생자 분포를 보면 학생 77명(41.4%), 회사원 10명(5.4%) 외에 하층노동자(32.8%)와 무직자(17.7%)가 절반 이상의 비중을 차지하고 있다(이영환 1999: 187).

11) 여기서 도시청년층이란 농촌의 붕괴현상에서 오는 이농민의 자제로서 낮은 학력과 저기술의 소유자로서 단순 노동에 종사하는, 사회적 불만이 강한 청년을 말한다(진덕규 1983: 71).

으로 전이되었다고 평가받고 있다. 이 점은 4월혁명과 부마항쟁의 중요한 차이점인데 이는 4월혁명과 부마항쟁 사이에 가로놓여 있는 자본주의 산업화와 그에 따른 계급 분화, 도시화, 정치적 억압의 심화 등의 요인으로 설명할 수 있을 것이다. 이처럼 4월혁명과의 차별성을 분명히 하기 위해서도 부마항쟁을 민주항쟁으로 규정하는 것은 적절하지 않은 것으로 보인다.

다음으로 민중항쟁론을 살펴보면, 위에서 본 대로 민중항쟁론은 부마항쟁의 주체는 민중이며 이 점이 1970년대의 중산층 중심의 민주화운동과 일정한 연관성을 가지면서도(연속성) 그와는 질적으로 구별되는 측면(단절성)임을 강조한다. 민중항쟁론에서 강조하는 항쟁 주체로서의 민중은 그 광범위한 계급 구성 가운데서 노동자, 빈민, 영세상인, 실업자 등 주로 기층민중을 중심에 두고 있다. 민중항쟁론은 이들 기층민중이 부마항쟁에서 단순히 시위를 통해 자유민주적 요구만을 한 것이 아니라, 폭력을 사용하여 관공서와 언론기관을 파괴하고, 부유층에 대한 적대감을 공공연히 드러내며, 세무서를 공격하고 부가가치세의 철폐를 주장하는 등 계급투쟁적 성격을 드러낸 것으로 평가한다. 즉 항쟁의 주체로서의 민중은 억압적인 정치체제에 대한 자유민주주의적 요구만이 아니라 부유층으로 상징되는 부르주아적 계급질서에 대한 저항을 내포하고 있다는 것이다. 뿐만 아니라 민중항쟁론은 이들 기층민중은 학생에게서 항쟁의 주도권을 넘겨받아 항쟁을 주도 혹은 지도하였다고 평가하고 있다. 민중이 참여 주체이면서 지도 주체였다고 본다. 그러면 지도 주체로서의 민중은 어떻게 항쟁을 지도하였는가?

부마항쟁을 주도한 민중을 평가함에 있어 민중항쟁론은 두 가지 다른 경향을 보이고 있다. 하나는 부마항쟁의 민중을 억압적 현실에 대한 강력한 변혁의지를 내포하고 있는 존재로 묘사하는 것이다. 이는 항쟁 주체의 투쟁 형태에서 도출되는 추론으로서 민중이 항쟁에서 보여 준 적대적인 동시에 혁명적인 행동, 적개심 등을 근거로 한다. 나아가서 이러한 적대적이고 폭력적인 투쟁 형태는 변혁의지와 함께 반민중적 반민주적 사회구조를 해체하고 민중·민주적인 자기 이해가 관철되는 새로운 사회로의 지향을 의미하는 것이라고 평가한다(부산대학교 총학생회 1985: 68-69). 그러나 이러한 평가는 항쟁에 참여한 민중에 대한 구체적인 연구에 입각한 것이 아니라 변혁운동의 주체로 설정한 민중의 당위론적인 상(像)을 부마항쟁에 투사한 1980년대 변혁이론의 산물로 이해된다.

또 다른 경향은 부마항쟁의 주체로서의 민중을 뚜렷한 정치의식을 가진 존재가 아니라 억압에 대한 반발, 자유에 대한 본능적 의지 등과 같은 무의식의 발현을 보여 준 존재로서 이해하는 것이다. 즉 부마항쟁을 이끌었던 민중은 룸펜 프롤레타리아적인 부분이 주도한 근로대중으로서 "고함과 광란과 같은 몸부림과 무자비한 파괴와 무정부상태"에서 "영혼 깊이 억압되어 있던 '혁명적 본능'"(박영주 1985: 155)을 표출하였으며 그들의 행동을 지배한 것은 의식이 아니고 무의식이며, 민주정신 같은 것이 아니라 본능이라는 것이다(주대환 1999: 34-38). 이러한 평가 역시 구체적 연구에 의해 뒷받침되지 않으면 다분히 주관적 인상에 근거한 논리라는 비판을 벗어나기 어렵다.

이처럼 민중항쟁론은 부마항쟁의 주체로서 한편에서는 변혁의지를 내포한 혁명적 민중상을, 다른 한편에서는 억압에 대해 본능적 무의식적으로 저항한 저급한 의식의 민중상을 보여 주고 있다. 따라서 부마항쟁의 주체로서의 민중은 어떤 민중이며 그들은 어떤 성격을 갖고 있었는지는 여전히 구체적인 연구가 부재한 상태로 남아 있다.

이 연구에서는 부마항쟁에 참여한 다양한 계층의 민중 속에서 다양한 층위의 개인과 집단이 존재하였을 것으로 전제하면서 기존의 민중항쟁론이 제시한 민중상과는 다른, 보다 실상에 근접한 유형의 민중상이 존재할 것이라고 가정하였다. 이러한 유형의 민중은 일정한 정치의식을 바탕으로 자발적이고 주도적으로 항쟁에 참여하여 다양한 유형의 민중들과 함께 집합사고를 통해 정치적 판단을 내리고 행동하는 합리적 민중상이다. 이러한 합리적 민중은 분노를 표출하되 행동의 범위를 스스로 제어할 수 있는 이성을 잃지 않으며 상황을 객관적으로 판단할 수 있는 정치적 능력을 갖고 있는 민중이다. 이러한 민중상을 가정하는 근거는 부마항쟁에서 민중이 보여 준 정치적 능력과 집합사고의 발현이다. 부마항쟁의 전개과정을 통해 민중은 정치적 타격대상을 정확히 설정하였으며, 일부의 지나친 행동은 견제하고, 필요할 경우에는 토론을 통해 집합적으로 판단하며, 범죄적 행위는 일절 하지 않는 도덕성을 보여 주었다. 또한 우리가 부마항쟁에서 발견할 수 있는 것은 민중의 놀라운 자발성이다. 이러한 민중의 자발성은 일찍이 로자 룩셈부르크(1995: 52-64)가 러시아의 대중 파업을 논하면서 언급했던 바 있으나 부마항쟁의 민중들은 그것을 훨씬 뛰어넘는 역동성을 보여 주었다.[12]

---

12) "혁명적 시기는 어마어마한 크기로 대중의 이상주의를 한꺼번에 작동시켜 그때에 어쩔 수 없이 닥쳐오는 온갖 어려움을 대중들이 느끼지 못하게 만들면서 심각한 고통들을 해결한다. …혁명적 시기의 세찬 폭풍 속에서 프롤레타리아트는 보조금을 요구하는 신중한 가장에서 삶 그 자체가 최고의 선물이며 물질적 안녕이 투쟁 사상에 견주어 거의 아무것도 아닌 '혁명적 낭만주의자'로 바뀌기도 한다"라고 로자 룩셈부르크(1995: 63)는 썼다.

제3장

구술사
방법론의 활용

제1절 일반적 방법론

앞에서 밝힌 문제들을 연구하기 위해 이 책에서는 문헌 연구와 설문조사 그리고 질적 연구방법인 구술사 방법론을 채택하였다.

1. 문헌 연구

문헌 연구는 1차 자료로서 이 책의 주제와 관련한 신문보도, 수사 및 재판기록, 보고서 등을 조사하고 2차 자료로서 여러 연구논문과 단행본, 관련 자료를 통해 이론적 연구의 바탕으로 삼고자 한다.

여기서 언급해 둘 것은 1차적 문헌 자료로서 부마항쟁 당사자의 경찰, 검찰의 조서 및 재판 기록물이 마산의 경우는 확보되어 있으나, 부산의 경우는 아직 미확보된 상태라 대단히 불충분하다는 점이다. 아울러 일부 주변적 자료 외에는 항쟁 당시의 경찰이나 계엄군, 공무원 등의 활동 상황을 알 수 있는 자료들이 거의 공개되어 있지 않은 상황도 연구의 제약으로 작용한다는 점을 밝혀 둔다.

2. 설문조사

이 책의 주제와 관련하여 필자는 2007년 2월부터 10월까지 사단법인 부산민주항쟁기념사업회의 연구사업으로서「부마항쟁 참여자 및 목격자 설문조사」를 실시하였으며, 그 결과를 부산대학교 사회조사연구소에 의뢰하여 분석 보고한 바 있다.

이 설문조사의 목적은 부마항쟁의 실체를 바르게 이해하고 이를 바탕으로 부마항쟁 연구에 기초가 되는 자료로 제공하기 위한 것이었으며, 부마항쟁에 참여하거나 목격한 시민들이 직접 참여한 조사가 드문 형편이므로 조사결과는 매우 귀중한 자료로 활용될 수 있을 것이다.

조사방법은 구조화된 설문지를 통한 면접조사를 실시했으며 표집방법은 눈덩이 표집(snowball sampling)으로서 부마항쟁에 참여했거나 목격한 일반 시민 400명을 대상으로 하였으며, 그 결과 부마항쟁 참여자 52명, 목격자 224명, 비해당자 75명으로 총 351명의 답변을 수집하였다.

조사의 범위는 여러 가지 제약으로 마산을 제외하고 부산으로 한정하였고 조사자의 연령층은 45세에서 70세까지로 한정하였다. 그 이유는 이 연령대의 사람들이 부마항쟁 당시 17세에서 42세까지로 참가자의 연령층과 대체로 일치하며 70세 이상의 경우는 기억력의 저하를 고려하여 일단 제외하였다.

조사내용은 부마항쟁 당시의 시대적 상황에 대한 일반적인 평가, 10대 총선 참여 여부 및 지지 정당, 총선 불참 이유, 시위대의 주도세력, 시위의 정당성에 대한 평가, 부마항쟁이 민주화의 기여한 정도, 항쟁의 평가 정도와 올바른 평가를 위한 필요 사항, 항쟁 참여 및 목격 여부, 참여 일시와 장소, 참여 동기 및 계기가 된 사건, 동료 시민에 대한 감정, 참여한 자신에 대한 감정과 참여 중에 느낀 감정, 향후 사태 전개에 대한 감정, 참여방법 및 평가, 구호의 내용과 의사 표현 방법, 시위 중 공격지점, 피해 여부 및 종류, 시위대 및 진압군의 폭력성에 대한 평가 등이다.

수집된 자료는 코딩 후 SPSS 12.0K 소프트웨어를 사용하여 분석하였으며, 분석방법은 기술 통계 분석(빈도 분석) 및 교차 분석을 사용하였다.

이 설문조사는 부마항쟁의 주체가 참여한 거의 최초의 조사이며 따라서 대단히 유용한 내용을 담고 있으므로 그 결과를 통해 항쟁 당시의 동태를 상당 부분 파악할 수 있을 것이다. 또한 설문조사는 이 책의 주된 연구방법인 질적 연구의 한계를 보완하는 역할을 할 것이다.

한편, 이 설문조사의 한계는 첫째, 현실적 사정으로 마산지역을 제외하고 부산지역으로만 조사범위를 한정했다는 점이며 둘째, 조사 시점이 항쟁 발생으로부터 28년이라는 시차가 있어 그 결과의 해석에 있어 신중한 접근을 필요로 한다는 점이라 하겠다.

제2절 구술사 방법론

주제와 관련하여 위에서 밝힌 문헌 조사, 설문조사와 함께 이 연구는 주된 방법론으로서 질적 연구방법의 하나인 구술사 방법론을 채택하고자 한다. 이하에서 이 연구에서 채택하고자 하는 질적 연구와 구술사 방법론에 대해 살펴보기로 한다.

1. 질적 연구

서구의 근대적 학문은 출발부터 실증주의에 기반을 두어 인간과 사회를 개체로서 객관화하는 데 사용하는 변수들은 수치로 만들 수 있으며 그러한 양적 자료(quantitative data)가 사회과학에서 객관적이고 과학적이라고 인식된다. 반면 인간의 내면, 주관, 초월적인 측면 등은 수치로 양화할 수 없기 때문에 이 분야를 탐구하는 학문은 신빙성과 객관성을 결여한 비과학적 학문으로 분류된다. 근대 사회과학은 연구자의 가치판단을 배제하고 연구자 주체와 연구대상인 객체를 이분화하여 신빙성 있고 객관적인 원인과 결과에 대한 인과적 설명을 제공하는 것이 되었다. 객관성과 신뢰성은 과학성을 떠받치는 중요한 두 기둥이었고 그 토대는 통계자료였다. 이렇게 서구의 근대 사회과학은 양적인 방법인 서베이(survey)를 핵심적 연구방법으로 삼았다. 그런데 20세기 말로 접어들면서 양적 방법을 이용한 인간 사회 연구에 한계를 느끼게 되었다. 수치로 나타낼 수 없는 인간의 많은 측면이 역사 발전에 중요한 역할을 했다는 것을 무시할 수 없었다. 그래서 실증주의 자체에 대한 비판이 나타났다(윤택림 2005: 16).

그렇다면 양적 연구방법이 다룰 수 없는 인간사회의 많은 현상들을 다루는 질적 연구방법은 무엇인가? 질적 연구방법은 연구자가 연구대상이 행위하고 생각하는 일상에 참여하거나 그 일상을 관찰하면서 연구대상이 갖고 있는 경험세계와 가치관을 당사자의 주관적 시각으로 이해하는 연구방식을 말한다. 따라서 질적 연구방법에서는

연구자와 연구대상 간의 상호작용, 연구과정의 맥락이 연구방법에
모두 포함된다.

〈표 4〉 양적·질적 연구 비교

	양적 연구	질적 연구
질적 연구의 역할	예비적	행위자의 해석을 탐구하는 수단
연구자와 대상 간의 역할	거리 유지	접촉
연구자의 위치	외부인	내부인
이론과 연구 간의 관계	확인	발현적
연구 전략	구조적	비구조적
연구 결과의 의미	법칙적	서술적
사회 실체에 대한 이미지	정적: 행위자에 외재적인 것	과정적: 행위자에 의해 사회적으로 구성되는 것
자료의 성격	구체적(양적)이고 신뢰할 수 있는 것	깊고 풍부한 것

* 출처: 박재환/일상성·일상생활연구회(2008: 126)에서 재인용

질적 연구에는 현지조사(fieldwork), 문화기술지(ethnography), 민속
학, 민속방법론(ethnomethodology), 구술사, 생애사, 현상학, 텍스트
분석(text analysis), 초점집단연구(focus group interview) 등이 있다.
이런 다양한 질적 연구들의 공통적인 특징은 첫째, 사회적 실체와
현상이 어떻게 해석되고 이해되고 경험되고 생성되는가에 관심을
둔다는 점에서 넓은 의미의 해석적 연구이다. 따라서 사회적 실체와
현상이 복합적 다층적으로 구성된 사회의 유의미한 구성요소로 간
주된다. 둘째, 이들 질적 연구방법들은 융통성 있는 방법으로 자료
를 만들고, 자료가 창출되는 사회적 맥락에 더욱 관심을 기울인다.
셋째, 분석과 설명방법에서 복합성, 세부사항 그리고 맥락을 이해하
는 데 중점을 두고, 풍부하고 상황적이며 세부적인 자료를 바탕으로

완숙한 이해를 창출해 내는 데 목적을 둔다. 그래서 피상적인 유형, 추세, 상관관계의 묘사보다는 심층적인 분석과 설명을 더욱 강조한다. 질적 연구에서는 통상적으로 일정한 형태의 양화 기법이 적용되기는 하지만, 통계적인 분석이 핵심은 아니다(윤택림 2005: 18-19). <표 4>는 양적 연구와 질적 연구의 특징들을 잘 비교하여 보여 준다.

양적 연구는 과학적 객관성(scientific objectivity)을 가져야만 하는데 이때 객관성을 신뢰성(reliability)과 타당성(validity)으로 평가할 수 있다. 양적 연구인 자연과학에서 객관성을 획득하는 방법은 첫째, 다른 연구자도 똑같은 실험을 할 수 있도록, 경험이 다른 이들에게 접근될 수 있게 하는 것이다. 둘째, 실험의 결과는 연관된 이론으로 정당화될 수 있게 측정되어, 이론적으로 의미 있는 변수로 나타내는 것이다. 사회과학에서 연구자들은 가설검증이 연구자가 질문하는 것의 작은 부분에만 적절한 연구방식임을 발견하였다. 질적 방법에서는 가설검증 연구의 이상적인 요소인 건전한 추론(sounding reasoning)과 이론을 경험적으로 실험(empirical risking of theory)하는 것이 가능하지만, 근본적으로 질적 연구는 해석적이기 때문에 가설 검증의 엄격함에서 벗어나 있다. 가설연역 방법을 느슨하게 하면 기대하지 않았던 발견을 쉽게 할 수 있다. 미국 질적 연구자인 커크와 밀러(J. Kirk and M. L. Miller)는 질적 연구에서의 객관성을 다음과 같이 정의하고 있다. "경험적 세계(현실)가 있고, 그 세계를 이해하는 방식은 우리에게 달려 있지만, 세계는 똑같이 동일하게 세계를 이해하게 하지는 않는다. 따라서 점진적이고 부분적인 이해가 증가한다." 질적 연구에서도 객관성을 확보하기 위해서는 신뢰도와 타당성을 가져야 한다. 신뢰도는 연구결과가 연구 상황에 관계없는 정도를 말하고,

타당성은 연구결과가 옳게 해석된 정도를 말한다. 양적 연구에서는 신뢰도가 더 중요한 반면, 질적 연구에서는 타당성을 더욱 강화하여 왔다. 타당성은 근본적인 이론의 문제로서, 세 가지 종류가 있다. 첫째는 명백한 타당성(apparent validity)으로서, 이것의 예는 퀴즈의 정답, 대학시험문제의 답과 같은 것이다. 둘째는, 도구적 타당성(instrumental validity)으로 실용적·범주적 유효성을 말한다. 예를 들면 GRE점수나 수능점수와 같이 명백한 타당성은 없지만, 실용적 타당성을 가진 것을 말한다. 셋째는, 이론적 타당성(theoretical validity)으로 이것은 이론적 틀이 얼마나 관찰에 상응하는가를 따지는 것이다. 즉 연구자의 분석과 해석이 연구자가 제시하는 근거자료와 얼마나 일치하는가를 따지는 것이다(윤택림 2005: 132-135).

2. 구술사

1) 기억의 정치학

　질적 연구방법 가운데 인류학과 역사학 등을 중심으로 새로운 연구방법으로서 구술사 연구가 제2차 세계대전 이후 발전해 왔다. 구술사란 구술(자료)을 통해 쓰인 역사를 말한다. 여기서 구술은 과거경험에 관한 기억을 말로 풀어내는 것을 의미한다. 과거와 현재를 매개하는 것은 기억이다. 대중기억연구회(Popular Memory Group)에 따르면 기억의 사회적 생산은 공적인 재현(public representation)과 사적인 기억(private representation)의 두 가지 방식으로 일어난다. 역사의 공적인 재현에서는 과거에 대한 여러 해석들의 경합을 통해 지배적인 기억이 나타난다. 지배적인 역사적 재현은 매우 이데올로기적이고 전형적인 신화에 가까울 수 있다. 과거에 대한 공식적인 (official) 재현은 국가와의 관계에서 가장 첨예하게 드러난다. 민족사와 민족유산은 국가가 유용하는 지배적인 공식적 기억의 대표적인 예이다. 공적 미디어도 또한 공적 재현의 주요한 원천이다. 사적 기억은 일상생활 중에 만들어진다. 그러나 사적 기억은 "기록되지 않을 뿐만 아니라 실제로 침묵된다". 사적 기억은 개인의 종속된 또는 사적인 삶의 경험을 반영한다. 사회적 기억이 생산되는 과정에는 두 가지 종류의 관계가 있다. 첫 번째는 학계를 포함하여 공적인(public) 분야에서 나타나는 지배적인 기억(dominant memory)과 대항기억 (counter-memory) 사이의 관계이고, 두 번째는 현대국가 체제에서 공적인 담론들과 생활문화에서 생성된 좀 더 사적인 기억 사이의 관계이다. 과거에 대한 다수의 공적인 재현 사이에서 끊임없는 경합이 일어나고 그중에서 하나가 지배적인 기억이 되면, 다른 것들은 대항기억이 된다. 이 두 가지 형태의 기억은 그것들이 만드는 역사적 진실의 정당성을 주장하면서 두 개의 대립되는 역사적 해석을 내놓는다. 따라서 헤게모니 쟁취를 위해 지배적인 기억과 대항기억 사이에 계속적인 경쟁이 일어나게 된다. 지배적인 기억의 재현들은 국가기구들에 의해 공식적인 역사 속에서 계속 형식화되고 재생산된다. 그러나 공식적인 기억과 삶의 경험에서부터 오는 사적 기억 사이에는 잠재적인 괴리가 있다. 이 괴리는 대중의 대항기억이 출현할 수 있는 공간을 남겨 준다. 대항기억은 종속되거나 억압받는 사람들의 사적이지만 집합적인 기억이다. 지배적인 기억과 대중의 기억과의 관계는 고정된 것이 아니라 끊임없이 협상된다. 이러한 사적인 기억은 헤게모니적인 기억과 담론에 대항하는 대항담론을 구성하는 대항기억으로서 하나의 공적인 역사의 재현이 될 수 있다. 기억은 과거와 현재와의 대화이다. 기억은 단지 과거에 대한 것이 아니라 과거와 현재의 관계이다. 왜냐하면 과거가 정치적으로 중요한 것은 과거가 현재에 살아서 현재 사회적 관계에 영향을 주기 때문이다. 정치적 지배는 헤게모니투쟁에 있어서 결정적인 역사에 대한 정의를 수반한다. 역사적・정치적 투쟁의 장이다. 역사와 정치의 관계는 따라서 별개의 것이 아니라 내적인 것이다. 그것은 역사의 정치학(politics of history)이고 정치의 역사적 차원(historicity of politics)이다. 이러한 관계의 중심에 있는 것이 현재의 시각에서 과거를 이해하고 진리를 생산하기 위해 역사를 재창안하는 토대로서 바로 기억이다(윤택림 2003: 37-47).

2) 대항담론으로서의 구술사

(1) 사적 기억의 재현으로서 구술

기억은 사적이건 공적이건 재현 형태상 문헌과 구술로 나누어질 수 있다. 이제까지 역사연구에서 문헌은 구술에 압도적으로 우위성을 가지고 역사학을 문헌연구로 만들어 왔다(윤택림 2003: 47).

근대 역사학은 다양한 사관에도 불구하고 문헌고증적 방법과 실증주의적 인식론을 공유하고 있다. 그래서 역사가들은 묻힌 문헌 자료를 발굴하고 기존의 문헌 자료를 다양한 방식으로 독해하기 위해 노력해 왔다. 그러나 문자기록은 과거 인간경험의 일부만을 담고 있기 때문에 이를 통해 구성되는 역사서술은 운명적으로 제한성을 띨 수밖에 없다. 더구나 문헌사료는 대개가 국가・엘리트・승리자의 기록이다. 그러므로 문헌 중심의 역사학은 '위로부터'의 관점을 취하기 십상이며 '기록을 남기지 않은 사람들' 즉 민중을 배제하거나 대상화시키는 경향이 강하다(이용기 2002: 365).

역사연구에서 기억의 공적 재현은 대부분 문헌의 형태를 가지고 있으나, 사적 기억은 많은 경우 문헌 형태를 취하지 못하고 침묵되어 왔다. 많은 사적 기억들이 드러날 수 있는 방식은 구술 형태이기 때문에 구술은 사적 기억을 재현하는 주요한 기제라고 볼 수 있다. 구술 자료들은 사료로서의 풍부한 가능성과 다양성에도 불구하고 아직도 역사연구를 위한 신빙성 있는 자료로서 받아들여지지 않고 있다. 구술 자료들은 주관적이고 개인적이며, 사적이고 부분적이기 때문에 역사적 증거로서 충분히 믿을 수 없다는 것이다(윤택림 2003: 47-48).

(2) 구술사에 대한 이론적 쟁점

구술사에 대한 비판의 초점은 구술은 ① 개인의 경험에 관한 이야기이기 때문에 개인적이고 부분적이라는 점, ② 과거에 관한 현재의 기억이기 때문에 과거를 온전하게 담지 못한다는 점, ③ 면담 상황에 영향을 받기 때문에 일관성이 없다는 점 등을 이유로 소위 객관성을 의심받는다. 구술은 개인의 과거 경험에 관한 현재의 기억이 면담을 매개로 발화되는 것이다. 하나의 역사적 사건·사실은 많은 사람이 함께 경험한다 하더라도 일차적으로는 개인적 차원에서 경험되고 인식된다. 이렇게 경험된 과거는 기억을 통해 시간의 흐름을 타고 현재에 이르는데 그 기억은 시간의 무게, 개인적 삶의 궤적, 개인에 대한 사회의 규정력 등의 영향을 받는다. 더구나 구술은 구술자의 사회적 위치, 면담 당시의 사회분위기, 구술자와 조사자의 관계, 조사자의 질문 방식 등 면담상황에 영향을 받는다. 결국 구술은 구술자의 개인적 부분적 경험을 담고 있으며, 과거 경험이 기억을 통해 현재까지 전달되고 면담을 통해 발화될 때는 의식적·무의식적으로 굴절 ― 망각, 착각, 과장 혹은 축소, 침묵과 선택, 자기최면과 합리화 등 ― 되게 마련이다(이용기 2002: 365).

이러한 비판은 구술의 특성에 근거한 것이므로 일면 타당한 측면이 있다. 구술사에 대한 이러한 비판에 대해 구술사가들은 다음과 같이 반비판한다.

① 경험의 개인성·부분성

구체적인 인간의 경험을 다루는 구술사는 불가피하게 개인적·부분적 경험에 의존한다. 그러나 이는 역으로 기존의 구조 중심적 역사학에서 배제하거나 단순화한 실제 인간들의 생생한 경험과 인식을 담아낼 수 있다. 구술은 과거에 대한 부분적 진실을 담고 있음에도 거기에는 과거의 사실만이 아니라 그것을 구체적 인간이 '어떻게' 그리고 '왜' 그렇게 경험 인식했는가도 담겨 있다. 구술사는 개인의 주관적 경험과 인식을 적극적으로 담아냄으로써 그 강점을 발휘할 수 있기에 구술은 주관적일수록 가치가 있다는 역설도 성립될 수 있다는 것이다(이용기 2002: 366).

또 달리 말하면 이 문제는 한 개인의 경험이 어떻게 전체 사회적 경험을 대표할 수 있는가, 즉 개인의 경험의 사회적 대표성에 관한 문제인 것이다. 이 문제를 극복하기 위해서는 역사서술에서 주로 다루는 거시적·사회적 과정과 개인적 기억의 바로 주재료인 미시적·사적인 서술들을 연결하는 방법을 찾는 것이 필요하다. 이에 안토니

오 그람시(Antonio Gramsci)는 인간이 사회적 존재일 뿐만 아니라 역사적 존재라는 너무나 당연한 견해를 제공한다. 그람시에 따르면 "각 개인은 존재하는 관계들뿐만 아니라 이들 관계들의 역사의 종합(synthesis)이기 때문에 인간은 모든 과거의 요약체이다". 그럼으로써 대중의 자서전적인 역사의 형태는 지배적인 사회관계들이 개인들의 시각에 보인 것이다. 이렇게 개인의 시각을 통한 사회의 지배적인 관계들에 대한 이해는 바로 미시적인 것과 거시적 사회구조가 연결되는 것을 보여 준다. 따라서 개인의 경험과 사회 전체의 경험과의 관계는 대표성의 문제가 아니라 개인과 사회를 이어 주는 방식임을 구술사는 보여 준다(윤택림 2003: 50-51).

② 기억의 현재성

구술기록에 대해서 "인간의 기억이 정확한가?", "그것은 시간이 지날수록 쇠퇴하는 것이 아닌가?", "과연 기억을 믿을 만한가?", "망각된 기억은 어떻게 할 것인가?", "그것은 시대의 보편성보다는 특수성, 특히 개인의 독특성을 보이고 있지 않은가?" 등의 의문을 던질 수 있다. 심리학, 사회심리학 및 노인학 등 인간의 기억과 관련한 학문 분야에서의 실험 또는 연구 성과에 따르면 기억의 정확성에 대한 궁금증은 근거가 약한 우려이거나 노파심인 것으로 보고되어 있다. 물론 인간의 기억은 선별적이고 시간에 따라 쇠퇴한다. 그러나 관심 있는 사건에 대한 기억은 시간과 독립적이다. 관심의 정도에 따라 기억은 상상을 초월할 만큼 생생하다는 것이다. 실지로 구술 채록을 경험한 사람은 누구나 과거 사건에 대한 기억이 그토록 생생하게 재현되는 경이로운 사태를 자주 접하게 된다. 기억의 신빙성에 대한 쟁점보다 더욱 중요한 것은 기억의 성격과 특징에 대한 고려이다. 기억에는 소위 '객관'과 '주관'이 따로 없다. 기억이란 성격상 두 가지가 얽혀 있고 심지어 신화와 사실이 혼재되어 있다. 기억의 이러한 특징은 얼핏 구술사에게는 '재앙'으로 다가오나 실은 '축복'이기도 하다. 여기서 구술사는 문헌사를 넘어서 역사를 서술할 수 있는 계기를 마련하고 이에 정면으로 대처하면 구술사의 특징을 드러낼 수 있다. 인간에 있어 기억은 자아를 담지한 그릇이다. 그런데 기억과 자아는 주관적인 것이다. 구술사는 가시적인 객관적 '사실'만큼 주관적 인상, 신념, 감성구조를 탐구대상으로 삼고 있다. '실지로 무엇이 일어났는가?'를 '객관적'으로 확인하는 일도 물론 중요하다. 그러나 설사 그런 사건이 실지로 일어나지 않았다 해도, 그렇다고 믿는 행위자의 신념과 감정이 더 중요할 수도 있다. 1908년 헤이그 만국평화회의에서 '할복자살'한 이준 열사의 독립투쟁에 대한 집단적 기억은, 설사 그가 할복자살을 하지 않았다고 해서, 그 기억이 사실과 다르다는 이유로 무시될 수는 없다. 왜냐하면 당시 조선인들은 그렇다고 믿어 의심치 않고 살았으며 그 연장에서 독립투쟁과 같은 실천을 감행하였기 때문이다. 이탈리아 철강노동자 트라스툴리(Luigi Trastulli)[13]의 죽음의 경우도 마찬가지다. 포르텔리(Alesandro Portelli)가 확인한 대로, 그는 후대 노동자들이 기억하고 있는 방식대로 '극적'으로 죽지 않았다. 그러나 그 죽음의 역사적 의미는 그 죽음이 사람들의 기억 가운데 작동하는 방식에 있다. "사람들이 기억(또는 망

---

13) 트라스툴리는 1949년 3월 17일 이탈리아 정부의 NATO 가입에 반대하는 시위에서 사망한 철강노동자다. 그의 사인(死因)은 당시에도 정확히 밝혀진 바 없으며 다만 경찰차량이 시위대를 덮쳤다는 것과 여러 번의 발포가 있었다는 정황만이 공식적으로 확인될 수 있었다. 그러나 후대의 노동자들에게 그는 영웅적 죽음을 맞이한 것으로 기억되고 있다(이재성 2007: 180-181).

각)하고 있는 사실 그 자체는 바로 역사가 만들어지는 질료"이다. 기억된 과거가 객관적 사실과 일치하지 않는다면 그 기억은 '거짓'이다. 그럼에도 불구하고 또는 바로 그렇기 때문에 그 기억은 의미 있는 것이다. 구술자가 믿고 있는 바ㅡ즉 그가 그것을 믿고 있다는 '사실'ㅡ는 그 자체가 '실지로' 무엇이 일어났는가만큼 중요한 '사실'인 것이다. 포르텔리가 지적한 대로, "'거짓된' 구술기록이란 존재하지 않는다." 구술사가도 문헌사가처럼 수집된 기록에 대한 엄밀한 사료비판을 추구한다. 그러나 구술사 특유의 역동과 다양성은 구술자의 "증언이 '진실이 아니라' 해도 그것은 심리적으로는 여전히 '진실'이며, 그러한 기억 상의 착오는 때때로 사실적으로 정확한 설명보다 더 훨씬 중요한 것을 보여 주고 있다"는 점에 있다. 구술사는 토로된 기억을 매개로 인간 주관성의 심연에 도달하고자 한다. 그런데 그 심연이란 바로 역사를 만드는, 크든 작든, 행위자의 심연이며 따라서 역사의 심연이기도 하다(김기석·이향규 1998: 9-11).

구술은 과거에 관한 현재의 기억이기에 거기에는 비록 굴절되었을지라도 과거의 리얼리티가 담겨 있으며, 또한 과거에 대한 구술자의 현재적 해석이 담겨 있다. 따라서 심층면접, 구술 간의 교차 점검, 문헌과의 비교 등 다양한 방법을 통해 구술에 담긴 과거의 리얼리티에 최대한 접근하면서도, '왜 과거를 그렇게 기억하는가'라는 질문을 통해 경험 주체가 어떻게 구성되었는가 하는 점까지도 인식할 수 있다. 역사가 과거 그 자체가 아니라 과거에 관한 현재의 해석이라면, 구술사는 과거의 리얼리티와 현재의 기억 사이의 긴장을 읽어냄으로써 '기억을 둘러싼 투쟁'에 적극적으로 개입할 여지를 발견할 수 있을 것이다(이용기 2002: 366-367).

③ 면담의 상황성

텍스트는 특정한 상황·맥락 속에서 만들어지는 것이기에 구술 자료나 문헌 자료 모두 컨텍스트 속에서 독해되어야 한다. 구술 자료는 이미 만들어진 것이 아니라 구술자(화자)와 연구자(청자)가 상호작용하면서 만들어 가는 것이기 때문에 연구자는 텍스트가 제대로 생산될 수 있는 상황을 만들어 내야 한다. 또한 텍스트가 생산되는 면담의 상황·맥락 속에서 구술 자료를 해독해야 하기 때문에 연구자는 면담상황을 스스로 의식하고 독자들에게 인지시키는 것이 필요하다(이용기 2002: 367).

대면 면접이라는 구술 자료 수집 방법은 그 자체가 사회적 관계이며 또 과정이므로 편견이 있을 수 있다. 이 문제는 구술사 이외의 학문 분야 특히 사회과학자들의 해결방법을 그대로 활용할 수 있다. 사회과학에서는 그러한 편견을 있는 그대로 인정하고 그것을 축소하거나 바로잡으려 하는 등 소극적 방법을 사용하기도 한다. 즉 오차의 범위를 줄이려고 노력하나, 숙련된 학자는 오히려 그 편견을 적극적으로 활용하는 방법을 사용하고 있다. 이 점에 대해 톰슨(Paul Thompson)은 "생애사 사회학자나 구술사가가 추구해야 할 진정한 목적은 마치 그것을 소거할 수 있는 듯 행세 - 예컨대 감정을 제외시키기 위해 얼굴 없는 연구자가 되려 하지 말고 - 하는 데 있지 않고 오히려 그 편견의 원천을 '드러내는' 것에 있다"고 갈파하였다(김기석·이향규 1998: 9).

구술 자료의 객관성을 문제 삼는 비판의 핵심은 결국 구술 자료의 증거능력에 대한 의심으로 연결된다. 구술기록의 증거능력에 대한 변명에는 두 가지가 가능하다. 소극적 방식과 적극적 방식이다. 전자는 그간 '확고부동'하다고 여기고 있는 문헌기록에 대해 같은 질문을 제기하는 것이며, 후자는 구술기록의 내재적 특성을 밝히며 적극적으로 증거능력을 제시하는 것이다. 먼저, 소극적 방식으로 구술기록의 신빙성 문제를 따져 본다면 문헌이든 구술이든 모든 기록의 신빙성은 의심해 마땅하며 구술기록만의 문제는 아니라는 것이다(김기석·이향규 1998: 6).

마르위크(Arthur Marwick 1989: 208-210)는 문헌사가들이 활용하는 자료를 다음의 '위계(hierachy)'에 따라 분류하였다. 첫째, 기록된 문서들로서 중앙 및 지방 정부의 자료, 국제적 기록, 사기업의 자료들, 둘째, 조사기록과 보고서로서 중앙에서 작성된 것과 사적·개인적 조사 자료들, 셋째, 연대기와 역사, 넷째, 편지나 일기 등 가족과 개인의 자료들, 다섯째, 논쟁적 문서들, 여섯째, 대중매체와 대중문화의 생산물들, 일곱째, 안내서와 참고자료 목록, 여덟째, 고고학적 자료들, 아홉째, 문학과 예술 작품들, 열째, 기술적 자료들, 열한째, 구술사와 구술전통, 열두째, 관찰된 행태이다. 이 위계에 따르면 구술사는 최하위의 자료에 해당한다. 이 위계는 그간 사학자들이 관행상 '객관'적인 기록으로 인식하여 자주 활용한 사료의 위계이다(Paul Thompson 1990: 101).

그러나 세련된 문헌사가들은 관행상 사료비판을 통하여 자료의 내적 일관성, 다른 기록과의 일치도, 맥락 분석 등으로 잠재적 편견을 점검하고 역사서술에 활용한다. 왜냐하면 형태가 어떠하든 문서 그 자체에 정치적·이념적 편향, 기록자의 주관, 과장 및 은폐가 생산 당시부터 개재되어 있기 때문이다. 영국경제사 연구자들에게 상식적으로 알려진 사실은 산업화 초기, 임금이든 노동시간이든 남아 있는 문서기록은 불충분하거나 망실되었고 심지어 은폐되어 있다는 점이다. 광업통계의 경우 대규모 광업 기록만 가용하고 소규모 광업의 기록은 남아 있지 않다. 그러한 국가 공기록의 오류는 자동차산업, 어업 및 농업 분야에 이르기까지 전반적인 문제이다. 반면 구술기록은 광부의 충원, 이직, 작업시간, 실질임금, 기술 수준 및 작업조직에 관한 세부적 자료를 제공하고 있다. 결국 "1914년 이전 임금률 통계는 거의 전적으로 무의미하다"는 것이다(김기석·이향규 1998: 6).

전순옥(2004: 28-33)은 남한의 노동통계가 원천적으로 부실하기 때문에 정부 통계의 신뢰성을 부인한다. 예를 들면 1970년 노동청이 발표한 평화시장을 비롯한 세 시장의 공장 수는 428개, 노동자 총수는 7,600명으로 평균 16명 정도를 고용하는 것으로 나타났다. 그러나 전태일이 조사한 바로는 약 860개의 공장에 26,800명의 노동자가 고용되어 법정 최고 인원인 공장당 16명보다 약 2배의 인원이 일하고 있었다(전순옥 2004: 130-131).

이처럼 남아 있는 문서기록은 그 자체로 증거능력을 충분히 의심할 만한 기록이기도 하다. 사료비판, 교차검증 등을 통해 문서기록의 증거능력을 끊임없이 재확인하여야 하며 이 점 구술기록 또한 마찬가지다. 요컨대 구술기록이라 해서 태생적으로 증거능력이 부족한 것은 아니다(김기석·이향규 1998: 6-7).

다음으로 구술기록의 내재적 특성을 통해 증거능력을 검토해 보면 각 부문에서 구술기록이 문서기록을 보완하거나 또는 그것을 넘어서 독특한 역사서술에 적극적으로 공헌한 사례가 많다. 노동사의 경우 문서기록은 노동운동 지도자의 '공적활동' 기록만 남아 있다. 노동운동 지도부의 '의례적이고 영웅적인' 기록을 넘어서서 노동운동 참가자의 '평범하고, 혼란된 현실, 다양한 내부 관점은 물론 심지어 구사대'의 기록은 구술기록 이외에는 수집할 수 없다. 톰슨의 영국의 노동계급 형성 연구 또한 종래 문서 중심 역사 서술로부터 상당 정도 벗어나 관찰, 증언, 현지조사기록을 활용하여 노동자의 일상적 삶과 노동계급문화를 분석하였기에 불멸의 작품을 만들 수 있었다. 포르텔리가 국제적 구술사가의 명성을 획득한 작품인『트라스툴리의 죽음 외(The Death of Luigi Trastulli and Other Stories)』는 신화처럼 과장되어 전해 내려오는 한 이태리 노동자의 죽음이란 사건분석을 통해 이태리 노동계급의 혁명적 역량과 그 좌절을 분석하였다(그 죽음의 상징성은 전태일의 焚死에 비유된다)(김기석·이향규 1998: 7).

이태리 노동자들은 트라스툴리의 사망연도조차 1949년 또는 1953년 등으로 달리 기억하는데 특히 1953년은 대중파업이 일어났던 해였다. 이러한 불일치는 구술에 대한 불신과 기억의 실패를 보여 주는 것으로 받아들여질 수 있다. 하지만 포르텔리는 연도를 확인하는 데는 구술이 도움이 되지 않지만 노동자들은 그들의 인생관과 가치관에 따라 정보를 전달함을 알 수 있는데 많은 사람들의 마음속에 당시의 파업을 트라스툴리의 죽음에 대한 복수로 여겼기 때문에 사망연도를 옮겼다고 해석한다. 동료 노동자가 대의에 따라 죽지 않았거나 그 죽음에 복수가 이루어지지 않았다고 생각하는 것은 너무 고통스런 것이었다. 이렇게 구술사는 섬세하게 활용된다면 개인들이 그들의 삶을 이해하고 해석하는 데 새로운 창(window)을 제공해 줄 수 있다(Perks, Robert and Thomson, Alistir, eds. 1998: 351).

정치사 분야의 경우에도 '잘나가는 거물'의 활동과 관련된 회고록, 문서기록은 풍부하다. 그러나 힘없는 '조용한 다수의 정치적 신념이나 태도' 관련 문서기록은 많지 않다. 더구나 정치적 저항세력 관련 문서기록은 남아 있지 않다. 이러한 사례에서 보듯이 구술기록은 문서기록으로 접근하기 어려운 역사의 측면을 새롭게 조망해 주고 있다. 요컨대 기록의 신빙성은 형태의 특징과 관련 없이 모두가 비판의 대상이며 이를 극복하는 일반적 원칙은 없다. 꼼꼼한 사료 비판이나 엄격한 교차검증 및 맥락 분석과 같이 지적으로 정직한 방식으로 기록의 신빙성을 확보하는 과제가 남아 있을 뿐이다(김기석·이향규 1998: 6-9).

3) 구술사 방법론의 적용

(1) 정치학에서 구술사 방법론의 적용

질적 연구방법으로서 구술사 연구는 원래 역사학, 인류학, 사회학 등의 영역에서 발전한 연구방법이다. 정치학과 인접한 사회학에서 구술사 방법론을 사용한 최근의 연구를 보면 전순옥이 '70년대 한국 여성노동자'를 주제로 영국 워릭대학에서 쓴 박사학위논문이 있다. 이 논문은 최우수 논문으로 선정되었으며, 『끝나지 않은 시다의 노래』라는 한글판 저서로 출판되었다. 이 저서에서 전순옥(2004: 20-35)은 노동문제와 관련한 남한의 통계가 신뢰할 수 없음을 밝히고 그 대안으로서 이론의 틀과 통계를 사용하지 않는 현장 조사와 개인 구술, 집단 토론의 방법을 채택하였다. 전순옥은 1970년대 여성노동운동의 진실을 확인할 수 있는 가장 효과적인 방법은 구술사 방법임을 역설하였다.

또 구술생애사를 활용한 박재홍(1999: 257-294)의 「기성세대의 생애사와 세대차이 인지에 관한 연구」가 있다. 이 연구는 조사 당시 (1997~98) 만 40세 이상 된 사람 20명(남자 11명, 여자 9명)의 생애사를 분석하여 그들이 어떠한 역사적·문화적 경험(세대경험)을 하였으며 그러한 경험을 어떻게 해석하는지를 밝히고 있다. 박재홍의 연구가 이 연구와 관련하여 의미 있는 것은 연구대상자들이 대략 1940년대와 1950년대 출생자들로서 부마항쟁을 간접으로나마 경험한 세대들이기 때문이다. 따라서 이들의 세대 경험은 부마항쟁 참여자들도 포함한 공통의 경험으로서 항쟁 참여세대의 특성을 이해하는 데 도움이 되기 때문이다.

자료 분석 결과를 보면, 응답자 다수가 반복적으로 지적한 주제를 크게 세 가지로 나누어 보면 ① 경제적 궁핍, ② 도시 이주와 직업활동, ③ 사회갈등(성차별, 민주화운동, 세대갈등)으로 나타났다. 경제적 궁핍은 대부분의 기성세대가 5, 60년대에 겪었던 생활조건이었으며, 도시 이주와 직업활동은 도시화·공업화·자본주의 전개 등의 역사변동 과정이 개인 수준에서 경험된 것이고, 다양한 사회갈등은 사회변동 과정의 산물이다.

박재홍이 분석에서 얻은 중요한 발견은 응답자들의 생애경로 유형이 학력을 기준으로 양분된다는 것이다. 즉 고학력 응답자들은 중간층 이상의 가정에서 태어나 대도시에서 대학을 졸업한 후 공식부문에 취업해 근무하다가 개인사업을 운영하는 경우가 지배적이며 직장을 바꾸는 경우가 드물고 바꾸더라도 중간층 이상의 위치는 유지되는 특성을 보인다. 반면 저학력 응답자들은 대체로 어려운 집안에서 태어나 학업을 중단하고 취업전선으로 뛰어드는데 도시—농촌,

공식－비공식부문, 자영업－노동자 간의 이동과 교류가 잦고 전직이 빈번하며 계급·계층의 이동이 제한적이라는 특성을 갖는다. 두 생애경로 유형의 경계선은 확고하며 쉽사리 허물어질 수 없는 것으로 보인다. 이 경우 부모의 사회경제적 지위가 최종 학력에 결정적으로 영향을 미친다는 점에도 주목해야 한다. 박재흥의 연구결과는 부마항쟁 참여자인 이 연구의 구술자들의 경우에도 동일하게 나타나는 세대 특성을 보여 주고 있다.

이처럼 사회과학에서 다양하게 활용되고 있는 구술사 연구방법론은 정치학 특히 정치사 연구의 방법론으로서 충분히 원용할 수 있고, 원용할 가치가 있다. 한국정치사 연구의 활성화가 한국정치학 발전의 대전제라는 사실에는 넓은 공감대가 있지만 실제 정치사는 가장 미발달된 분야 중 하나이다. 2000년 현재 한국정치학회 회원 중에서 한국정치사를 전공한 학자는 20명으로서 전체 1,700명 중 1.12%이었다. 여기에 한국정치사상사, 한국정치론, 국제정치 등을 전공하면서 한국정치사 논저가 있는 연구자 등을 합쳐도 총 154명 (전체의 8.60%)에 불과하다. 따라서 한국정치사 연구의 방법론에 대한 논의 지형 역시 매우 협소한 실정이다. 한국정치 연구가 활성화되지 못한 가장 큰 이유로 다수의 학자들은 한국의 정치현실을 꼽는다. 독재와 분단의 영향으로 자유로운 한국정치 연구는 매우 어려웠다. 좌익에 대한 연구는 금기가 되었고 남한 정부에 대한 비판적 연구도 탄압을 당했다. 연구에 필요한 객관적 사료를 구하는 것 자체가 어려웠고 미국 행태주의 정치학도 영향을 미쳤다. 지난 40년간 한국정치학계에서는 한국정치학의 '한국화', '자아준거적인' 한국정치학, 우리 현실에 적합한 정치이론 또는 정치사상의 부재 등의 평가가 반복되었다. 자신들의 정치상황을 사유의 대상으로 삼아 발전해 온 서구의 정치학과 정치이론을 우리 현실에 그대로 적용하는 데는 한계가 있을 수밖에 없으므로 한국정치에 대한 역사적 연구는 한국 정치학이 피해 갈 수 없는 중요한 과제이다(이재성 2007: 168-173). 이러한 한국정치사의 연구에 있어서 구술사 방법론은 많은 기여를 할 수 있을 것이다.

첫째, 한국정치사 연구에서 가장 큰 문제 중의 하나인 1차 사료의 부족을 메우는 데 구술사 방법론이 활용될 수 있을 것이다. 해방 이후 한국정치와 관련된 사료는 해외로 유출되었거나 한국전쟁으로 대부분 소실되었다. 또한 전쟁 이후의 한국정치사 관련 자료는 정치적 검열을 받았거나 자료 자체가 체계적으로 보존·수집되지 못했다. 이러한 1차 사료의 공백을 구술사가 일정 부분 메울 수 있을 것이다(이재성 2007: 192).

둘째, 구술사 방법론은 기존의 정치학적 연구대상을 확장할 수 있다. 구술사는 기존의 역사와 정치권력에서 밀려나 있던 '보통 사람들'에게 시선을 돌리는 새로운 방법론이다. 이제는 정치가, 행정가, 시민운동가, 노조활동가뿐만 아니라 일반 시민, 평범한 관료 그리고 보통 노동자와 여성 및 아동에 이르기까지 다양한 계층, 연령의 사람들이 구체적인 정치적 연구의 대상으로 확장되는 것이다(이재성 2007: 192-193). 이러한 확장의 사례로서 박철한(2001)의 정치학 석사학위논문 「사북항쟁연구: 일상·공간·저항」이 있다. 이 연구는 '역사 없는 사람들의 역사'를 재생하는 방법으로 다양한 학문영역에서 광범위하게 이용되고 있는 질적 연구방법으로서 구술사를 주된 방법으로 채택하여 사북항쟁 당사자들에 대한 심층 면접을 바탕으로 했다고 밝히고 있다. 구술사 방법론을 통해 이 연구는 당시 항쟁 당사자의 생생한 목소리를 복원하는 데 성공했다고 보인다. 이처럼 구술사 방법론이 적절한 주제에 활용되어 정치학의 연구방법이 확장된다면 정치학의 발전에 기여할 수 있다.

셋째, 이재성은 존 토쉬(John Tosh)의 '연결됨'(connectedness)의 개념을 원용하여 구술사 전반의 이론적 기여를 설명한다.[14] '연결됨'(connectedness)이란 구술사를 통해 거시적 추상성과 미시적 구체성, 과거와 현재, 정치현상의 층위 간의 연결성을 보여 줄 수 있음을 의미한다. 구술사는 식민지 통치, 전쟁, 군부독재, 민주화운동 등의 추상적 정치적 개념들이 구체적으로 살아가는 인간들의 삶 속에서 어떻게 실현되었고 또 개인들은 그것에 어떠한 의미를 부여하였는지에 대한 이해를 가능하게 한다. 동시에 구체적인 삶들과 경험들이 다시 추상적인 정치적·사회적 가치들로 합류해 가는 메커니즘을 추적할 수 있다. 또한 생존하는 인물들의 목소리를 통해서 '과거와 현재의 대화'로서의 살아 있는 역사를 구성할 수 있다. 구술사는 과거의 시점에 고정된 사건 그 자체가 아니라 그 사건에 대한 개인적·집단적 해석을 문제 삼으며 그 기억이 역동적으로 해석되고 창조되는 과정을 연구한다. 동시에 구술사는 권력의 중앙, 상층의 역사가 보지 못하는 지방의 역사, 민중의 역사를 재구성한다. 이를 통해서

---

14) 토쉬는 "구술사가 보여 주는 또 다른 독특한 시사점은 역사가들이 다른 방법으로는 그저 추상적인 사회적 사실로서만 알고 말았을 일상생활의 여러 단면들의 필수적인 연결됨이다. 예를 들어 매우 가난한 사람들의 생애사를 통해서, 제1차 대전 이전(그리고 이후)의 수천 명의 사람들의 전체적인 사회적 환경을 형성하는 계절노동, 주기적인 극빈상태, 영양 결핍, 술주정, 무단결근 그리고 가정 내 폭력 등이 매우 생생하게 전해질 수 있다"라고 기술하고 있다(Tosh, John. 2000. "History by Word of Mouth", John Tosh. *The Pursuit of History*. London: Longman 오승연의 번역에서 인용).

개인, 지방, 국가, 지역, 세계로 구성되는 사회적 층위, '역사적 지층'
의 결을 드러나게 해 준다. 그 수준들 간의 연결성에 대한 이해는 사
회의 거시적 관점에 섬세함을 제공하며 미시적 시각의 협소함을 극
복하는 데 도움을 준다(이재성 2007: 193).

(2) 이 책과 구술사 방법론의 적용

이 책은 현대 한국정치사(韓國政治史)의 중요한 사건인 부마항쟁
을 연구대상으로 하고 있기 때문에 구술사 방법론을 활용할 수 있는
여지가 크다. 이 책이 주된 연구방법론으로서 구술사를 채택하는 것
은 우선 문서로 기록된 자료의 한계 때문이다. 부마항쟁에 대한 기
존의 기록물이나 보고서들은 대체로 전체의 흐름은 알 수 있게 하지
만 구체적인 상황이나 세부적인 내용들을 전달하지 못하고 있다. 기
록된 문서 자체가 양적으로나 질적으로 빈약하기 때문에 이를 보완
할 수 있는 자료로서 구술 자료는 또 하나의 중요한 기록이 되기 때
문이다. 특히 이 연구의 대상이 되는 부마항쟁에 참여한 노동자들에
대한 기록은 경찰이나 검찰의 신문조서 외에는 거의 전무하다시피
하다는 점에서 불가피하기도 하다. 물론 경찰이나 검찰의 조사기록
은 매우 중요한 자료이다. 그러나 그 기록은 국가가 형벌권을 행사
하기 위해 노동자를 범죄자로 포획하려는 전략 위에 서 있는 반면
노동자는 혐의를 벗어나려는 생존의 전략에 몰두할 수밖에 없다는
점에서 일정한 사실의 왜곡과 은폐가 불가피한 것이다.

그러나 구술사 방법론을 선택하는 보다 중요하고 본질적인 이유
는 이 연구의 주제인 부마항쟁 참여 노동자의 경험을 이해할 수 있
는 가장 적절한 방법은 당사자들의 구술 자료의 분석이기 때문이다.

부마항쟁은 4·19항쟁 이후 19년 만에 그것도 가장 체계적인 억압 구조 아래서 일어난 민중들의 봉기였다. 유신체제는 남북 간의 냉전 구조와 경제의 고도성장이 체제를 뒷받침하고 있었던, 법적·제도적으로 고도로 체계적인 억압구조였다. 이러한 구조 아래서 체제의 감시망에 노출된 개인은 무력하고 고립된 존재에 불과했다. 더구나 당시 노동자들은 형성 과정에 있었으며 계급적 정체성을 자각하거나 조직적 집합행동을 경험한 사람들은 아직 극소수에 지나지 않았다. 그런 상황에서 대학생들의 시위가 그 도화선이 되었지만, 노동자를 비롯한 일반 시민들이 직접 정치적 저항에 폭발적으로 참여한 것은 놀라운 현상이었다. 어떻게 해서 그러한 항쟁이 가능했는가, 왜 노동자들은 항쟁에 참여했는가라는 의문은 자본주의체제의 구조적 억압과 착취, 개발독재국가의 배제적 노동정책 등의 구조적 조건만으로는 다 해명되지 않는다. 또한 김영삼 총재가 지역의 상징적 정치인이었기 때문에 그의 박해를 자기의 문제로 동일시했기 때문이라는 설명으로는 충분하지 않다. 노동자들이 평소 일상의 삶에서 정치를 어떻게 바라보고, 어떤 정치를 생각했는지가 충분히 드러나야만 그토록 정치에 무관심한 듯이 보였던 노동자들이 왜 부마항쟁이라는 정치무대의 전면에 갑자기 등장했는지에 대해 보다 구체적인 해명이 가능할 것이다. 이러한 노동자들의 정치의식에 대한 구체적 파악은 그들 자신의 목소리로, 자신들의 경험을 스스로 이야기하는 것이 가장 적절한 방법이 될 것이다. 그 누구도 그들을 대신하여 이야기할 수 없기 때문이다. 그 이야기는 그들의 삶의 경험에 대한 이야기이고 그 삶 속에서 정치적인 것이 드러날 것이기 때문이다. 위에서 살펴본 대로 이야기라는 서사성의 구조를 통해 인간은 과거를 정돈하고 있었던 일을 반복 혹은 새롭게 이야기함으로써 정체성을 획득하게 된다. 이때 개인의 경험은 개인적인 것인 동시에 행위의 '본원적 사회성'에 의해 사회적인 것이 되며 개인사를 뛰어넘어 해당 사회의 구조적 특성을 보여 준다(이희영 2005: 129-133). 나아가서 항쟁의 경험은 참여자 개인의 삶과 행동에 어떤 영향을 미쳤는지에 대해 보여 줄 수 있다. 다시 말해 이 연구의 주제와 관련하여 주관적인 동시에 객관적인 경험세계를 담아내는 자료는 다른 어떤 것보다 참여 당사자들의 구술이라고 보인다.

지금까지 부마항쟁과 관련한 연구에서 참여자 개개인과 관련한 미시적인 접근은 없었고, 보고된 기록에 의거하여 추론하는 방식으로 이루어졌다. 다시 말하면 대학생, 기자, 지식인 등의 증언이나 기억은 기록되어 있지만 항쟁에 참여한 당사자로서 노동자, 빈민 등의 발언은 극히 드물었다. 있었다고 하더라도 대개는 당시의 민주화운동이나 그 담론에 영향을 받은 사람들이었다. 따라서 당시의 재야인사, 대학생, 지식인 중심의 담론이었던 '민주화' 담론을 접하기 어려웠던 대다수의 노동자를 비롯한 시민들의 항쟁 참여 동기와 의식에 대해서는 외부의 관찰자(거의 항쟁에 참여하거나 항쟁을 목격한 학생, 지식인들)가 경험적으로 관찰한 바를 토대로 한 추론에 근거하여 논의를 전개하였다. 물론 객관적인 관찰은 논의의 기초로서 매우 유용한 것이었다. 그렇다고 하더라도 참여 당사자의 참여 동인, 의식을 비롯하여 참여의 경과, 결과, 이후의 영향에 이르기까지를 파악할 수는 없는 한계가 있다고 하겠다.

이 책에서는 이러한 한계를 해소하기 위해 부마항쟁에 참여하였던 노동자들의 구술 자료를 활용하여 그들의 항쟁 참여 경험을 이해하고자 한다. 이 책에서는 부마항쟁에 참여한 노동자들의 구술을 통해 그들은 왜, 어떻게 항쟁에 참여하였는가를 이해하고 이를 통해 항쟁은 참여 노동자에게 어떤 변화를 가져다주었으며, 이후 한국의 현대사에 어떤 영향을 끼쳤는지를 탐구하고자 하는 것이다.

이 책에서는 1979년의 부마항쟁에 직접 참여한 사람들과 행한 구술 면접을 통해 확보한 구술사 자료를 분석·활용할 것이다. 이 책에서 사용한 구술 자료는 두 가지로 나눌 수 있다.

첫째는 부마항쟁에 참여하였거나 최소한 목격한 대학생, 노동자 등의 구술 자료로서 1970년대의 민주화운동에 일정하게 참여하였거나 그 영향을 받았던 사람들의 것이다. 이 구술자들은 구술 자료가 이 연구에서 보조적으로 활용되었기 때문에 보조 구술자라 할 수 있다.

둘째는 부마항쟁에 참여했던 노동자로서 1970년대의 민주화운동이나 특정한 정치조직에 관련되었거나 영향받지 않았던 사람들의 것이다. 이 연구는 두 번째의 구술 자료를 중심으로 서술되었으며 그렇게 한 이유는 (야당활동을 제외한) 1970년대의 민주화운동의 영향력이 제한적이었다는 전제하에서 그 영향권의 바깥에 있었던 일반 노동자 대중들이 실제로 어떻게 항쟁에 참여하였는지를 이해하기 위해서였다. 이 구술자들은 구술 자료가 중심적으로 다루어졌으므로 주요 구술자라 할 수 있다.

보조 구술자의 구술은 설명이 필요한 곳에 적절히 활용되었으나 이 연구의 핵심 자료는 주요 구술자들의 구술 자료이다. 이 구술들은 구술 시점에서 구술자의 과거 생애 체험을 임의로 진술하였으며 이후에 면담자의 질문에 대해 구술자가 응답하는 방식으로 진행하였다. 구술 면담에 응한 구술자들을 확보하는 방법은 눈덩이 표집(snowball sampling)이다. 눈덩이 표집 방법은 연구대상의 표집 자체가 어려울 때 일반적으로 취하는 방법으로서 표집의 대상자로부터 정보를 얻어 연결망을 확대해 나가는 방식의 표집 방법이다.

이 연구에서 사용된 구술 자료들은 대부분 본 연구자가 2006년부터 2008년에 걸쳐 면접을 통해 확보한 자료들이며, 고호석, 노재열, 정성기, 최갑순의 구술 자료는 민주화운동기념사업회의 자료를 활용하였다. 이 구술 자료는 항쟁 참여자들의 생애사에 대한 구술로서 구체적이고 생생한 자료를 제공하고 있다. 또한 이 자료들은 항쟁 참여자들의 참여 동인과 양상 및 정치사회화의 과정 등을 이해할 수 있는 근거를 제공해 줄 것이다.

생애사 자료는 기본적으로 개인의 의식/행위를 중심축으로 하는 미시적 수준의 자료이지만 그렇다고 해서 그러한 자료의 활용이나 연구의 목표 역시 미시적 수준으로 국한되지 않는다. 일찍이 밀즈(C. Wright Mills)는 어느 개인의 생애와 그가 속한 사회의 역사는 그 두 가지를 한꺼번에 이해하지 않고서는 그 어느 것도 결코 적절하게 이해될 수 없다고 설파함으로써 개인의 전기와 역사가 상호 밀접히 교차된다는 사실을 지적한 바 있다(C. 라이트 밀즈 1978: 12-15). 주관적 세계와 객관적 세계가 서로 영향을 주고받는 것과 마찬가지로, 미시적 일상사들이 모여서 거시적 역사의 큰 흐름을 형성하며 반대로 거시적 역사는 개인의 일상사를 규제하는 낯선 힘으로 작용한다는 점을 시사한 것이다. 이와 동일한 맥락에서 톰슨은 사회역사적 변동을 분석함에 있어서 생애사연구가 유용함을 여러 선행연구들을 통해 입증하고자 하였다. 이와 같이 일견 미시적 수준의 연구로 보이는 생애사 접근법도 연구자의 관심에 따라서는 사회의 역동성과 역사적 변동을 밝히기 위한 연구로 활용될 수 있는 것이다(박재흥 1999: 260).

자신의 지나온 삶의 이야기인 생애사는 그것이 포괄하는 시간적 범위에 따라 출생 이후 전 생애에 대한 이야기인 전체 생애사(complete life history)와 일정기간 중의 특정 주제에 국한된 이야기인 주제별 생애사(topical life history)로 나눌 수 있는데(박재흥 1999: 261) 이 연구의 구술 자료는 두 가지 성격을 함께 가진다고 할 수 있다. 즉 전체 생애사로서 구술되었지만 그중에서 부마항쟁과 관련된 부분에 비중을 두어 구술되었기 때문이다.

여기서는 6명의 주요 구술자와 8명의 보조 구술자에 대해 간략히 소개하고 이후 그들의 구술 내용을 통해 항쟁 참여 상황을 밝혀 보고자 한다.

〈표 5〉 주요 구술자의 약력

연번	이름(성별)	출생 연도 (당시 나이)	당시 직업(직장)	항쟁 참여도	피해 정도	현재 직업
1	지경복(남)	1962 (17세)	중소기업 노동자 (자동차 정비공장)	시위 적극 가담 파출소 방화	실형 선고 2개월 복역	중소기업 근무
2	곽동효(남)	1953 (26세)	일용 노동자 (가스 배관공사 현장)	시위 주동	머리 부상과 후유증	자영업
3	김태만(남)	1955 (24세)	대기업 노동자 (대한중기 근무)	시위 참여	없음	자영업
4	고일수(남)	1943 (36세)	노동자(국제여객버스 배차원)	계엄군의 가혹행위에 저항	수개월 도피 생활	시계수리업
5	강의식(남)	1950 (29세)	재단사(양장점)	시위 참여	고문으로 허리 부상, 구류 29일	운수업
6	이병환(남)	1953 (26세)	항만노동자 (부두)	시위 참여	없음	부산항만공사 감사

<표 6> 보조 구술자의 약력

연번	이름(성별)	출생 연도 (당시 나이)	당시 직업(직장)	항쟁 참여도	피해 정도	현재 직업
1	고호석(남)	56년 (23세)	대학생	주동	피신	교사
2	노재열(남)	58년 (21세)	대학생	주동	피신	노동운동
3	류동열(남)	54년 (25세)	교사	참여	없음	
4	심상집(남)	52년 (27세)	부산MBC기자	취재	없음	언론인
5	정성기(남)	58년 (21세)	대학생	주동	구속 기소	교수
6	정원섭(남)	46년 (33세)	자영업, 정당원	참여	구속 기소	사업가
7	최갑순(여)	56년 (23세)	대학생	주동	구속 기소	시민운동
8	추송례(여)	57년 (22세)	노동자	참여	없음	주부

제4장

1970년대 노동자와
항쟁 참여

제1절 유신체제와 노동자

1. 유신체제의 성립

이 절에서는 부마항쟁의 발생원인과 관련하여 유신체제가 어떻게 성립되었는가를 노동문제와 관련하여 간단히 다루고자 한다. 유신체제의 기원에 관한 기존의 설명은 크게 세 가지로 분류된다.

첫째, 박정희 정권이 자본주의 산업화의 심화를 촉진하기 위해 또는 산업화의 심화에 따른 경제사회적 위기가 정권 존속에 대한 위기로 파급되는 것을 막기 위해 유신이라는 특단의 조처를 취했다는 설명이다. 둘째는 박정희의 권력의지를 중심으로 한 정치적 변수를 유신체제 수립의 기본원인으로 파악하는 것이다. 셋째는 국제정치차원의 안보위기를 강조하는 설명이다. 이에 따르면 닉슨 독트린 발표 이후 미국의 대아시아 정책의 변화, 특히 미-중화해와 주한미군철수가 한국의 안보위기를 초래했고 박정희는 대내적 역량결집을 통해 이러한 위기에 대응하고자 유신을 단행했다는 것이다(마상윤

2003: 172).

여기서 박정희의 권력의지를 주요 변수로 보는 입장은 "유신헌법의 선포는 적어도 표면상 심각한 정치사회적 불안이 없을 때 나왔다"(김영명 1992: 302)는 점과 박 정권이 내세운 안보위기는 지나친 과장 내지 허구이며, 이를 빌미로 한 유신 수립의 궁극적 목적은 박정희의 집권연장이었을 뿐이었다고 본다(김영명 1992: 288-309). 박정희의 권력의지가 유신체제의 주요 변수임은 틀림없지만 그 요인만으로 체제 성립의 동기를 모두 설명하기는 어렵다.

안보위기는 박 정권이 유신체제 성립을 정당화하는 데 동원되었다. 박정희는 1972년 10월 17일 특별선언에서 첫째, 국제정세의 급격한 변화에 대처할 필요성, 둘째, 남북대화를 통한 평화통일과 번영의 기반 강화, 셋째, 파쟁과 정략적 갈등의 희생물인 대의기구의 폐해를 극복하는 실정에 맞는 체제 개혁을 내세웠다. 이 특별선언의 원문에 의하면 국제정세 변화의 기본 동인으로서 미-중 접근을 지적하고 이로부터 중국의 유엔가입 이후 한국문제토의에서 중국이 보여 준 적대적 태도, 일본의 신의 없는 대중 및 대북 태도 변화 등이 비롯되었다고 주장했다(마상윤 2003: 174).[15]

그러나 닉슨 독트린, 북한의 군사위협과 평화공세 등을 검토한 마상윤(2003: 190-192)은 1970년대 초의 안보위기가 유신체제의 수립을 강제할 만큼 급박한 위기상황을 조성했다고 보기 어렵다고 평가

---

15) "미국은 미-중 화해에 따른 국제정세의 변화가 한국에 중대한 안보위협을 제기했기 때문에 발표문에 항의하라는 지시를 받았다. 워싱턴에서 윌리엄 로저스 국무장관은 김동조 주미대사와 직접 그 문제를 거론했다. …준비된 발표문에 들어 있던 미국 정책에 관한 언급은 실제 발표 때 빠졌지만 강대국 운운하는 문구는 여전히 들어 있어 미국을 불쾌하게 만들었다."(돈 오버도퍼 1998: 51)

한다. 특히 남북대화가 시작된 1971년 후반 이후에는 박정희와 이후 락 등 정부의 핵심부도 북한의 즉각적인 군사위협이 크지 않다고 인식하고 있었다. 그러나 박정희는 남북관계의 진전에 따라 강화된 북한의 평화공세가 남한 내부의 기강 해이 및 긴장감의 완화를 초래하여 장기적으로 한국의 안보태세의 불확실성을 가중시킬 수 있다는 위협인식을 지녔다고 보았다.

한편 사회경제적 위기를 강조하는 연구들은 대부분 '관료적 권위주의(Bureaucratic Authoritatianism)' 이론을 적용하여 유신체제의 형성 과정을 설명하였다. 그러나 이러한 작업을 했던 연구자들도 부분적으로 인정한 바이지만 남미와 한국은 상당한 차이가 있었다. 관료적 권위주의의 형성에 중요한 계기로 작용하는 산업화의 심화, 외국자본 도입은 한국에서는 1960년대부터 시작되었고, 한국에서는 남미의 민중주의동맹도 찾기 어렵고, 분단국가라는 특수성 때문에 군사, 안보적 문제의 차원과 비중이 남미국가들과는 차이가 난다. 그래서 유신체제가 형성되는 동기나 원인 면에서 사회경제적 변수의 작용은 다른 안보나 정치적 변수에 비해 약한 측면이 있다고 보는 입장이 있다. 즉 사회경제적 문제는 오히려 사후적으로 당시 일반 대중들이 유신체제를 수용하도록 만드는 데에 주로 중요한 변수로 작용했다는 것이다. 유신체제의 형성과 관련하여 일반 대중들이 유신체제가 억압적이기는 했지만 경제성장을 이어 가고 싶은 희망에서 여기에 순응하였다는 설명은 가능하다고 본다. 그렇다면 사회경제적 '위기' 때문에 유신체제가 수립되었다는 설명보다는 오히려 사회경제적으로 큰 문제가 없는 상황이었기 때문에 유신체제와 같은 억압적 정치체제의 수립이 가능했다고 보는 것이 더 타당한 설명이라고 주장하기도 한다(홍석률 2005: 50-51).

그러나 유신체제가 단순한 정치적 변동일 뿐만 아니라 사회경제적 정책의 전환과 맞물려 있기 때문에 국내정치나 안보문제만으로 설명하는 것은 부족하다고 보인다. 따라서 유신체제의 성립은 1960년대를 통해 발전되어 온 경제사회적 위기와 냉전구조의 동요라는 구조적 위기가 정치권으로 유입되었고, 그에 적절히 대처할 수 없는 정치적 위기의 조성이 유신체제의 수립을 가져왔다는 설명을 살펴보자.

1960년대의 경제개발과정에서 결과한 외채증가와 국제수지의 악화, 부문 간 불균형 및 소득격차의 확대 등은 부실기업의 증대와 함께 외자와 수출에 의존한 국민경제 재생산구조의 위기로 나타났다. 이에 박 정권은 8·3조치라는 초헌법적 조치로 파탄에 빠진 축적구조를 지원하였다. 한편, 이러한 경제적 위기는 부실기업의 속출, 휴폐업에 따른 해고문제, 임금체불 문제 등으로 노동운동의 고양을 가져왔고 인플레이션의 앙진으로 국민대중의 생활난을 가중시켜 1971년 대통령 선거에서 민심 이반을 초래하였다. 또한 경제개발과정에서 자본주의적 발전은 자본주의적 계급구조의 정착과 피지배계급의 상태 악화를 초래하였고 기층 계급과 중간층의 사회운동이 활성화되었다. 이러한 1970년대 초의 사회운동의 활성화는 자본축적의 조건을 위협하고 지배의 정당성을 근저에서 동요시키는 사회적 위기를 초래하였다. 여기에 동아시아 냉전구조의 와해에 따른 주한미군의 철수, 남북대화의 진행, 그에 따른 냉전분단구조와 안보이데올로기의 동요는 사회적 위기를 가중시켰다. 이러한 구조적 위기는 정치적 위기를 격화시켰고 이에 박 정권은 1971년 12월 비상사태선언과 국가보위법의 제정을 통해 비상사태하에서 물가 및 임금, 임대료 등에 대한 통제권, 국가의 인적·물적 자원에 대한 총동원권, 옥외집회 및 시위 규제권, 언론·출판의 규제권, 단체교섭권의 규제, 예산변경권 등 광범위한 비상대권을 대통령에게 부여하였다. 이러한 조치와 탄압은 박 정권에 대한 정치적 비판을 약화시킬 수는 있었으나 의회민주주의체제의 운영원리를 부정하는 국가보위법은 제3공화국 헌법에 위배될 수밖에 없었으므로 정치적 반대세력을 완전히 침묵시킬 수는 없었고 종신집권도 보장할 수 없었다. 결국 유신헌법의 통과는 구조적·정치적 위기들에 대한 박 정권의 대응이 체제운영 원리의 변화를 통해 완결되는 지점이었다. 즉 박 정권이 축적기제와 통제기제의 정비를 통하여 구조적 위기에 부분적으로 대응하면서 정치적 반대세력에 대한 강경대응을 지속적으로 증폭시켜 나간 결과 마침내 그것의 귀결점으로 선택한 것이 유신헌법의 제정이었다는 것이다. 유신헌법은 의회민주주의의 기본원칙의 부정일 뿐 아니라 계급통제, 사회통제 그리고 구조적 위기를 유입시킬 수 있는 정치과정에 대한 철저한 봉쇄를 제도화하였다. 그간 하위 법률의 개악 제정을 통해 강화된 노동통제를 유신헌법은 아예 헌법조항으로 삽입, 노동3권에 대한 철저한 제약을 제도화하였다(배영순 1988: 23-76).[16]

이상에서 본 바와 같이 이 연구의 주제와 관련하여 중요한 점은

---

16) 유신헌법은 과거 헌법과 달리 단결권, 단체교섭권, 단체행동권 등 노동자의 기본권을 '법이 정하는 바에 따라' 혹은 '법률이 규정하는 범위 내에서'만 보장했다. 유신헌법은 제29조 3항에서 "공무원과 국가·지방자치단체·국영기업체·공익사업체 또는 국민경제에 중대한 영향을 미치는 사업체에 종사하는 근로자의 단체행동권은 법률이 정하는 바에 의하여 이를 제한하거나 인정하지 않을 수 있다"고 규정했다(전재호 2005: 123).

유신헌법이 단지 정치 제도적 변동일 뿐만 아니라 노동통제를 헌법으로 제도화함으로써 유신체제하의 노동자의 생활과 노동운동을 철저한 통제하에 두고자 했던 것이다.

2. 중화학공업화와 노동정책

유신체제의 경제정책은 무엇보다 중화학공업화로 특징지어진다. 유신체제와 중화학공업화의 문제에 대해서는 두 가지 관점이 있다. 하나의 관점은 중화학공업화를 핵심으로 하는 경제개발의 지속을 위해서 유신이 불가피했다는 시각이다. 즉 박정희는 일본이 10년간 (1957~67) 추진하여 성공시킨 중화학공업화 개발 프로그램을 모델로 하여 북한의 공업 군사정책과 경쟁하기 위해 중화학공업화를 추진하였으며, 그 전제조건으로서 권위주의를 필요로 했다는 것이다. 중화학공업화가 결론적으로 성공한 것은 테크노크라트들이 합의된 계획을 정치적 간섭이나 반대 없이 자유롭게 실행할 수 있었기 때문이라는 것이다(김형아 2005: 287-303).

마찬가지로 유신체제는 가동된 경제개발의 지속과 이의 저해요인으로 등장한 각종 위기에 대한 대응이라고 보는 관점에서 유신선언을 전후하여 각종 법적·제도적 체제개편이 이루어지면서 저임금과 장시간의 노동이 강화되었고, 중화학공업화가 추진된 것은 유신체제의 경제적 의미를 잘 설명하고 있다고 주장한다. 물론 중화학공업화가 반드시 유신체제와 같은 폭압적 체제를 요구한 것은 아니라 할지라도 당시 중화학공업화가 이러한 폭압적인 체제하에서 급속히 추진된 것은 부정할 수 없는 사실이라는 점을 강조한다(유광호·정영국·민경국·유임수 2003: 119).

또 다른 관점은 중화학공업화가 유신체제의 정치적 정당성을 확보하기 위한 전략으로 제시되었다고 본다. 10월유신을 단행한 박 정권은 '1980년대 1,000달러 소득, 100억 달러 수출'이라는 화려한 청사진을 제시함으로써 그 정당성을 확보하려 하였다. 결국 중화학공업화는 이러한 목표 특히 수출목표를 달성하기 위한 주요 수단으로서의 의미를 갖는 것이었다. 중화학공업화가 1973년 1월의 '중화학공업화 선언'이라는 극적인 형태로 시작되고 처음부터 수출 지향의 국제 규모를 추구하게 된 것도 이러한 맥락에서 보다 잘 이해될 수 있다. 이에 따라 정권의 정당성 확보에 유리한 가시적인 경제적 성과를 위해 대기업 위주의 전폭적 지원이 이루어지게 되고 이것이 과잉중복투자의 중요한 요인으로 작용하였다. 즉 정치적 경쟁이 배제되고 철저히 탈정치화된 정치상황 속에서 중화학공업화의 양적 목표 자체가 고도의 정치적 성격을 갖는 절대적 가치기준으로 부각되면서 경제적인 합리성이라는 원칙이 부정될 수 있었다(김견 1988: 139-140).

이미 1960년대에 들어서면 국가─자본관계를 매개하는 계기들이 원조의 배정에서 차관도입을 위한 허가 및 지불보증으로 전환되고 수출산업에 대한 지원도 큰 비중을 차지하였다. 그에 따라 자본축적의 주요 부문에 변화를 초래하고, 결과적으로 국내자본의 산업자본화가 진행되었다. 1960년대 말에 이르면 국내자본이 그 규모나 내적 응집력에 있어서 매우 강력해지고 이는 곧 자본주의 국가의 전형적인 특징인 '국가의 사적 자본축적에 대한 구조적 의존성'을 확대시켜 간 것이라는 분석도 대두하게 된다. 실제로 1969년 12월에 발표된 전국경제인연합회의 1970년대 전반에 대한 정책건의에서는 자유경쟁 창달로 민간경제부문을 확대 강화할 것, 정부의 투자활동은 가급적 사회간접부문 개발에 중점을 두고 민간 부문에 대해서는 지원 정도에 그칠 것, 국·공영기업을 조속히 민영화할 것 등이 요구되며 이후 매년 민간주도경제로의 전환을 주장하였다. 이는 1960년대 정부 주도적 경제성장정책이 경제성장의 잠재력을 조직화하고 동원하는 데에는 중요한 역할을 하였으나, 시장경제에 대한 개입의 지속이 1960년대 말부터의 국내 불황과 1970년대 초 세계경제의 변모양상으로 구조적인 모순을 노출시키게 됨에 따라, 1970년대에는 국가 주도 개발전략이 적합하지 않다는 판단에 기인한 것이었다. 이와 같이 변모된 국가―자본관계에 비추어 볼 때 1973년의 중화학공업화선언은 매우 파격적인 것이었다. 민간주도경제로의 전환을 요구하는 자본계급의 요구에 역행하여 인위적 정책적으로 국가 주도의 개발전략을 지속시키려 한 것이다. 따라서 이는 기술·사회간접자본과 금융 면에서 정부의 지원에 자본계급이 계속 의존하게 하였고, 그 결과 정부 주도의 혼합경제체제가 1970년대 말까지 지속되는 계기가 되었다. 실제로 8·3조치를 통해 나타난 독점자본에 대한 막대한 특혜와 10월유신 이후의 경직된 사회상황은 민간기업을 중화학공업에 반강제적으로 참여시키게 되는 기본전제로서의 구실을 하였으며 이에 따라 당시의 독점자본은 수동적으로 국가의 정책기조에 참여하게 된 것이다. 그러다가 1977년 이후에 가서야 독점자본의 재벌화와 재벌판도 쟁탈전이란 측면에서 모든 독점자본이 경쟁적으로 중화학공업에 참여하였고, 결과적으로 중복·과열투자가 행해져 투자조정의 주원인을 이루게 되었는데, 이것도 중화학공업 추진과정에서 행해진 국가의 막대한 정책적인 특혜에서 비롯된 현상이라 할 수 있다(정관용 1988: 111-113).

두 가지 관점의 대립은 유신체제 성립의 주요 동인에 대한 관점의 차이와 관련된다. 전자는 중화학공업화를 위해 유신체제가 필요했다는 유신체제 정당화의 논리이다. 그러나 유신헌법을 선포한 주요한 명분은 주로 국제정세 변화에 따른 안보와 통일문제, 국내 정치 갈등의 해소 등이었지 중화학공업화는 아니었다. 후자는 유신체제의 정치적 동기 즉 권력의지의 요인을 중시하고 이를 정당화하기 위해 중화학공업화라는 프로젝트가 필요했다고 본다. 또한 두 관점은 경제성장과 정치발전의 상관관계에 대한 오랜 논쟁을 연상시킨다. 그러나 경제성장과 권위주의적 정치체제 간의 친화성은 입증된 바가 없다. 이 연구의 주제와 관련하여 중요한 점은 1970년대 산업의 중심은 경공업에서 중공업 장치산업으로 이동했다는 점이다. 그에 따라 고등학교 이상의 교육을 받은 남성노동자 수가 증가했다. 이는 1970년대의 노동운동이 여성노동자를 중심으로 일어났지만 1980년대의 남성노동자를 중심으로 하는 노동운동을 예비하는 과정이었다고 볼 수 있다(김영곤 2005: 534-536).

박 정권은 유신헌법에 의거하여 노동관계법 개정작업을 추진하여 1973년 3월 13일 비상국무회의의 의결을 거쳐 노동조합법, 노동쟁의조정법, 노동위원회법 등 집단노동관계법을 개정함으로써 기존의 산업별 조직을 부인하고 사실상 사업장 단위별 조직으로 전환하였다. 이것은 단체교섭력의 약화, 나아가서는 노동운동의 대규모화를 방지하려는 것이었다.

전체적으로 보아 1973년의 노동관계법 개정은 노동자의 복지를 위한 노동보호법은 약간 보강되었으나 기본적인 성격에 있어서 단체교섭·단체행동권은 크게 제한하였다. 그 대신 노사협의회의 기능을 강화함으로써 자본가와 노동자와의 관계를 노사협조체제로 유도하는 것이었다(한국기독교교회협의회 1984: 226-227).

이러한 법제적 정비와 함께 박정희 정권은 부정부패를 일삼는 한국노총 지도부를 숙정하는 과정에서 지도부의 순응구조를 확립하고, 한국노총의 지도부를 재편하여 '출세지향적'인 노동조합 운동가를 양성화하였다. 한국노총은 박 정권의 경제성장 이데올로기에 조응하여 '권력의존 출세주의와 국가의존 수혜주의'를 노동조합운동에 반영하였으며, 이 과정에서 노동조합운동의 '관료성, 반자주성, 반민주성'이 보다 강화되었다(김영수 1999: 85-87).

제2절 1970년대 노동자와 노동운동

이 절에서는 경제개발 시기의 노동자계급의 형성과정과 작업장의 노동상황, 그리고 이에 맞서 노동조합의 자주성을 지키기 위해 싸웠던 여성노동자 중심의 민주노조운동을 살펴보고 이러한 민주노조운동의 흐름에서 비켜 있었던 남성노동자들의 의식과 생활세계 등에 대해 선행연구를 통해 살펴보고자 한다.

1. 1960~70년대 노동자계급의 형성

정진상(2006: 23-36)은 한국의 노동계급은 1987년 노동자대투쟁 이후 주체적 계급 형성이 시작되었다고 보고 그 이전의 한국경제의 고도성장의 배경을 이루는, 해방과 한국전쟁 이후 형성된 독특한 축적구조를 '한국전쟁 축적구조'라 부르고 그것을 노동계급 형성의 전사(前史)로 제시한다. '한국전쟁 축적구조'의 역사적 배경은 한국전쟁을 통해 구축된 한국사회의 독특한 계급구조였다. 한국전쟁 이후 형성된 계급구조는 다른 제3세계 나라들에서는 보기가 힘든 매우 독특한 것이었는데, 그 특징을 요약하면 다음과 같다. ① 반봉건적 생산관계가 해체됨으로써 자본주의적 생산관계가 전면적으로 지배하게 되었다. ② 지주계급의 몰락으로 지배계급연합 내에서 자본가계급이 유일한 지배계급이 되었다. ③ 새로운 지배계급인 자본가계급이 아직 형성 중인 단계에 있었기 때문에 국가가 자본의 형성자로 등장할 수 있었다. ④ 인구의 압도적 다수를 이루고 있던 농민은 토지를 소유한 소소유자가 됨으로써 자본주의 질서를 옹호하는 계급이 되어 국가의 통제 아래로 편입되었다. ⑤ 한국전쟁으로 노동운동의 주체적 역량이 괴멸되었을 뿐 아니라 반공이데올로기와 국가보안법 체제가 발호했기 때문에 도시의 노동자계급은 자본과 국가에 대한 저항운동을 조직하기가 지극히 힘들었다. 새롭게 형성된 노동계급은 군부독재로 인한 정치적 무권리상태에서 저임금 초과착취에 기초한 수출 주도형 산업화에 편입되었다.

한국 사회에서 근대적 임금노동자는 1960년대부터 1970년대까지의 개발연대 동안 급속히 팽창하였다. 1963년 249만 7,000명이던 노동자 수가 1973년에는 421만 1,000명으로 거의 두 배로 늘어났고, 1983년에는 718만 4,000명으로 20년 전에 비해 세 배 정도로 증가하였다. 제조업의 생산직 노동자 수도 1960년 22만 6,000명, 1973년에는 102만 8,000명, 1980년에는 180만 3,000명으로 여덟 배 이상

증가하였다. 이 기간 동안 급격히 늘어난 노동자계급은 대부분 농업 부문의 잠재적 과잉인구로 채워졌다. 1988년 자동차, 전자, 철강, 기계, 조선 5대 업종의 대기업 노동자를 대상으로 실시한 설문조사 결과에 따르면 전체 응답자의 70.9%가 이농 경험을 가지고 있었으며 나이가 든 층일수록 이농경험자가 많았다. 이러한 조사결과는 개발연대기 동안 노동자계급은 주로 농촌으로부터 유출된 인구에 의해 채워졌지만 그 이후에는 계급 내 재생산이 이루어지기 시작했다는 것과 '제1세대' 노동자들은 스스로 노동자로서의 계급의식과 행동을 배워야 했다는 것을 시사한다. 미군정과 한국전쟁을 거치면서 일반 노동자들이 계급정체성을 획득하는 데 도움을 줄 노조지도부나 노동자에 우호적인 정치세력 또는 지식인들이 대부분 소멸하거나 변절하였기 때문에 더욱 그랬을 것이다. 박정희 정권은 1960년대에 수출 주도의 경공업 중심 경제성장 전략과 도시를 거점으로 하는 거점개발방식을 선택하였고, 각 지역 자본가들은 사회간접자본 확충과 공단 유치 등을 위해 경쟁적으로 중앙정부에 접근하였으나, 박정희 정권은 연고 지역 자본가와 주민들로부터 지지를 확보하고 경쟁자를 배제하기 위해 영남지역과 수도권을 거점으로 하는 산업화전략을 채택했다(정영태 2004: 289-306). 부산과 마산은 1960년대에 산업거점지역으로 선택된 곳이었다. 그리고 산업거점지역을 중심으로 농촌에서 도시로의 거대한 인구 이동이 시작되었다. 1960년대부터 한국은 칼 폴라니가 '거대한 전환'이라고 부른 19세기 유럽의 변화에 비견할 만한 심대한 경제적·사회적 변화를 경험하였다. 급격한 산업화가 대규모 프롤레타리아트화를 수반하면서 수백만 명의 농민과 그 자녀들을 도시 산업노동자로 만들었다. 유럽에서 1세기에 걸쳐서 이루어진 프롤레타리아트화에 버금가는 변화가 한 세대 안에 일어나면서 한국은 세계에서 가장 빠른 압축적 프롤레타리아트화를 경험하였다(구해근 2002: 50). 농어촌 인구가 도시로 집중하면서 도시화율은 1970년에 50.1%였던 것이 1980년에는 57.2%로 늘어났다.

산업화가 시작되면서 농촌에 축적된 상대적 과잉인구가 도시로 유입되어 빈민층을 형성하였다. 도시빈민 거주지역은 노동집약 산업에 저임 단순 노동력을 공급하는 저수지가 되었다. 산업화과정을 거치면서 공장지대에 산업노동자 집단이 만들어지고 노동운동이 성장하기 시작했다. 산업화 초기 단계의 공장지대에는 농민적 성격이 강하게 남아 있는 도시빈민과 노동자가 혼재되어 있었다. 농민과 도시빈민으로부터 임금노동자가 분리되는 과정을 거치면서 노동자의 집단적 정체성이 형성되기 시작하였다(이종구 2004: 12).

개발연대의 노동자들은 대부분 농촌에서 일자리를 찾기 힘들거나 가난해서 도시로 나왔으며 생산직 노동자의 2/3 정도가 친구나 친지의 알선으로, 11%는 본인이 직접 사업체를 방문해서 취업했으며, 공채나 공식 취업알선기관을 통한 취업은 20% 남짓에 지나지 않았다. 판매서비스직의 경우도 비공식적 경로를 통해 취업하는 경우가 압도적으로 많았다. 이러한 이농 노동자들의 의식은 전통적 농촌사회의 영향에서 자유로울 수 없었다. 전통적으로 농촌사회는 유교와 샤머니즘에 의해 지배되어 왔으나 1950년대 초반의 농지개혁으로 양반이 중심인 지주계급이 몰락함으로써 유교를 강제할 수 있는 기반이 약화되었고 의무교육의 확대나 보통선거의 실시, 그리고 라디오와 신문 등 매스미디어의 보급으로 지적 능력이 강화되고 민주주의 관념이 확산됨으로써 위계질서를 강요하는 유교의 설득력은 크

게 약화되었다. 미신적 요소가 강한 샤머니즘도 마찬가지였다. 1971
년 대선을 전후한 시기에 전국 성인남녀를 대상으로 실시한 국민정
치의식 조사결과에 의하면 교과서적인 정치사회적 권리나 자유에
대해 과반수의 농촌 주민들이 진취적인 태도를 보이고 있었지만, 그
럼에도 도시 특히 대도시 주민보다는 보수적인 성향이 강했다. 따라
서 이들 제1세대 노동자들은 대부분 농촌사회의 문화와 농민의 의
식을 갖고 처음 경험하는 공장생활에 적응하는 과정에서 많은 어려
움과 고통을 겪었으며 근대적인 교육을 제대로 받지 못해 대부분 자
신의 권리에 대해서도 무지하거나 그것을 관철시킬 수 있는 방법과
수단을 찾지 못했다. 그러나 일부는 주위의 선도적인 노동자나 산업
선교회 등 외부의 도움으로 자신의 권리에 대한 인식과 이를 실현하
기 위한 방법으로 노동조합운동을 선택하게 된다(정영태 2004:
306-331).

2. 1970년대 작업장의 노동 상황

이 시기 노동현장의 작업조건은 극단적으로 열악했고, 작업관계
는 대단히 권위주의적이고 위계적이었다. 한국의 제조업 노동시간은
극단적으로 길었고, 규제되지 않았다. 장시간 노동은 성·연령·산
업·고용주형태·지위와 관계없이 모든 유형의 노동자들에게 공통
적인 점이었다. 한국 제조업자들이 공장노동자를 이렇게 장시간 일
하게 만든 주요한 수단은 잔업이었다. 많은 공장에서 정상 근무시간
(8~10시간)의 기본급이 너무 낮아서, 노동자들은 그들이 가져가는
임금을 높이기 위해서 어쩔 수 없이 잔업을 했다. 잔업은 대개 자발

적으로 이루어지지 않았고 노동자들은 회사가 필요로 할 때 언제든지 잔업을 하도록 되어 있었다. 가혹한 일정의 작업을 견디기 위해 의류노동자들은 흔히 각성제를 복용했다. 1987년 이전 한국의 공장노동에서 가장 잔인했던 점은 공장노동이 노동자들의 몸을 급속히 망가뜨린다는 것이었다. 한국공장의 노동환경은 노동력 재생산에 필요한 최소한의 조건조차도 보장하지 못했다. 장시간 노동 못지않게 산업재해도 심각했다. 이러한 조건 때문에 특히 경공업 분야에서 이직률은 대단히 높았다. 그러나 1980년대 초반까지 농촌지역의 대규모 잉여노동력이 수출품 제조산업에 새로운 노동력을 계속 공급했기 때문에 공장 노동자의 입장에서는 계속 취업이 어려웠다. 1970년대와 1980년대 초까지도 노동자들이 가장 두려워하던 것이 해고였다. 이런 조건에서 고용주들은 노동조건의 개선에 진지한 관심을 기울일 필요가 없었다. 자본과 노동 간의 권력 불균형은 1970~80년대 반숙련 노동자들의 저임금과 직접적인 관계가 있다. 한국의 소득분배가 매우 양호한 것으로 경제학 문헌에 제시되고 있지만 많은 한국 제조업 노동자들이 이 시기에 생계유지 수준 이하의 임금을 받은 것 또한 사실이다. 한국노총의 계산에 따르면 1970년대부터 1980년대 중반까지 제조업 평균임금은 생계비 수준의 50~60%에 불과했다. 한국 전체 임금 분포와 저임금 노동자의 열악한 상황 간에 커다란 격차가 생기는 이유는 육체노동자와 비육체노동자, 남성노동자와 여성노동자, 교육수준이 다른 노동자들 사이에 존재하는 소득격차가 크기 때문이었다. 생계비 이하의 소득을 받던 노동자들의 대다수는 의류·섬유·신발·가죽제품과 식품가공업에 종사하던 여성노동자들이었다. 그러나 또한 많은 남성들도 이런 산업과 다른 저임금산업에 고용되어 빈곤층 수준의 임금을 받고 있었다. 이렇게 한국의 노동자들이 학대와 고통을 참고 일한 진짜 요인은 가족을 위한 자기희생의 윤리였다. 노동자들은 경제적인 요인 못지않게 작업장 노사관계의 질에 관심을 가졌다. '인간적인 대접'에 대한 요구는 당시 한국 기업의 노사관계에서 특징적인 육체노동과 비육체노동에 대한 사회적 편견과 관련이 있다. 육체노동자에 대한 임금차별은 전근대사회의 전통과 장인 전통의 부재로 인한 육체노동에 대한 경멸적 태도에 기인한다. 이러한 태도는 자본주의 생산논리와 결합되어 노동자들에 대한 비인간적 대우의 토대가 되었다. 전통적인 가부장처럼 고용주는 노동자들에게 절대적인 권력을 행사했고, 노동자들의 완전한 복종과 충성을 기대했다. 노동자에 대한 전제적 통제는 업무와 노동시간에 한정된 것은 아니었다. 궁극적으로 노동자들에 대한 통제는 개인적 공간과 노동자의 몸에 대한 통제였다. 중소기업에서 일하든 대기업에서 일하든 공장노동자들은 입는 옷에서부터 머리모양, 개인적 관계 혹은 화장실 사용에 이르기까지 사적인 생활영역을 세세하게 통제당했다. 중화학공업의 남성노동자들도 고자세의 권위주의적 경영자들로부터 경멸적인 대우를 받았다. 대부분의 대규모 제조업체에서 육체노동자들은 공간적으로나 신분상으로 화이트칼라 노동자들과 뚜렷하게 격리되었다. 1987년 여름, 정치적 자유화가 주어졌을 때 울산 현대그룹의 공장들에서 성난 노동자들이 경영전제주의에 반대해서 봉기했을 때, 그들의 최우선 요구사항 가운데 하나는 생산직 노동자에 대한 회사의 머리길이 규제를 폐지하라는 것이었다. 이와 관련하여 한국 산업체들이 군대조직을 본떠 만들어졌다는 점을 지적하는 것이 중요하다. 의식적 혹은 무의식적으로 한국의 기업가들은 기업을 군대조직처럼 권위주의적이고 위계적으로 조직하면서 군대의 조직구조와 권위모형을 채용했다. 한국의 군대조직이 미국 군대조직을 모형으로 삼았지만 그 조직문화는 일본군대의 유산과 한국전쟁의 영향으로 권위주의적이고 통제적이며 폭력 지향적이었다. 이 같은 권위주의의 지배적인 특징은 기술적 혹은 관료적이라기보다 전제적이고 개인적인 것이었다. 거의 모든 한국의 기업체들이 개별 가족에 의해 소유되고 통제되었기 때문에 이러한 권위구조는 더 촉진되었다. 한국의 산업가부장들은 기업성장에 걸맞은 근대적 노사관계체제를 발전시키는 데 대단히 느렸고 그러는 동안 한국의 산업노동자들은 작업현장에서 엄청난 육체적·상징적 학대를 받아야 했다(구해근 2002: 79-107).

이러한 작업장에서의 전제적 통제는 단순히 개별 기업주의 자의에 의한 것이 아니었다. 유신국가의 노동정책과 기조가 작업장의 노사관계를 규율했다. 유신체제의 노동정책은 억압성과 폭력성을 기조로 한다. 유신체제는 1960년대 중반 이후 독점자본 형성기의 고도축적에 의해 심화된 계급갈등에 대응하면서 이후 독점적 재벌 중심의 축적과정에서 발생할지도 모를 노동운동을 사전에 차단하려는 목적만 있었을 뿐이다. 이러한 정책은 다음과 같은 특징을 지닌다. 첫째, 노동조합의 조직화를 최대한 억제하여 노동통제를 용이하게 했고, 둘째, 한국노총을 국가 정책 파트너로서 인정하지 않았다. 셋째, 1974년 노동법 개정으로 노동조합의 대체기구 혹은 역노조기구로서 노사협의회의 설치가 모든 사업장에 의무화되어 노동조합의 교섭기능이 약화되었다. 이렇게 유신체제는 노동관계법 개정을 통해 단결권, 단체교섭권, 단체행동권을 사실상 부정함으로써 노사관계에 대한 국가개입주의를 일상화하면서 노동기본권과 노동조합을 폭력적으로 탄압하는 억압적 노동통제를 구축하게 된 것이다(주무현 2003: 239-241).

3. 1970년대 민주노조운동

1970년대의 여성노동자들은 섬유, 의류, 고무, 전자, 식료품 등 경공업 분야에 모여 있었으며, 그 가운데 53.7%가 섬유산업에서 일했다. 1970년대 노동운동은 경공업 여성노동자의 투쟁이 중심을 이루었으며, 여성노동자 투쟁은 1970년대 후반에 집중적으로 일어났다. 노동운동의 중심은 저임 장시간 노동에 시달린 여성노동자였다. 1975년 한국 노동자들의 평균 임금은 미국의 1/10, 일본의 1/7에도 미치지 못했고 1977년 여성노동자의 임금은 남성노동자 임금의 41%에 지나지 않았다. 1970년대의 민주노조운동은 자주성과 투쟁성에서 수준이 높았으며 연대의식도 어용노총에 반대하는 연대활동으로 나타났다. 노조민주화운동은 원풍모방, 동일방직, 반도상사, YH무역, 콘트롤데이타 코리아, 한일공업, 청계피복 등의 여성노동자를 중심으로 전개했다. 한국모방 노조는 1973년 회사가 부도가 나고 박용운 사장이 해외로 달아나자 4개월 동안 회사를 인수하고 자주관리에 들어가 흑자를 내고 임금체불 없이 임금을 35% 인상했다. 회사가 원풍모방으로 바뀐 후에도 원풍노조는 끊임없는 조합원 교육과 활발한 소모임 활동으로 조직력이 있고 투쟁성이 강했다. 민주노조들은 조직력을 강화하는 활동을 전개했다. 청계피복노조는 노동교실을 만들어 조합원 교육, 소모임 활동을 폈다. 이러한 활동을 외

곽에서 지원한 단체들은 개신교의 도시산업선교회, 크리스천 아카데미, 천주교의 가톨릭노동청년회, 고려대학교 노동문제연구소 등이 있었으며, 청년학생들의 현장 투신도 이어졌다. 또 1970년대 초부터 노동자들이 공장 단위 투쟁에서 연대투쟁으로 나가기 시작했다. 1970년대 후반에는 노동자들의 연대를 경인지역으로 확대했다. 한영섬유 김진수의 죽음에 200여 명이 모여 장례식을 열었고(1971), 협신피혁 민종진의 사망에 항의해 청계피복, 동일방직, 방림방적, 반도상사, 남영나일론, 인선사 노동자 300여 명이 항의시위를 했다(1977). 가톨릭노동청년회가 주도해 인선사의 유령노조와 투쟁하던 노동자들이 해고되자 이들의 복직을 요구하며 불매운동을 전개했다(1977). 동일방직사건에 경인지역 노동자 150여 명이 기독교방송 보도국을 찾아가 언론이 똥물사건을 보도하지 않는 데 항의하고 그중 10여 명이 생방송 중인 스튜디오를 점거해 방송을 중단시켰다(1978). 동일방직, 원풍모방, 삼원섬유, 방림방적 등의 6명의 노동자가 남산 야외음악당에서 열린 부활절 예배에서 "노동삼권 보장하라, 동일방직사건 해결하라, 선업선교회는 빨갱이가 아니다, 박 정권 물러가라"는 구호를 외쳤다. 이런 연대투쟁은 정치투쟁의 의미도 가졌다. 노동자의 연대는 유신체제 몰락 직후 노총의 민주화와 섬유노련 김영태 위원장, 금속노련 김병룡 위원장의 퇴진을 요구하는 경인지역 노동자들의 연대농성(1980)의 기초가 되었다(김영곤 2005: 550-556).

4. 1970년대의 여성노동자와 남성노동자

위에서 본 바와 같이 1970년대의 한국노동운동사는 경공업의 여성노동자를 중심으로 한 민주노조운동을 중심으로 서술되어 있다. 공식적 노동운동사는 남성지배적 관점에 의해 구성된 담론이라는 비판을 받고 있지만(김원 2005: 493-561) 민주노조운동이 당시 중요한 역할을 했던 사실 자체는 부정할 수 없다. 그러나 경공업 부문의 구성이 압도적으로 여성노동자 중심이었다 하더라도 남성노동자들도 마찬가지로 열악한 근로조건 하에 놓여 있었고, 그에 저항한 많은 사례들을 보여 주고 있다. 그럼에도 남성노동자들은 별로 부각되지 않았다. 이는 김원의 해석대로 1970년대의 노동운동을 '민주화담론에 기초한 노동사 해석'으로 바라보았기 때문인지도 모른다.

전순옥(2004: 366-368)은 1970년대의 여성노동자들의 운동을 부정적으로 보는 남성(노동자)들의 남성우월주의는 유교주의 전통의 영향이라고 비판하면서 몇몇 예외를 제외하고는 남한 남성 노동운동가들은 박정희 시대 내내 자랑할 만한 성과를 이룬 것이 거의 없었다고 평가하였다.

여성노동자 중심의 1970년대의 노동운동사에서 남성노동자들은 종종 회사에 매수된 억압자로 나타나는 경우가 많다. 동일방직의 사례가 대표적인 것이다. 여성 중심의 노조지도부를 구성한 동일방직에서 회사 측은 남성노동자들을 부추겼고 남성노동자들은 폭력을 사용하여 여성들을 공격하였다. 이러한 행위에 대해 한 여성노동자는 그들을 "아무런 꿈도 이상도 자기주장도 권리의식도 없"이 회사에 매수당한 어리석은 노동자로 묘사했지만 남성들이 여성이 주도하는 노조 지도부를 지지하지 않은 것은 '남자들의 자존심' 때문이었고 여성 노조 지도부를 지지하는 일부 남성들은 동료 남성노동자에게 배척받았다. 당시 남성노동자들의 이러한 성차별 이데올로기는 성에 기초한 직장 내 조직형태에 의해 더욱 강화되었다. 남성노동자들은 보통 여성보다 권위와 책임이 있는 직책을 차지했고 따라서 회사에 좀 더 충성하게 되는 경향이 있었다. 경공업 제조업체의 대다수 여성들이 승진할 가능성이 전혀 없는 반숙련 노동자에 머물렀던 반면 남성노동자들은 반장으로 승진할 가능성이 있는 기술직 숙련노동자인 경우가 많았다. 그러므로 승진을 열망하는 남성노동자들에게 여성노동자들의 노조활동은 그들의 승진을 위협하는 행위로 여겨졌고 따라서 여성 활동가에 대한 그들의 성적 편견에는 깊은 적개심이 동반되곤 했다(구해근 2001: 131-132).

직장 내에서의 이러한 성별 노동분업은 "자본주의 사회에서 여성지배의 남성 우월성을 유지시켜 주는 일차적인 메커니즘을 통해 성으로 규정지어진 직업 분리"로 정의된다. 노동시장 내에서 이러한 성별 분리는 여성은 특정 직종에 편중되어 있는 반면 하위 직급에 집중되어 있고 남성은 여성을 통제하고 더 많은 물질적 보상을 주는 직무를 유지하게 된다. 1970년대 제조업에 취업한 여성노동자들의 직종은 주로 '여성적' 일로 인식된 섬유, 의류, 전자업종에 제한되어 있었고 특히 의류업에 종사한 여성들은 생산노동 외에 가사일과 유사한 잡다한 노동을 해야 했지만 대가는 전혀 받지 못했다. 노동과정은 엄격하게 성별로 분리되어 생산직 노동자의 절대다수가 여성인 작업장에서도 관리자의 대부분은 남성이었고 여성노동에 대한 남성지배가 이루어졌다(김경희 2006: 15-49).

선행연구가 제시하는 1970년대의 남성노동자상(像)은 매우 부정적인 것이었다. 남성노동자들의 생활세계는 국가나 자본에 의해 침범당했다. 국가의 산아제한 정책은 가족 단위에서 이루어지는 재생산에 국가가 개입하는 정책이었다. 이는 국가가 사적인 생활세계에 깊숙이 침투했음을 의미한다. 개인이나 가족에 대한 국가의 통제가 크면 클수록 생활세계의 자율성과 독립성은 축소되기 때문에 70년대 생활세계는 크게 위축되었다. 개인들은 향토예비군, 민방위, 새마을운동 조직 등 국가에 의해서 강제된 조직에 가입해야 했다. 또한 군대식 조직과 병영문화의 대중화를 통하여 집단주의적 가치를 중시하고 집단 귀속의식이 강조되었다. 주체로서의 개인의 부재는 이 시기에 만들어진 노동자의식의 한 부분이다. 노동자의 생활세계는 다층적인 구조를 가지고 있다. 노동자들의 정체성과 정치의식 형성에 영향을 미치는 요소는 일차적으로 가족과 친족생활이다. 가족과 친족생활은 전통적으로 가부장제를 바탕으로 한다. 한국의 가부장제는 남성 가장 이데올로기, 남성 중심사회 이데올로기와 나이에 따른 위계서열 의식을 주된 내용으로 한다. 가족관계는 노동자들에게 일차적인 사회적 관계를 구성하는 가장 중요한 요소이다. 70년대 노동자의 가족관계는 유교적인 가치에 의해서 지배되었다. 특히 도시로 이주한 노동자 가족들 사이에서 가족과 친척관계는 가장 중요한 유대의 뿌리였다. 가족은 최후의 보루이고 최고의 안식처였기 때문에 남성노동자들은 가족을 위해서 모든 것을 희생하려는 의식을 지녔다. 가족은 사회적인 것을 잊게 하는 사회제도였고, 정치적인 것을 위험하게 생각하는 보수성의 토대였다. 70년대 남성노동자들은 가부장제 의식의 포로였다. 사회적으로는 남성노동자들은 천시되었다. 그러나 가족 수준에서는 가장으로서 생계를 책임져야 하는 힘든 존재였다. 일부 남성노동자들은 여성에 대한 폄하와 남성 우월의식으로 여성노동자 탄압에 앞장서기도 했다. 군대경험도 많은 영향을 끼쳤다. 군대는 남성 중심적 사고와 반공주의를 극단적 형태로 체험하게 하는 집단이었다. 군대체험은 권력과 권위에 대한 무조건적 순종을 절대적 가치로 여기고, 각종 반공교육을 통해 권력에 도전하는 것은 모두 북한을 이롭게 하는 반국가적인 행위로 인식하여 군사정권에 대한 맹목적 지지를 촉진시켰다. 군대경험은 남성노동자들이 여성보다 더 권위에 순종하고 경영자들의 명령에 복종하게 만들었다. 군대생활은 정치적으로 권위주의적 인성을 기르고 권위에 대한 공포와 복종을 가르친다. 군대생활을 통해 남성들은 좌익에 대한 공포와 증오, 권위에 대한 두려움과 복종, 구타와 폭력의 일상화 등을 밀도 있게 경험하였기 때문에 제대 후에도 일상 의식을 지배한다. 권위주의체제에서 생활세계는 체계적으로 국가의 통제를 받는다. 반상회, 예비군, 민방위, 군사훈련, 통행금지 등은 노동자의 삶을 제한했다. 70년대 남성노동자의 정치의식은 분절적이고 상황적인 것이 특징이다. 분절적인 정치의식은 정치현실에 대한 총체적인 인식이 부족한 상태에서 단편적인 사건이나 현상에 대한 부분적인 인식이다. 농촌에서 이주한 노동자들은 주로 경제적인 이유로 이농했기 때문에 조국근대화라는 구호와 '우리도 한번 잘 살아 보세'라고 외친 박 정권의 구호는 호소력이 있었다. 노동자들에게는 저임금일지라도 일자리가 있는 것 자체가 다행스러운 것으로 받아들여졌기 때문에 저임금에 대한 불만보다 체불임금에 더 불만이 많았다. 남성노동자들은 승진을 통해 여성노동자를 관리하는 위치에 있었고 남녀 노동자 사이에 대립이 형성되기도 했다. 그러나 1970년대 남성노동자들의 의식에서도 많은 차이가 있었다. 전태일의 분신사건은 70년대 노동투쟁의 한 가지 특징이었던 '극단적 저항투쟁'의 시작이었다. 전태일은 민중운동의 투쟁적 전통을 만들었다는 점에서 한국 민중운동의 기폭제 역할을 하였다. 그러나 70년대 전반적으로 노동자들의 정치의식은 크게 발전하지 않았다. 노동문제와 관련된 사안을 통해서 국가에 대한 저항을 보여 주었지만 정치적 차원에서 정권에 도전하지는 않았다. 70년대 노동자들의 투쟁은 억압에 대한 투쟁이었고 대안적인 체제를 추구한 목적 지향적 계급운동은 아니었다. 노동자들에게 정치는 엘리트가 독점하고 있는 권력과 동일한 것으로 인식되었다. 학벌과 귀한 직업에 종사하는 사람들과 군인들에 의해서 독점된 국가권력은 자신들과 거리가 먼 것이었다. 대학생들의 민주화투쟁은 자신들의 세계와는 관계가 없는 부러운 학생들의 일로 간주되었다. 노동자와 학생들의 분리는 70년대 한국사회의 특징 가운데 하나였다. 노동자와 학생은 서로 다른 길을 가는 사람들이었고 이들이 갖고 있는 관심도 서로 다른 세계에 관한 것이었다. 대부분의 노동자들은, 학생들이 관심을 갖고 있었던 민주주의는 노동자들에게 직접 영향을 미치는 것이라고 생각하지 못했다. 그러므로 임금체불, 부당한 대우, 노동조합 탄압에 항의하는 노동자들도 학생들의 민주화투쟁에 동참하지 않았다. 대다수의 노동자들은 민주주의 문제를 자신들의 노동조건과 직접적으로 관련을 맺고 있다고 인식할 수 있는 적절한 해석 틀이나 언어를 갖고 있지 못했다. 유신체제하에서 남성노동자들의 정치의식은 강화되기 시작한 지역주의와 관련을 맺기 시작했다. 경제적으로 지역격차가 커지고 특정 지역 출신이 정치적으로 배제되는 상황이 지속되면서 지역연고주의와 지역 정체성은 뿌리내리기 시작했다. 생활세계 자체가 지역으로 분리되기 시작했고 정치도 지역을 중심으로 인식되기 시작했다. 일반 노동자들의 낮은 정치의식은 생활세계, 노동과 정치가 분리되어 있는 70년대 한국사회의 산물이었다(신광영 2006: 25-38).

이상과 같은 1970년대 남성노동자의 의식에 대한 진단은 많은 부분 수긍할 수 있지만 노동자들의 정치의식이 지역주의에 빠져 있었다는 평가가 과연 정확한 것인가는 재검토가 필요하다고 생각한다.

1970년대 노동자들의 의식에 대해서는 두 가지 상이한 평가가 대립한다. 하나는 노동자계급으로서의 최소한의 자기 정체감(self-identity)조차 지니지 못한 채 경제주의적 의식으로 집약되는 즉자적 의식수준에 머물러 있었다는 평가이다(임호 1992). 즉 이 시기 노동자들의 의식이 사회적 자각과 조직 활동의 증대에도 불구하고 경제적 조합주의(economic unionism)에 머물러 있었고, 가장 의식이 강한 노동자들과 지식인조차도 사회의 구조적 모순에 대한 인식을 결여하고 있었다는 것이다. 그리고 이는 노동조합을 개량주의적 의식화의 장으로 한정했던 종교적 세계관과 지식인들의 의식의 한계가 빚어낸 불가피한 결과라는 것이다(박준식 1987: 157-158). 또한 70년대 노동자들이 정치적 차원에서 정권에 도전하지 않았고 정치의식의 발전은 없었다고 보는 견해는 앞에서 본 바와 같다(신광영 2006: 25-38).

다른 하나는 (일반노동자가 아닌) 1970년대 민주노조 활동가나 의식화된 노동자들의 경우 정치의식이 없거나 낮았던 것이 아니라 정치투쟁은 조직 보존에 지극히 위험하였으므로 여건상 의식적으로 기피하였을 따름이라는 것이다(민중석 1989: 55-56). 전순옥(2004: 305-348)은 1970년대 민주노조운동이 경제주의, 조합주의에 머물렀다는 비판에 대해 여성노동운동의 발전을 설명하면서 특히 반체제세력을 연대하게 만든 YH사건이 김영삼 제명과 부마항쟁으로 연결되어 정치적으로도 유신체제의 붕괴에 직간접적 영향을 미쳤으므로 그러한 비판은 부당하다고 주장하였다. 유경순(2005: 232-246)은 민주노조운동에 대한 비판은 대부분 당시의 이데올로기 지형과 사회분위기, 그리고 산업화 초기 노동자의 낮은 의식 상태를 고려한다면 불가피한 시대적 조건과 운동역량의 한계를 무시한 것이며, 민주노조운동은 자본 중심의 산업화와 유신독재체제에 대한 '아래로부터의 저항'을 조직한 것으로 높이 평가한다. 김수행·박승호(2007: 77)는 민주노조운동이 노동자들의 생존권 투쟁과 중간계층의 반유신민주화투쟁을 계급투쟁의 경제적 형태와 정치적 형태로 통일시키는 계기가 됨으로써 중간계층의 반유신민주화투쟁을 정치적 계급투쟁으로 발전시켰다고 높이 평가하였다.

그러나 민주노조의 영향을 받지 않은 일반 노동자의 경우 계급의식은 물론 정치의식도 거의 없거나 지극히 저급했던 것으로 평가되고 있다.

즉 1987년 이전 대부분의 노동자들은 극히 고립적이고 이기적인 존재로 남아 있었으며 이들은 '인간 이하의 노동조건'을 감수하는 '헌신적인' 모습을 보였으나 실제로는 회사를 공동체로 여기지 않았으며 오직 자신과 가족의 미래를 위하여 그렇게 한 경우가 많았다는 것이다(김동춘 1995: 281-283).

제3절 1970년대 부마지역 노동자의 상태

1. 부마지역의 경제 상황

1) 부산

부마항쟁의 경제적 배경에 대한 연구에 의하면, 부산의 지역경제는 1960년대 박정희 정권이 추진했던 수출 지향적 경공업화가 직접적으로 실현되었지만 1970년대의 중화학공업화에서는 소외되었던 지역이다. 1960년대 부산의 주력산업은 섬유의복산업과 신발산업 등 대체로 부가가치가 낮은 노동집약적 경공업이었으며 주로 수출에 의존하였다. 이들 산업의 취약한 축적기반은 노동계급에 대한 저임금, 장시간 노동을 강제하였고 농촌에서의 인구유입은 저임금 구조와 함께 상당한 비율의 도시비공식부문과 항상적 실업을 낳았다. 1960년대 중반 이래 부산경제는 자동차와 기계산업 등 '주변부 포드주의' 등장 이전에 섬유, 신발산업에서 나타나는 '유혈적 테일러주의'의 전형을 보여 주고 있었다.[17] 이러한 조건에서 1970년대 부산지역 산업종사자 1인당 급여액은 전국 최하위 수준이었고 노동자의 대다수를 차지하는 제조업노동자의 임금은 전국 평균보다 낮았다. 제조업 생산직 노동자의 임금은 사무직 노동자에 비해 절반에 불과했다. 특히 부산지역 섬유의복산업 생산직 노동자의 임금은 제조업 전체 평균의 67.6%로 가장 열악한 것으로 나타났다. 이는 화학

---

17) 그러나 이미 1960년대 전반기에 부산 산업에서 포디즘의 경향이 뚜렷이 관찰되며 그것은 1962년 제조업 종사자 74.1%의 증가와 불변가격 총 지급급여액 110.5%의 급등으로 노사 간 외연적 성장에 따른 협력적 발전이 분배구조에서 구체화되어 나타난다는 주장도 있다(박영구 2005: 231).

고무산업도 마찬가지였다. 이들 업종의 대기업이나 중소기업 모두 저임금이었지만 특히 중소기업 노동자의 임금은 평균 10% 정도 낮았고 나무제품과 조립금속산업에서 더욱 심했다. 1981년의 통계에 의하더라도 당시 상징적 최저임금수준인 10만 원 미만의 노동자가 전국 27.5%, 서울 23.2%인 데 비해 부산은 34.1%나 되었다. 이런 통계에 잡히지 않는 5인 미만 영세사업장의 노동자들은 훨씬 열악했다. 도시빈민의 주요 구성부분인 5인 미만 영세사업장의 노동자는 전체 피용자의 27%, 행상이나 노점상 등은 전체 도소매업 종사자의 50%를 상회하였다. 또한 실업률은 1970년대 연평균 6.5%로 전국의 4.0%보다 항상 높았다. 이러한 상태에서 1970년대 초부터 경공업 제품 수출이 선진국의 보호무역주의 규제로 어려워지자 합판, 섬유, 신발 등 부산의 주력산업들은 성장의 한계에 부딪히고 선진국의 규제의 벽을 뛰어넘지 못했다. 정부는 중화학공업화를 추진하여 이를 돌파하고자 하였는데 부산은 중화학공업이 입지하기 어려운 상태라 제외되었다는 것이다(홍장표·정이근 2003: 101-133). 1970년대 초 국제경제구조의 변화에 대응한 새로운 축적전략으로 중화학공업화 정책을 추진하지 않을 수 없었던 국가는 비교적 적은 투자를 통해 이러한 중화학공업화에 필요한 생산입지를 갖추기 위해 새로운 공업단지를 개발하는 방식을 채택했다. 이에 따라 창원, 거제, 울산, 포항 등 동남해안의 신흥공업단지들이 집중적으로 개발되기 시작했다. 이 과정에서 부산지역은 위치상으로는 동남임해공단의 중심부에 위치하고 있었지만 실제로는 중화학공업화 투자대상지에서는 완전히 배제되었다. 이처럼 중화학공업 투자에서 부산이 배제된 것은 ① 부산지역은 이미 일찍부터 공업화를 경험하였고 또 대도시화되었기

때문에 중화학공업화에 적합한 입지를 구하기도 어렵고 설령 구한
다 하더라도 상대적으로 비싼 지가를 지불해야 했으며, ② 상당한
정도의 경공업 기반을 갖추고 있는 상태에서 새로운 투자를 하는 것
은 이미 투자되어 있는 고정자본의 상당 부분을 폐기하거나 감가상
각해야 했기 때문이다. 부산지역이 중화학공업화에 적절히 대응하지
못한 것은 흔히 이야기되는 것처럼 부산지역 제조업 자본가들이 변
화하는 상황을 잘 따라잡지 못했거나 기업가 정신을 결여해서가 아
니라 바로 이러한 정책적 결정과 구조적 조건 때문이었다(김석준
1993: 224).

이상과 같이 부산이 중화학공업화에서 제외된 이유가 입지상의
문제라는 논리에 반해 부산의 제조업 대기업들의 그릇된 판단 때문
이었다는 연구가 있다. 즉 한국은 1960년대 후반부터 화학비료, 정
유, 합성화학물 등 화학공업이 내수시장의 확대로 서서히 그 기반을
잡아 가기 시작했고 1970년대 초에는 전체적으로 중화학공업화로
구조방향을 설정했음에도 부산은 이때 정태적 비교우위에 의한 선
택을 함으로써 중화학공업화에서 스스로를 배제했다는 것이다(박영
구 2005: 263). 세계은행이 선호했고 부산이 받아들인 비교우위론의
가장 핵심은 한국이 노동이 풍부한 국가이므로 노동사용 공업에 비
교우위가 있다는 것이었다. 그러나 한국이 비교우위요소로 가지고
있다고 생각했던 노동의 가격, 임금은 자본가격, 원자재가격, 에너지
가격 등 다른 생산요소 가격의 상승에 비해 1969년 이후 그 상승속
도가 두드러지게 컸다(박영구 2005: 286). 이후 1970년대 중화학공
업화가 본격적으로 시작되면서 다른 지역들과 대기업들이 소극적
태도를 버리고 급속히 중공업 부문으로 경쟁적으로 진입하고 있는

데 비해, 부산의 제조업 대기업들은 계속 중공업에 대한 현상유지적 태도를 유지했다. 그 결과 다른 지역이 급속히 중공업으로 개편됨에 따라 부산중공업의 전국 비중은 1969년 20.6%에서 1975년 14.6%로 후퇴하였다. 1960년대 말 부산의 부가가치 비중으로 1위를 차지하던 조립금속 및 기계, 장비 제조업은 이미 부산 내에서는 3위로 밀려나고 있었다. 문제는 중화학공업화정책이 아니라 바로 부산의 제조업 자체의 선택에 있었다. 즉 부산은 1960년대 말 당시 이론적으로 지배하고 있었던 비교우위론을 근거로 한 권고를 기초로 정태적인 측면에서 합리적인 선택을 하였다고 하나, 동태적인 면으로 볼 때 1960년대 전반기에 꾸준히 추구해 오던 '성장산업으로의 위험선호적인 선택'을 포기함으로써 한국시장, 나아가 세계시장이 기계공업 중심의 중공업으로 가는 구조에서 소외되었다는 것이다(박영구 2005: 219-261).

그러나 이러한 인식은 당시 정부의 중화학공업화정책이 제1차 국토종합개발계획에 따른 대도시 과밀억제 및 성장거점전략[18]에 입각해 있었다는 점을 경시한 것으로 보인다. 정부는 서울, 부산 등 대도시의 과밀화는 도시문제를 심화시키는 안보저해 요소로 보았고, 성장거점전략에 따라 동남권 지역에 지방공업단지를 새롭게 조성하는 정책을 결정하였으므로 부산의 기업가들이 적극적인 중화학공업 투자에 나서는 데 한계가 있었다고 보인다.

이렇듯 부산경제의 위기가 초래된 주요 배경은 수출에 의존하는

---

18) 성장거점전략이란 성장 가능성과 파급 효과가 큰 성장 거점(growth pole)을 선정하여 집중적으로 개발함으로써 거점의 개발 효과가 주변 지역으로 확산되도록 유도하는 개발 방식이다.

노동집약적 경공업 중심의 취약한 산업구조이지만, 위기의 직접 원인은 중화학공업화의 과잉중복투자로 인한 것이었다. 투자조정의 배경이 되었던 과잉중복투자와 중화학공업 부실화는 첫째, 중화학공업이 국가의 정당성 확보를 위한 수단으로 이용되어 독점대자본 위주의 과도한 정책적 지원과 그에 따른 과열경쟁이 불가피하였고 국가는 이를 사전에 조정 통제하지 못했다는 점, 둘째, 자본·기술·주요 생산재 및 원자재를 해외에 의존하는 조립가공형적 수출산업으로 육성됨으로써 1970년대 후반 이후 세계경제의 불황요인을 탄력적으로 흡수할 수 있는 완충적인 국민경제구조를 결여했다는 점에서 그 원인을 찾을 수 있을 것이다(김견 1989: 151-152).

다시 말해 부산은 중화학공업정책으로부터는 배제되었지만 그 피해로부터는 자유롭지 않았다. 부산과 마산은 중화학공업화 과정에서 야기된 과잉, 중복투자로 인한 한국자본주의의 축적 위기와 취약한 지역경제의 위기가 중첩되었다. 박 정권이 강행하였던 중화학공업화의 모순이 저임금 장시간 노동체제의 노동집약적 경공업화의 한계와 문제점을 안고 있던 부산과 마산이라는 한국자본주의의 가장 약한 고리에서 제일 먼저 폭발했던 것이다(홍장표·정이근 2003: 133).

2) 마산

1970년대 마산 경제의 중심을 이룬 것은 1970년에 설치된 마산수출자유지역(Masan Free Export Zone)과 1973년경부터 본격적으로 개발이 시작된 창원공업단지였다.

한국정부는 1960년대 말부터 나타난 부실기업 문제와 국내수지 악화로 인해 외자 정책을 차관 도입에서 외국인 직접투자의 적극 유치 정책으로 전환하였다. 1969년 6월 전경련은 수출의 비약적 증가를 통한 국제수지 개선을 위해 정부에 수출자유지역의 설치를 건의하였다. 이에 정부는 최초의 수출자유지역으로서 진해, 울산, 여수, 목포 등 여러 후보지 중에서 마산을 선택하여 1970년 1월 1일 수출자유지역 설치법을 공포하였다(재경마산학우회 1983: 226-227).[19] 1972년에서 1973년 사이에 마산 인구는 211,159명에서 303,807명으로 무려 43.88%의 인구가 증가했는데 이는 수출자유지역이 본격적인 성장 궤도에 오름으로써 마산 주변의 농촌 및 창원, 진해 등의 잠재적 실업인구가 흡수(재경마산학우회 1983: 226-227)된 요인과 함께 창원공업단지를 조성하기 위해 행해진 행정구역 변화의 결과였다(정성기 2002: 241-261). 마산수출자유지역의 입주업체는 특혜를 제공받았는데 첫째, 국내법 적용의 배제 또는 완화, 둘째, 조세상의 특전, 셋째, 정부의 제반 산업시설 제공, 넷째, 외국인투자기업에도 수출 금융 지원, 다섯째, 풍부하고 저렴한 노동력의 보장과 노조 결성 및 단체행동의 억압 등이었다. 입주업체의 대부분은 일본에 모기업을 둔 자회사이거나 합작기업이었다. 1978년 말 현재 국가별 구성은 일본 83.2%, 한국 13%, 미국 3.4%였다. 입주 업체들은 1970년대에 노동집약적 경공업들로 구성된 중소기업들이 대부분이었다. 입주 업체의 규모는 1970년에 4개 업체에서 1973년에 115개 업체로 늘어났고 이후 점차 감소하여 1979년에는 94개 업체가 가동되고 있었다. 노동자의 수는 1979년에 3만 1,000여 명이며 그중 남성이

---

19) 마산수출자유지역의 설치는 일본 측의 적극적 제안과 요구로 이루어졌으며 일본 측의 한 문헌에 의하면 한국경제를 일본경제에 편입하려는 일본자본의 전략을 반영한 것이라는 지적이 있다(심상완 2005: 306-307).

25.3%, 여성이 74.7%였다(심상완 2005: 305-313).

창원공업단지의 조성과정에서 마산은 많은 변화를 겪게 되는데 1973년 3월 정부는 대통령령으로 마산시를 에워싸고 있는 창원군의 많은 면(面)지역을 마산시에 편입시켰다. 이로 인해 창원군민의 수는 1970년에 비해 삼분의 일 이상이 줄어들었고, 마산시의 인구는 급증하였다. 1973년 마산시의 인구는 약 30만 명이며 이후 마산지역의 도시화는 급격히 진전되어 79년에는 42만을 넘어섰다. 1976년에는 경남도의 조례로 마산시 관할 구역 중 기존 창원면, 웅남면, 내서면의 용지동, 성주동 등 일부 지역과 사람을 분리하여 '경상남도 창원지구 출장소'에 배속시키고 출장소 개소 직후 정부는 대통령 지시각서, '창원기계공업 기지 건설에 관한 지시'를 시달함으로써 창원국가공단과 창원 신도시 건설이 시작되었다. 이후 창원출장소의 인구는 1976년의 약 4만 4,000명에서 1979년에는 약 10만 명으로 급증하였다. 이렇게 마산수출자유지역과 창원공업단지의 개발에 따라 마산과 창원의 전통적 공동체적 유대는 깨어지고 도시화에 따른 인구집중과 환경파괴가 급속하게 일어났다. 중화학공업화에 따른 도시의 급속한 확장과 함께 마산의 경제는 1970년대 중반에 호황과 고도성장을 보여 주는데 1970년대 말에는 지속적인 농가경제 악화에다가 도시지역에서도 물가폭등과 실질소득 하락, 어음부도 증가, 생산 둔화 등이 겹쳐 이른바 스태그플레이션 양상을 보이며 중대한 위기에 처했다(정성기 2002: 241-261).

마산수출자유지역의 조성과 창원기계공업단지의 가동으로 인구가 급격히 증대하면서 주변 농촌지역의 노동력이 대량으로 유입되어 상대적 저임금 구조를 유지하는 원천이 되었으며, 실업·반실업상

태의 도시빈민층을 광범위하게 형성시켰다. 1979년의 불황기에 마
산 경제는 큰 타격을 받게 되었다. 생산품을 전량 수출하던 수출자
유지역의 경우 8월 말 현재 수출 실적은 계획의 66.5%에 불과하였
고, '한국중공업의 요람'이라 일컫던 창원공단의 경우 60여 개 업체의
평균 가동률은 9월 초에 30% 미만이었고 더구나 총매출액 중 절반
가까이가 차관 원리금으로 빠져나갔기 때문에 월급을 제때 못 주는
업체는 물론 휴업 직전에 놓인 곳도 있었다(박영주 1985: 138-139).
보다 자세히 살펴보면, 1979년 창원공단의 평균 가동률은 43% 수준
이라고 했지만 실제로는 30% 이하 수준이라는 것이 지배적 여론이
었다. 당해연도 68개 가동업체 중 가동률이 40%에 미치지 못하는
기업체 수는 34개사에 이르렀다. 자료에 의하면 1979년 말을 시점
으로 하여 80% 이상의 가동률을 기록한 업체는 2개사, 70% 이상
가동업체는 6개사, 60% 이상 가동업체는 7개사, 50% 이상 가동업
체는 9개사, 50% 미만 가동업체가 10개사, 40% 미만 가동업체는
10개사, 30% 미만 가동업체는 9개사, 20% 미만 가동업체는 5개사
기타 조업중단, 휴업업체까지 합치면 40% 미만 업체는 34개사,
30% 미만 업체는 24개사로 나타났다. 이들 업체의 부진요인은 수주
부진이 25개사, 재고조절을 위해 스스로 생산을 조절한 업체가 5개
사, 판매부진이 5개사 등으로 나타났다(동남지역공업단지관리공단
1996: 277-280). 경기 침체에 따라 휴업 또는 폐업하는 업체는 갈수
록 늘어났는데 1979년 9월 현재 마산지방에서는 한국중곡, 삼양섬
유, 선화고무 등 13개 업체가 폐업했으며 현대양행, 동양물산 등의
6개 업체는 종업원을 감원했고 한국웨스트 등이 조업 단축을 하는
등 모두 24개 업체가 휴·폐업했다(박영주 1985: 138-139).

2. 부마지역 노동자의 상태

1) 부산

1970년대 부산지역 노동자들은 대다수가 저임금 장시간 노동을 특징으로 하는 수출 의존 경공업 부문과 도시비공식 부문에 종사하고 있었다. 공식적 노조인 한국노총은 노사협조주의라는 허울 아래 사실상 유신체제의 노무관리기구로 전락한 상태였다.

이러한 상태에서 1978년 말부터 시작된 한국경제의 위기는 경제성장률이 둔화되면서 기업의 조업단축과 휴폐업을 불러일으켰다. 이에 따라 고용이 불안해지고 실업자가 늘어나는가 하면 물가등귀와 서울·부산 등 대도시 지역에서의 주택·토지가격의 급등 등으로 인해 도시 가계지출이 79년 하반기에는 78년 하반기보다 38.4%나 증가하였다(김진옥 1985: 261).

이 시기 부산지역의 노동자들의 생활상태가 어떠하였는지에 대해 먼저 부산지역의 대표적 대기업으로 존재했던 대한조선공사와 국제상사 노동자들의 상태를 살펴보고 다음으로 국제화학, 삼화고무 등 중소기업 노동자들의 상태를 살펴보고자 한다.

대한조선공사는 1937년 일본의 미츠비시 재벌에 의해 설립되어 미군정을 거쳐 대한민국 국영기업으로 재출발하였고 1961년 5·16 이후 공사체제로 전환되었다가 1969년 극동재벌에 불하되었지만 명칭은 유지되었다. 대한조선공사는 1970년대 중화학공업화가 추진되어 울산 현대조선소가 등장하기 이전까지는 한국 최대의 조선소로서 국내 기계공업의 '요람'이라고까지 부를 수 있을 정도였다. 대한조선공사에서 수많은 기술자와 숙련공들이 배출되어 현대, 대우, 삼성 등 대규모 조선소를 가동하는 데 중심적인 역할을 담당하였던 것이다. 특히 대한조선공사에는 1953년 노동법 제정 직후부터 노동조합이 설립되어 있었고, 1960년대에는 노동조합 활동이 활발하여 1969년 쟁의에서 노동조합간부가 대거 구속·해고되는 사태가 벌어지기도 했다. 하지만 1970년대에는 노동조합의 자주적 활동이 크게 축소되었다(신원철 2003: 361). 앞에서 보았듯이 1970년대의 노동정책은 억압적 노동통제체제를 확립했으며, 개별 자본은 국가 수준의 파시즘적 노동통제체제에 대응하여 직접적 생산과정에서 병영적 노동통제체제를 형성·강화시켜 왔다고 평가되었다(김형기 1988: 314). 신원철(2003: 354-378)은 1970년대의 노동통제에서 폭력성을 지나치게 강조하는 것은 기업경영자들의 인사노무 및 생산관리 방식을 지나치게 단순화시키는 측면이 있음을 지적하면서 공장새마을운동이 기업 수준의 '경영혁신', '합리화 운동'의 성격을 띠고 있었음에 주목한다. 1970년대에는 국가가 주도하는 공장새마을운동이 산업현장에서 벌어지는 데 기업 수준의 공장새마을 운동은 '근로자를 가족처럼'이라는 표어로 표상되는 경영가족주의 이데올로기와 '산업전사'라는 단어에 함축된 애국주의를 결합시킨 일종의 노사협조-공동체 논리로 노동자들의 헌신을 유도하려 하였다. 이러한 헌신을 끌어내기 위해서 회사는 규범적 통제 외에 경제적 보상과 감시와 처벌의 논리도 동시에 동원하였다. 즉 1970년대 대한조선공사의 공장새마을운동은 분임조 활동을 중심으로 한 생산성향상운동으로서 출발하여 노동자의 복장, 두발, 근무기강 등 노동자의 공장생활 전반에 대한 규제로 나아갔다. 또한 경제적 유인으로서 성과배분제의 일종인 새마을 성과급이 도입되었다. 회사의 시책에 대해 노동조합은 적극 협조하였는데 근무기강 확립을 위해 작업 현장에 대한 '계몽순찰'을 하기도 했다.

또한 이 시기에는 흐름작업체계와 기계화, 자동화가 증가하면서 노동자의 경험적 숙련을 해체하고 새로운 분업체계하에서 새로운 '숙련노동자상(像)'을 만들어 내었다. 이는 국가가 주도하는 공장새마을운동이 상정하는 노동자상이기도 했으며 그 속에는 노동자의 두발, 복장, 보행 자세 등의 절도를 강요하는 내용도 포함되어 있었다. 이러한 '노동자상'에 대해 국가 정치 차원에서 억압적 노동정책에 저항할 수 있는 아무런 자원도 보유하지 못한 대한조선공사 노동자들은 집단적으로 저항하지는 못했지만, 일상생활과 의식의 차원에서는 거리두기를 통한 개인적 저항은 있었다고 보인다(신원철 2003: 379-380).

대한조선공사는 민간기업이었음에도 1970년대에는 마치 국영기업처럼 정치적 동원뿐 아니라 일부 행정까지 정부의 역할을 대행하는 모습을 보여 준다. 노동조합(한국노총 금속노조 조공지부)은 이러한 역할에 충실히 복무하였다. 구체적으로 살펴보면, 조선공사는 1974년에 육영수 여사가 사망한 8·15저격사건이 일어나자 8월 28일 부산 구덕운동장에서 열린 김일성 규탄 및 일본각성 촉구 시민궐기대회에 조선소 훈련생을 필두로 500여 명이 참석하였으며(「조공」 74년 9월호), 9월 9일부터 연 3일간 8·15저격사건에 비협조적인 일본 규탄대회를 열고 서울 본사에서는 일본대사관 앞에서, 부산 공장에서는 500여 명이 광장에 집결, 규탄 결의문을 채택하고 일본 영사관 앞에서 데모를 감행하였고 전국금속노조 조공지부 약 500명이 일본 영사관 앞에서 격렬한 데모로 경찰과 대치했다(「조공」 74년 10

월호). 또 1974년 11월 28일에는 부산조선소 정문 광장에 2,000여 종업원이 모인 가운데 '한국반공연맹 조선공사 특별지부 결성대회'를 열고 결의문 채택, 현판식 등을 가졌으며 이 자리에 남궁호 소장, 한국반공연맹 이사장, 영도지구 대의원들이 참석하였다. 전국 직장으로서 반공연맹 특별지부가 결성된 것은 처음 있는 일로서 반공사상 앙양에 큰 기대를 걸고 있다고 노보에 보도하였다(「조공」74년 12월호).

또 정부가 지역사회발전과 시정 구현을 위하여 반상회 참여를 적극 권장하고 있으므로 정부시책에 호응하는 뜻에서 전 사원은 주거지 관할 반상회에 참여를 권장하고, 간부사원은 명예반장이란 긍지를 가지고 참여하도록 하고(1979년 3월 23일), 매년 실시하는 군경 합동 병무감사에 대비하기 위해 병역미필자 명단과 병적확인서 제출을 지시하였다(1979년 3월 25일).[20] 또 국기하강식 시간의 변경을 통지하면서 산하 종업원에게 주지시켜 시행에 착오가 없도록 지시하고(1979년 4월 9일) 전시·사변 또는 이에 준하는 국가비상시 당사(조공)는 국가에서 지정된 방위산업 및 동원업체로서 부여된 임무를 책임 수행키 위하여 현충원 소집 대상자 책정에서 유사시 인력 확보에 차질이 없도록 지시하고 있다(1979년 4월 24일). 또 종업원의 민방위교육 계획을 시달하면서 10분 이상 지각, 조퇴자 및 복장 위반자는 불참으로 간주한다고 지시하고(1979년 4월 26일) 귀순용사 초청 강연 및 반공 영화 상영에 사원들의 참석을 독려하고 있다(1979년 6월 1일). 또 태풍 어빙 및 쥬디호의 피해자를 돕기 위한 수

---

20) 이 날짜들은 노조가 공문을 접수한 날이다. 이 공문들은 1979년 조선공사 본사에서 현장의 각 부(실), 과장에게 보내는 것으로 노조도 이를 접수하여 협조하도록 하였다.

재의연금을 모금한다면서 임원은 급여 총액의 1%, 기타 종업원은 0.5%를 급여에서 일괄 공제하도록 사실상 강제 모금을 지시하고 (1979년 9월 8일) 통신보안의 강화를 위해 계장급 이상의 관리직과 직장급 이상의 생산직 사원, 통신업무 담당자를 대상으로 통신 교육을 명령하고 있다(1979년 10월 15일).

이처럼 조선공사 노조는 국가가 요구하는 노동자의 정치적 이데올로기적 동원에 적극 협조하였을 뿐만 아니라 앞에서 본 대로 공장 새마을운동을 통한 생산성 향상을 위한 자본의 요구에도 충실히 부응하였다.

79년도 3월 17일의 공문에 의하면 공장새마을 사업의 역점사업으로 추진하고 있는 분임토의의 수준이 저하되고 있으므로, 분임토의를 잘하도록 독려하면서 분임토의 시간을 작업 현황 설명을 듣는 시간으로 활용한다든지, 잡담 등으로 시간을 보내고 서기가 보고서만 작성하는 일이 없도록 각별히 유념할 것을 지시하고 있다. 이는 김준(2004: 86-89)이 울산 현대조선의 사례에서 지적한 대로 공장새마을운동이 노동자의 자발성에 기초하지 않고 다분히 형식적으로 이루어지고 있었음을 보여 주는 것이다.

또한 작업 시간 엄수 및 기강 확립에 관한 지시로서 전사적으로 소비절약 운동의 일환으로 전개되는 작업 시간 엄수 및 그에 수반되는 기강 확립을 위해 노사 간에 다음과 같이 협정하고 이를 실행하기 위해 단속반을 편성·운용하고 있다고 밝히고 있다. 그 내용을 보면 노사 간에 협의사항은 작업시간 엄수 등 무동 시간을 최대한 절약하여 생산성 향상을 통한 시수 절감 등 회사 방침에 최대한 협조한다, 작업시간 지키기가 전 종업원의 체질화될 때까지 노력한다,

이를 위해 단속반을 편성하여 위반자를 엄벌한다는 것이다. 단속 사항은 16조항을 세세히 열거하고 있는데 파견지 이탈 사유가 업무 외의 것이거나 불분명할 경우 무단이탈로 간주하며, 중식 시간의 외출은 일체 금지하며 각종 회의는 작업시간을 피하며 회의 시간은 1시간을 초과치 않도록 한다는 등이다. 다음으로 기강 확립에 관한 9가지 사항을 규정하고 있는데 중점 지도 대상자는 상사를 중상, 비방하였거나 부당한 반항을 한 자 또는 고의로 작업능률을 저해하였거나 타인의 업무를 방해한 자, 회사 내에서 부당하게 개인 또는 다수 작당하여 시위를 하였거나, 위협적 행위를 한 자, 출퇴근의 대리 타각 또는 사인을 한 자, 근무 시간 중 음주 또는 풍기문란을 행한 자, 작업 중 흡연, 배설, 한담, 취침을 행한 자, 복장 및 두발 상태 불량자, 명찰 미부착자이며(1979년 5월 14일) 위 사항을 단속할 단속반 편성을 시달하고 있다(5월 16일). 이러한 협정 내용을 보면 조선공사의 작업장 내에 노동자들의 광범하고 일상적 일탈이 있었음을 알 수 있다.[21]

억압적 노무관리에 대한 노동자들의 태도는 회사에 통합된 정도에 따라 몰입 또는 포섭, 이직, 일탈, 저항으로 나눌 수 있는데 일탈(逸脫)이란 정의된 행동을 정면으로 거부하지 않으면서 조금씩 비틀거나 지키지 않음으로써 회사가 요구하는 규율에 복종을 거부하는

---

21) 1976년 8월 현대조선이 발표한 "사내 근무 질서 및 안전 질서 확립 방안"은 근무지 무단이탈, 근무 태만 및 근무시간 중 오락행위, 근무시간 중 취침, 명찰 미부착, 근무시간 중 취중이거나 음주한 자, 방분 방뇨, 폭력행위, 부조리행위, 절도행위 등과 풍기문란 행위로서 음주, 폭력, 난동행위, 취중배회 및 작업방해 행위, 작업시간 중 오락 및 고성방가 행위, 방뇨 방분 등 다양한 형태의 일탈행위를 열거하고 있다. 특히 복장 및 두발 상태 불량자에 대한 단속은 자본이 잉여가치 생산의 장을 넘어서서 노동자의 몸까지 지배하려는 것으로 노사 간의 극단적인 힘의 불균형을 보여 주는 것이다(김준 2004: 57-74).

행위이다. 이는 한편으로는 병영적 통제에 대한 저항의 의미가 있는가 하면 다른 한편으로 근대적 산업사회의 규율에 완전히 포섭되지 않은 과도기적 노동자의 행태로서 적응 과정의 일종의 '마찰적 행동'의 의미를 가질 수도 있다(김준 2004: 57-74).

또한 세계적인 조선불황과 더불어 어려운 여건에 처해 있는 조선공사는 원가 절감만이 살 길임을 인식하고 종업원 모두가 원가 절감운동을 전개하고 있으나, 일부 종업원들의 원가 의식 결여로 인하여 형식에 그치고 있는 곳도 있으므로 원가 의식을 고취해 달라고 요청하기도 하였다(1979년 5월 28일).

1979년 10월 16일부터 20일까지 부마항쟁이 발생한 후인 1979년 10월 25일의 공문은 민방위 동원태세 및 경계태세 확립을 주제로 다음과 같이 지시하고 있다. "국내 일부 불순분자의 사회혼란 및 민심교란을 선동할 목적으로 주요 산업시설에 대한 방화 및 태업 등 각종 도발행위가 예상됨으로 민방위사태 발생 시 신속한 민방위대를 동원, 사태 수습을 할 수 있도록" 민방위 비상연락망을 정비하고 신고망 관리 운영을 철저히 하라고 하면서 거동 수상자의 신속한 신고, 불온문서 및 전단의 신속한 신고, 일반 재난의 신속한 신고 특히 유류 저장고 등 인화물질 및 위험물질의 보관소에 대한 특별보호대책을 강구할 것을 지시하고 있다. 이는 당시 조선공사와 노동조합의 부마항쟁에 대한 인식을 여실히 보여 주고 있다. 즉 부마항쟁을 일부 불순분자가 일으킨 사회혼란으로 보는 것은 체제 측의 항쟁 인식에서 한 치도 벗어나지 않는 것이었다.

또한 10·26사건 다음 날 비상계엄 사태하의 유의사항으로서 "박대통령 각하의 갑작스런 서거에 따른 국가비상계엄사태하에서 기간

산업체 및 방위산업체의 종업원으로서 비상계엄포고문을 충실히 이해하고 국상에 경건한 마음으로 매사에 임할 것이며 특히 다음 사항을 유의하여 본연의 임무에 만전을 기하여 주시기 바랍니다. 다음. 가. 회사는 종전과 다름없이 정상적인 근무에 임하며 정당한 사유 없이 직장이탈 및 태업행위 일체를 금할 것, 나. 외출 시에는 방문장소, 귀사 시간을 명확히 하며 각 소속장은 소속 직원의 거처를 항상 파악한다. 다. 퇴근 후에도 긴급 비상소집에 응할 수 있도록 자신의 거처를 가족에게 명확히 한다. 라. 퇴근 후에도 불필요한 친지 방문 등 주거지역 이탈행위를 금하며 통금시간 이전에 귀가토록 한다. 마. 음주 및 경거망동한 행동 일체를 삼간다. 바. 유언비어 날조 및 유포행위를 금할 것이며, 이런 행위에 부화뇌동하는 일을 금한다"고 지시하였다(1979년 10월 27일).

한국노총 부산시협의회[22]는 고 박정희 대통령 유택 참배에 지부장이 참석하도록 통지하였는데 11월 17일에 출발하여 1박 2일로 국립묘지에 있는 박정희의 묘소에 참배하는데 1인당 18,000원의 경비를 협의회에 납부할 것을 지시하고 있다(1979년 11월 13일). 이러한 것들은 당시 한국노총의 지도부와 그 산하 노조들이 얼마나 유신체제의 충성스러운 하수인이었는지 잘 보여 주고 있다.

그러나 이러한 병영적 노무관리에 대한 불만들이 공식적인 노보(「造公」)에서도 간간이 드러나고 있다. 예컨대, 1974년 10월호에는 한 직원이 예비군 중대본부의 위압적인 자세를 시정할 것을 요구하

---

22) 이 협의회의 의장이 섬유노조위원장 김영태였는데 그는 1978년 5월 부산지역에서 통일주체국민회의 대의원에 출마하였을 때 동일방직 노동자들의 낙선운동의 대상이 되었던 인물이었으며 1980년 봄 노총의 민주화 요구에 밀려 사퇴하였다.

였다. 즉 질병으로 진단서를 제출하였음에도 훈련에 불참하였다고 "중대 본부로 불러 구석에 세워 놓고 겁을 주는 등의 처사"에 항의하고 있다.

1975년 3월호의 "노조에 바란다"는 제목의 기사를 보면 노동자들의 노조에 대한 불만이 상당히 노골적으로 드러나고 있다. 공무관리실의 한 노동자는 노조의 근본이념이 노동자의 권익보호에 있음을 강조하면서 반성을 촉구하고 노조가 신의 있는 행동을 하기를 바란다고 썼다. 선각설계의 한 노동자는 노동조합을 피부로 느끼는 것은 봉급날 월급명세서에서 공제되는 조합비 항목을 볼 때뿐이며, 무엇때문에 노조비를 내는지 모르겠다는 불평을 듣는 수가 많다고 꼬집고 있다. 시설과의 한 노동자는 급료의 1%라는 노조비의 공제액에 대해 서운한 감을 느끼고, 신입사원에게 아무런 통고도 없이 일방적으로 노조비를 공제하는 등 문제가 많다고 지적한다. 기술과의 한 직원은 고물가와 저임금으로 인한 생활고를 호소하면서 임금인상, 주택제공, 퇴직금 인상을 요구하고 있는데 그 정도의 불만 표출도 1975년 이후에는 찾아볼 수 없다. 1975년 5월부터 긴급조치 제9호가 공포된 것과 무관하지 않은 것으로 보인다.

1979년 5월호 「조공」에 실린 가족 문예작품 모집에 입선작으로 뽑힌 노동자 부인의 수기를 보면 물가인상으로 인한 생활난을 견뎌내느라 애쓰는 주부의 모습이 묘사되어 있다. 이는 1978년 하반기부터 본격화된 경제위기의 반영일 것이다. 회사는 이 시기에 소비절약, 저축성공사례, 77일 비상근무체제 기간의 업무체험, 투병기, 미담사례 등을 공모하는 방식으로 저임금으로 인한 생활고를 소비절약 등의 방식으로 인내하도록 유도하고 있었다.

회사의 공식 노보 등에는 전혀 나타나 있지 않지만 1987년 노동자대투쟁이 일어날 무렵까지 조선공사의 작업장 상황은 열악하기 짝이 없었다. 드넓은 작업장에 식당이 없어 "쥐들이 우글거리는 현장에서 새까만 꽁보리밥을 냄새나는 공업용수에 말아서 후루룩 삼키는" 상황이었다. 점심시간에 제공되는 540원짜리 도시락은 개밥 수준이었고 그나마 노동자들이 180원을 부담했다. 식당이나 화장실 등 기초적 시설 자체가 없거나 부족했다(김진숙 2007: 54-57). 그러나 병영적 노무관리 아래 이런 문제들은 1980년대 중반에 이르기까지는 제기조차 되지 못했다.

이상에서 본 바와 같이 1970년대는 조선 산업의 급팽창으로 노동자들의 생활상태가 눈에 띄게 개선되었다고 하지만, 조선공사 다수의 노동자들은 상대적 저임금과 병영적 노무관리, 국가의 동원에 시달렸다. 이러한 상황에서 노동자들은 집단적 저항을 조직하지는 못했지만, 일탈이라는 방식의 자본에 대한 미시적·개인적 저항은 상존하고 있었다. 더구나 1970년대 중반 이후 급속한 중화학공업화에 따른 노동시장의 팽창은 노동자들이 회사를 그만두더라도 비교적 쉽게 다른 일자리를 구할 수 있게 함으로써 개인적 저항의 여지를 넓혀 주었다. 1987년 노동자대투쟁은 공장새마을운동이 제시한 '노동자상(像)'에 대해 노동자들이 그 허구성을 냉소하고 있었음을 역사적으로 드러내 준 것으로 해석된다(신원철 2003: 379-380).

다음으로 또 다른 부산의 주요 업종인 신발제조업체의 대표적 기업 국제상사 노동자들의 작업장 상태에 대한 증언을 보면 유혈적 테일러주의의 전형적 모습이다(이 증언은 1980년대 전반기의 상황에 대한 것인데 1970년대는 더욱 열악했음은 말할 필요도 없다). 국제

그룹의 주력기업인 국제상사에는 부산지역 3곳의 공장에 약 2만 5,000명의 노동자가 일하고 있었는데 노동조건은 가히 살인적이었다. 빈발하는 산업재해로 사망자가 발생하면 헐값으로 유족과 보상금 협상을 하고 노동자에게 강제로 보상부담금을 거두어 이익을 남기기까지 하였다. 11시간에서 16시간에 이르는 장시간 노동, 1주일에 2~5회에 이르는 철야작업, 유해화공약품으로 인한 각종 질병, 살인적 저임금 등과 함께 현장 관리자들의 폭언과 폭행, 구타 등은 일상적 노무관리 방식이었다. 사내 규칙을 보면 화장실에서 흡연한 자는 4시간 공제, 8시 이후 출근자는 강제 귀가조치, 관리자에게 사소한 폭언이라도 한 자는 시급 15원 감봉, 사내 신발 무단 착화자는 퇴사시키고, 명찰, 신발 등 복장까지 단속했다. 이러한 살인적 노동조건으로 인해 하루에도 500~600명이 입·퇴사를 하며 어지간해서는 한 달을 견디기 어려웠다고 한다. 노동조합이 있었지만 현장 노동자들은 조합비만 공제당했을 뿐 노동조합에 대해 아무것도 모르는 실정이었다(이태호 1986: 124-126). 조갑제(b1987: 90)는 한때 국제상사에 근무한 적이 있는데 그가 만나는 노동자마다 원한과 좌절과 경영자의 배신을 얘기했으며 현장 노동자와 사무실 근무 직원 사이엔 도저히 넘을 수 없는 불신이 가로놓여 있다고 썼다. 국제상사의 폭력적 노무관리로 누적된 노동자들의 불만은 1987년 노동자 대투쟁으로 폭발하였는데 이때도 회사 측은 회사 관리 직원들과 일당을 주고 고용된 폭력배들을 동원하여 무자비한 폭력을 행사하여 수십 명의 부상자를 내게 하였다(한국기독교사회문제연구원 1987: 92-94).

또 다른 신발제조업체 노동자의 상태도 마찬가지로 열악했다.

1973년부터 5년 이상 국제화학→동양고무→태화고무→국제화학을 전전한 여성노동자의 증언에 의하면 36시간 연속 근무와 같은 살인적 장시간 노동과 함께 열악한 노동조건 가운데 가장 심각하게 느끼는 문제는 중간관리자인 남성들의 여성노동자에 대한 욕설과 폭행이다. 물론 남성노동자들도 예외는 아니었다. 특히 폭행의 정도는 매우 심각하여 종종 큰 부상을 입는 사고가 나기도 하였다. 때로는 남녀노동자들을 집단으로 사무실에 불러 집단구타를 하기도 했다. 이는 군대 내에서 행해지던 하급자에 대한 가혹행위를 그대로 옮겨 놓은 문자 그대로 병영적 노무관리의 극단적 사례이다(이태호 1986: 119-123).

2) 마산

이 시기 마산지역의 노동자 상태에 대해 마산수출자유지역을 중심으로 살펴보면 1977년 말 현재 수출자유지역을 출입하는 노동자의 수는 2만 8,000여 명, 그중 여성노동자는 74%인 2만 800여 명이었다. 마산수출자유지역 내 중심 기업인 일본인 투자기업의 자본규모는 평균 1백만 달러 정도이며 종업원 수가 5,000명을 초과하는 회사는 5개뿐이었다. 노동집약적 가공공장으로 공해업체가 대부분이었다. 노동자들의 저항은 '외국인투자기업 임시특례법'으로 엄격히 규제되고 있었다. 노동청 마산수출자유지역 주재 사무소가 1977년 말 이 지역에서 조업하는 기업의 여자 노동자 임금을 조사한 결과 절반에 가까운 49개 기업의 5,326명이 월 3만 원(약 60달러) 이하의 임금을 받고 있었다. 이런 임금 수준은 그들이 끌어올린 생산성 지수와 그 사이의 물가지수와 비교하면 터무니없이 낮다는 것을 알 수 있다. 1973년을 100으로 할 때 1976년의 명목임금 지수는 343.5로서 이 기간의 전국 소비자물가지수 178.1을 빼면 인상된 실질임금지수는 192.9이며 생산성지수는 306.1이다. 이 통계는 여성노동자들이 낮은 임금으로 혹사시키는 일본인 기업과 만성적 인플레이션으로 물가의 고삐를 쥐고 있는 한국정부 사이에 끼어 이중으로 수탈되고 있음을 입증한다. 일부 일본인 기업은 수출지역 외의 군소 공장에 하청을 주고 있었는데 하청 기업에 근무하는 여성노동자는 열악한 환경에서 하루 10시간 내지 12시간씩 작업하면서도 월 2만 원(약 40달러) 정도의 임금을 받고 있었다. 무엇보다 심각한 것은 공해, 산업재해, 직업병 등이었다. 여성노동자들은 자신들이 앓고 있는 질병에 대하여 알고 있는 경우도 있지만 아무도 모르는 병으로 죽어 가는 경우도 많았다. 수출지역의 어느 곳이든 여성노동자들의 불평이 그치지 않았다. 전자제품을 생산하는 한국태양유전, 한국TC전자, 석면 제조업체인 유니언·아스베스트, 신사복을 제조하는 한국 F-ONE, 도자기를 생산하는 고려유전 등의 업체에서 발생하는 심각한 노동 환경에 대한 개선 요구가 있었지만 전혀 받아들여지지 않았다. 한국 가톨릭노동청년회가 1973년 12월 이 지역 여성노동자들에게 "당신은 작업할 때 어떤 마음으로 일하는가?"라는 질문을 했을 때, 답변은 '죽지 못해 일한다' 35.8%, '먹고 살기 위해 일한다' 33.1%, '별로 생각 없이 일한다' 23.1%, '기쁜 마음으로 일한다' 7.7%로 나타났다. 여성노동자들의 건강과 관련하여 한국산업의학계의 중견 교수팀은 76년 11월 이 지역의 노동자 6,987명을 대상으로 조사한 결과 응답한 여성노동자의 44.4%가 질병에 걸려 있는 것으로 판명되었다. 뿐만 아니라 일본인 간부들이 한국의 여성노동자들을 향락의 도구로 사용하여 끊임없이 추문을 낳고 있었다(이태호 1984: 74-82).

　이러한 상황에서 1979년의 불황으로 휴폐업 기업들이 속출하자 대량의 실직자가 발생했는데 특히 수출자유지역의 경우 79년 상반기 중 한때 3만 2,000여 명에 이르렀던 노동자가 몇 개월 사이에 2만 8,000여 명으로 뚝 떨어져 5, 6천 명이 일시에 일자리를 잃고 거리를 방황해야 했다. 더구나 기업주가 노동자들의 임금을 체불한 채 행방을 감추기도 했는데 수출자유지역 내 한국삼성전기의 경우 9, 10월 분의 임금을 체불한 채 사장이 도망을 쳐 버려 공장가동이 중지되자 노동자들이 밀린 임금지불을 요구하는 항의를 벌이기도 했다. 특히 일부 일본인 기업주들이 임금과 은행부채 등을 청산하지 않고 본국으로 달아나 노동자들의 분노를 사기도 했는데 예컨대 한국전자캐비넷이라는 회사의 일본인 사장은 노동자 281명의 3개월치 임금 6,400여만 원을 주지 않고 본국으로 달아났다. 이러한 임금체불현상은 추석이 가까워지면서 사회적 문제가 될 정도로 심각했는데 창원공단의 경우에는 현대양행이 10억여 원이 체불된 것을 비롯하여 대한중기, 국제전광사, 동광강업, 화천기계, 미진금속 등의 기업에서 노동자 4,000여 명의 임금을 체불했다. 이같이 임금을 받지 못한 노동자, 실직 노동자들 중에는 '명절이 되어도 부끄러워 고향에 갈 수가 없다'며 비통해하거나 방세가 밀려 셋방에서 쫓겨나기도 하고 특히 산업체 특별학급에 재학 중이던 나이 어린 여공들은 등록금을 내지 못해 배움의 길마저 막혀 버린 경우도 있었다는 당시의 신문보도도 있었다(박영주 1985: 139).

　이처럼 마산지역은 경기의 영향을 쉽게 받는 수출 지향적 단순조립산업이 주축을 이루고 있었다. 따라서 당시에 불어닥친 불황은 전국적으로 공통된 현상이었지만 마산의 수출자유지역은 다른 지역에 비해 더 심하게 경기의 영향을 받았을 것으로 추정한다. 불황 자체가 문제가 아니라, 1970년대 초반부터 어느 정도 경제적인 팽창을 지속하던 경제가 그리고 팽창하는 경제에 맞추어서 노동력 공급이 부족해지면서 노동자들의 노동시장에서의 지위가 강화되어 유리한 입장에 처할 즈음에 불어닥친 불황은 노동자들에게 상대적으로 더 심한 상대적 박탈감을 가져왔을 것으로 해석할 수 있다. 마산수출자유지역은 당시에 마산 최대의 고용처이자, 마산 이입 인구의 대부분을 고용하고 있는 장소이다. 마산 전체 인구에서 차지하는 수출자유지역의 비중은 절대적이었다. 그러나 이들 10대 중·후반의 여성노동자들이 인근 농촌지역에서 나와 독립적으로 수출자유지역 인근에서 거주함에 따른 사회적인 문제도 심각하였다. 이들은 가족과 고향의 속박에서 벗어나서 자유로운 사회관계를 맺고 있었다. 그러나 다른 한편으로는 가족의 경제적 부담을 담당하여 경제적인 짐을 지고있는 속박을 강요당하고 있었다. 따라서 사회적인 개방성과 미래에의 개척 의지와 동시에 자신이 가족의 생계를 책임지는 어려운 상황에 직면하고 있어, 공장 내의 억압을 그대로 감내해야 하는 입장에 있었다. 수출자유지역의 공장은 대체로 10대 중·후반의 소녀들을 채용하여 수습근로자의 명목으로 저임금과 장시간 노동을 감내케하고 감시에 의한 작업장 통제를 행하고 있었다. 공장 내의 상황은 따라서 안정적이지 않고 다만 경제적 동기만으로 작업을 행하고 이를 강압적으로 실행하고 있는 작업장이었다(이은진 2008: 54-82).

　창원공단의 경우 1979년과 1980년에 각각 불황으로 노동자의 수가 감소했다. 1978년에 총 56개 가동업체에서 30,874명이 종사했는데 1979년에 가동업체가 12개사 증가했음에도 노동자는 751명이 줄었고, 1980년에도 1,263명이 줄었다. 노동자 감소현상은 사업 부진 업체를 미련 없이 떠나는 자연감소와 휴업으로 인한 자동감소, 계열사 전출, 경영상 감원 등으로 인한 것이었다(동남지역공업단지관리 공단 1996: 277-280).

3. 1970년대 부마지역의 노동운동 상황

1) 부산

1970년대 노동운동의 객관적 조건은 중화학공업화의 추진에 힘입어 1차 산업이 급격히 감소하고 2차 및 3차 산업의 고용이 크게 증대하였다. 노동자 수의 증대에 따라 노동조합 지부의 수와 조합원의 수도 꾸준히 증가되었다(부산민주운동사 1998: 342-343). 이에 따라 노사분규도 증대했는데 1970년 165건이던 분규는 1971년에는 1,656건으로 폭증했으며 국가비상사태가 선포되었던 1972년에는 246건으로 줄었으나 1973년부터 다시 증가하기 시작하여 1974년에 655건, 1975년에는 1,045건이었으며 매년 증가하여 1979년에는 1,697건을 기록하였다. 이러한 분쟁 가운데 파업, 농성, 시위 등의 집단행동으로 발전한 것은 1975～79년 사이에 연평균 109건에 이르렀다. 이는 합법적 쟁의가 가능했던 1966～71년 사이에 파업 건수가 전부 66건이었던 것과 견주어 보면 거의 10배 가까운 수준이었다. 노동자들은 노동조합의 조직 여부와 상관없이 광범위한 투쟁을 벌였는데 노조가 없거나 제 기능을 못 하는 곳에서 더 격렬한 양상을 보이기도 했다. 이는 노동자의 생활조건이 전반적으로 악화되고 있음을 반영하는 동시에 노동자들의 저항이 노동조합의 범위를 넘어서고 있음을 의미한다(이원보 2005: 237-238).

부산지역의 경우 이러한 전국적 추세를 반영하면서도 지역경제의 몇 가지 특징이 나타나고 있는데 첫째, 부산지역의 노동집약적 산업구조의 특징으로 인해 여성노동자의 비중이 상당히 높았다. 1970년대 초에 30% 정도를 차지하던 여성노동자의 비중은 70년대 말에 오면 60% 이상을 차지하였다. 둘째, 열악한 노동조건에도 불구하고 노동자의 조직률이 매우 낮다는 것이다. 셋째, 항만이라는 특성으로 인해 항만 관련 노동자의 비중이 높다는 점이다(부산민주운동사편찬위원회 1998: 343).

이런 상황에서 부산지역 노동운동은 공식적 전국노동조합인 한국노총의 소극적 활동으로 노조 조직률은 매우 낮은 수준이었다.

1970년대의 노동운동에서는 종교단체인 도시산업선교회(산선)와 가톨릭노동청년회(JOC, 가노청)가 적극적이고 조직적으로 참여했다. 초기에 종교계의 활동은 노동자교육과 지원에 두어졌기 때문에 한국노총과 협조적인 관계를 유지했으나 의식화된 노동자들이 권력과 자본의 억압 그리고 한국노총 및 산별노조의 무기력한 태도에 저항하면서 종교계는 정권의 탄압을 받게 되고 한국노총도 적대시하게 되었다(이원보 2005: 243-244). 종교계의 지원 속에 여성노동자를 중심으로 민주노조운동이 발전함은 앞에서 본 바와 같은데 부산지역은 1970년대 초반부터 JOC의 활동이 시작되었고 1974년 태광산업에서 노동조합을 결성했다. 태광산업의 노조 결성은 부산지역의 대규모 여성사업장에서 여성 중심의 노조를 결성한 의의가 있었다. JOC는 천주교회를 중심으로 조직과 교육을 확대함으로써 부산지역 노동운동가들을 배출하는 역할을 하였다(부산민주운동사편찬위원회 1998: 358-370). 1977년 4월에는 최성묵을 위원장, 박상도를 총무로 하는 '부산도시산업선교회'가 결성되어 활동을 시작했다. 대도시 가운데는 가장 늦게 들어온 것이다. 신발공장, 봉제공장 등 노동집약산업이 몰려 있는 부산에서 산업선교가 늦었던 이유는 부산이 보수 교단인 대한예수교장로회 합동파와 고신파의 본산으로 도시산업선교에 냉담했고, 부산의 기존 노동조합운동이 김영태[23]와 같이 산업선교에 알레르기반응을 보이는 사람들에 의해 이끌려 왔던 점을 들 수 있다. 그러나 시작은 늦었지만 활동은 왕성했다. 1977년 11월에서 1978년 12월까지 한 해 동안 다룬 부당처우 문제만도 26건에 이르렀다. 부산도시산업선교회는 여론에 호소하는 투쟁방식으로 안드레 상사, 백일고압호스공업사, 삼화고무, 신창금속 등의 부당노동행위를 호소하는 노동자들을 지원해서 문제를 해결했다. 또 1978년에 9회에 걸쳐 노동자문제를 주제로 기도회를 열었다. 기도회의 참석 인원은 100명에서 500명까지였다. 부산도시산업선교회는 1978년에 9회에 걸쳐 노동자 교육을 실시했는데 현장 노동자뿐 아니라 대학생들과 가톨릭노동청년회원들도 참석하여 노동법과 현장 보고, 토의 등을 벌였다(조갑제a 1987: 205-212). 1977년이 되면 부산 최초의 노동야학인 성안야학이 시작되고 1978년에는 사상성당 등에서도 대학생들의 야학 활동이 시작되었다. 1978년에 민주노조운동을 둘러

---

23) 김영태는 당시 한국노총 섬유노조위원장으로 유신정권과 함께 동일방직 노조 파괴공작에 앞장섰던 인물이다. 1978년 2월 동일방직 대의원선거가 회사 측의 폭력으로 아수라장이 되자 섬유노조는 동일방직을 사고 지부로 규정하고 지부장 등 간부를 제명했다. 섬유노조는 동일방직노조가 도시산업선교회의 지시를 받고 있으며 도시산업선교회는 빨갱이단체라고 선전하였다(전순옥 2004: 237-242).

싼 갈등이 부산지역으로 파급되는데 2월에 부산시 노총협의회에서 주최한 '노동문제 특별세미나'에서 강사 홍지영은 산업선교회와 가톨릭노동청년회를 공산주의로 몰아붙였다. 5월에는 동일방직 노조 탄압에 앞장섰던 섬유노조 위원장 김영태가 부산에서 통일주체국민회의 대의원에 출마하자, 동일방직 해고노동자 15명이 폭로 유인물을 살포하다 7명이 체포, 구속되기도 했다. 10월에는 동일방직 해고노동자들의 재판을 방청하러 갔던 박상도 총무가 구속되었다. 11월에는 부산 YMCA 강당에서 동일방직 문제를 주제로 강연했던 인천 도시산업선교회의 조화순 목사가 긴급조치 9호 위반 혐의로 구속되는 등 도시산업선교회에 대한 탄압이 본격화되었다. 부산대학교에서는 1978년 4월에 4·19학원자율선언문 사건이 일어나 3명이 구속되었고, 7월에는 부산대학교 교정에 유신반대 구호를 쓴 사건으로 3명이 구속되었다. 학생사건과 노동문제 관련 사건들이 연이어 일어나면서 기도회, 재판 방청 등을 통해 재야인사, 학생, 노동자들의 반유신 공동전선이 형성되어 갔던 상황이었다.

이와 함께 1978년 하반기부터 시작된 불황이 심화되면서 1979년 4월의 「경제안정화종합시책」과 유신정권의 노동배제적 정책을 매개로 하여 부산지역의 노동쟁의도 다양한 사업장에서 발생하였다. 1978년의 경우, 택시노조의 사납금 인상과 버스노조의 안내양 인권 문제를 둘러싼 쟁의가 두드러진 가운데 제조업 사업장의 쟁의와 함께 의사(침례병원), 인턴(부산대 병원), 간호사(봉생 신경외과) 등의 임금 인상 쟁의도 눈에 띈다(부산민주운동사편찬위원회1998: 380-385).

1979년에도 택시노조와 버스노조의 분규가 계속되었고, 건설, 화학, 금속, 수산업, 섬유 등 거의 전 업종에 걸쳐 쟁의가 발생하였는데 노동청 집계에 의하면 10월 말까지 휴폐업 639개 종업원 60,310명, 노사분규는 80개 업체에서 발생하였으며, 원인별로는 임금인상 27건, 임금체불 25건, 휴폐업 조업단축 4건, 노조활동 방해 2건, 부당처우 6건, 단순해고 5건, 기타 2건으로 나타났다(부산민주운동사편찬위원회 1998: 385-387).

2) 마산

마산수출자유지역과 창원기계공단의 설립과 더불어 마산 지역의 노동문제도 전면에 등장하였다. 특히 마산수출자유지역의 실태에 대해 조사한 이창복의 논문이 1974년 '창작과 비평'에 발표되기도 했다. 당시 마산에서는 JOC가 천주교회를 중심으로 조직과 교육을 통해 노동문제에 대처하기 시작하였다. 또 천주교회는 1974년의 민청학련 사건과 지학순 주교의 구속으로 촉발된 시국과 인권을 위한 기도회 등이 월남성당 등을 중심으로 열리기도 했다.

마산은 3·15의거의 전통과 함께 4·19공간에서 활발한 사회운동이 벌어졌던 곳이었다. 그러나 5·16쿠데타와 함께 통일운동, 교육민주화운동, 혁신정당운동, 양민학살 진상규명 운동 등을 주도해 온 운동가들은 모두 구속되고 이후 1970년대 중반에 이르기까지 사회운동은 침묵하고 있었다. 1974년경부터 마산 출신 서울 유학생들의 모임인 '재경마산학우회'가 사회문제에 관심을 갖고 학술심포지엄, 강연회, 야학, 소모임 등을 통해 문제의식을 확산해 나갔다. 1976년에는 마산 출신의 대학생들이 모여 '마산학생연극회'를 결성하고 사회성 짙은 공연을 하기도 했다. 경남대학에서는 이윤도가 주도하여 '극예술연구회'를 결성했고, 1977년에는 이윤도, 박진해 등이 중심이 되어 '마산오광대복원추진위원회'를 조직, 설맞이 지신밟기를 했으나 경찰의 방해로 중단되기도 했다. 1978년에는 '재경마산학우회'의 소모임에 참여했던 경남대학생들이 경남대 최초의 이념서클 '사회과학연구회'를 결성하였다. 사회과학연구회에서는 매달 읽을 책을 정해 공부하고 독서와 토론을 통해 사회문제를 고민하였다. 또한 1978년 8월에는 부산의 양서협동조합을 모델로 한 '경남양서보급회'를 결성하고 직영서점 '집현전'을 열었다. 여기에는 재경마산학우회, 경남대학생 등을 중심으로 교사, 노동자, 공무원, 자영업자 등 많은 시민들이 참여하였다. '경남양서보급회'는 79년에 들어 구속 중이던 '김지하 문학의 밤'을 열기도 하고 3·15기념일에는 관련 자료와 서적을 수집하고, 기념행사와 세미나를 개최하는 등 3·15정신을 되살리려고 노력했다(김주완 2005: 277-360).

이런 가운데 1978년 하반기부터 진행된 불황의 파고가 마산지역에도 미쳐 1979년부터 임금체불, 실직자들이 계속 증가하는 가운데 노사분규도 급증했다. 수출자유지역에서는 14건의 노사분규가 발생했고 창원공단의 한국종합특수강이 사원복지를 위해 무료로 제공해오던 사원아파트를 회사 운영이 어렵다는 이유로 사원들로부터 분양대금을 강요하여 사원들의 큰 반발을 불러일으키기도 했으며, 마산시외버스터미널(주)에 근무하는 매표원, 개찰원, 경비원 등 70여 명이 노동조합 결성을 위해 가입원서를 받는 등 활동을 전개하자, 회사 측은 해고위협, 차별대우 등의 부당노동행위로 노조 결성을 무산시켰으며 이로 인한 분쟁이 발생하기도 했다. 또한 양복기능공들로 조직된 섬유노조 의류연합 마산분회에서 각종 물가고 및 기능공들의 최저 생계비 보장을 근거로 임금 60%, 보너스 100% 인상을 요구하고 나섰으나 사업주 측의 거절로 합의점을 찾지 못해 양복 기능공들의 불만이 크게 누적되기도 했다(박영주 1985: 139-140).

제4절 부마지역 노동자들의 항쟁 참여

1. 항쟁 참여의 동인

1) 구조적 원인에 대한 논의

대규모 군중이 참여한 사건에서 모든 사람들이 하나의 동기로 참여한 예는 거의 없다. 개개인은 각자 다른 동기에서 참여하며 투쟁의 와중에 또는 그 이후에 투쟁의 의미를 공통적 해석을 통해 만들어 낸다. 다수의 시민들이 항쟁에 참여하게 되는 과정에는 여러 원인과 동기들이 있을 것이라 가정해야 되며 이 다양한 개인적 동기들은 어느 단계에 이르러 하나로 용해되고 이러한 현상이 일어나자 온 시민들은 하나로 뭉쳐졌을 것이다. 항쟁 참여의 원인으로서 객관적 요인들은 구체적으로 각 개인들의 참여 동기로 연결되지 않으면 단순히 추상적인 사회과학이론의 유희에 불과할 것이다(최정운 1999: 109).

시민들의 개인적 동기가 하나로 용해된다는 것은 정치사회적 이슈에 대한 집합적 의식, 집단적 망탈리테의 형성과 연관된 객관적 구조적 요인과 연관되어 있다. 그런 의미에서 부마항쟁에 시민들이 왜 참여하였는지에 대해서 선행연구들은 크게 경제적 원인과 정치적 원인이라는 사회적 구조적 요인을 들고 있는데 이에 대해 살펴보기로 하자.

먼저 항쟁 참여의 경제적 원인에 대한 입장은 대략 두 가지로 나누어진다.

첫째, 부산민주운동사(1998)와 홍장표·정이근(2003)은 세계자본주의의 위기와 함께 부산지역 경제의 내재적 한계로서 노동집약적 경공업을 중심으로 하는 공업구조의 취약성과 중화학공업화정책에서 부산의 배제라는 외부적 요인의 결합으로 이해한다. 즉 중화학공업의 과잉·중복 투자로 인한 한국자본주의의 축적 위기가 가장 약한 고리인 부산과 마산에서 가장 먼저 폭발했다는 것이다. 한국자본주의의 축적 위기와 지역경제의 위기가 중첩된 가운데 부산, 마산 주민의 다수를 차지하는 저임금 노동자층, 도시빈민 및 실업자들이 자신들의 처지를 개선할 다른 방안이 결여된 상태에서 학생들에 의해 촉발된 항쟁에 대거 참여했다는 것이다. 즉 세계자본주의의 위기→한국자본주의의 축적 위기→지역경제의 위기→시민의 항쟁 참여로 정리할 수 있을 것이다. 이 입장은 부마지역이 한국경제의 가장 약한 고리라는 논리에 방점이 찍힌다. 따라서 부마지역의 민중들은 다른 지역보다 특별히 정치경제적으로 민감한 상황에 놓여 있었기 때문에 항쟁이 발생했다는 해석이 된다.

둘째, 손호철(2003)은 경제적 원인으로서 1979년 4월에 시행된 「경제안정화종합시책」을 강조한다. 즉 부마항쟁의 경제적 원인으로서 제2차 오일쇼크로 드러난 세계자본주의의 위기와 중화학공업화에 따른 과잉 중복투자와 중첩되어 경제위기를 야기하였다. 그러나 경제위기를 극복하기 위해 IMF에 구제금융을 신청했고 IMF는 구제금융을 제공하면서 그 조건으로 긴축정책 등 신자유주의적 경제정책의 채택을 조건으로 내걸었다. 이 같은 조건을 받아들인 것이 「경제안정화종합시책」이다. 한국에 최초로 도입된 신자유주의정책으로서의 「경제안정화종합시책」은 중소기업의 도산, 민중생활의 궁핍화를 가속화시키고 이러한 조건이 부마항쟁과 5·18항쟁의 중요한 원인이 되었다는 것이다. 즉 세계자본주의 위기→한국자본주의의 축적위기→신자유주의 정책→민중생활의 궁핍화→시민의 항쟁 참여로 정리할 수 있을 것이다. 이 입장은 세계자본주의의 위기에 대응한 신자유주의적 정책이 전체 민중생활을 궁핍화에 빠뜨림으로써 위기가 발생했음을 강조한다.

이러한 경제원인론에 대해 비판적이면서 상대적으로 정치적 원인을 중시하는 연구자들의 입장은 다음과 같다.

먼저, 오창헌(2001)은 1979년의 경기 침체와 물가 상승이 중화학공업의 과잉 중복투자, 급격한 국제유가 상승, 국제경기 침체 등에 기인하여 서민생활에 타격을 주고 부가가치세의 신설이 사업자들의 불만을 고조시키는 요인이었음을 인정한다. 하지만 경제적 요인들이 지나치게 강조되어서는 안 된다고 주장한다. 경제적 불만은 부마항쟁의 핵심적 원인이 아니었다는 것이다. 시위군중들의 요구 중에 경제문제와 직접 관련되는 것은 없었으며, 시위 양상을 보아도 경제적 불만이 봉기의 주된 요인으로 판단될 근거가 별로 없었다고 본다. 비교의 시각에서는 모든 불만 요인이 아니라 무엇이 주된 불만 요인인가를 밝히는 것이 중요하다는 것이다. 즉 비교의 관점에서 보면 정치적 변수가 훨씬 중요하다는 것이다.

정근식(1999)은 한국사회에서 발생하는 모든 역사적 대사건은 국제적 맥락, 일국적 맥락, 지역적 맥락에서 발생하는 힘들의 복합으로 보아야 한다고 전제하고 사건의 배경으로서 국제분업의 구조적 변동이라는 경제적 요인이 작동하고 있으며 노동집약적 산업이 집중된 곳일수록 타격이 크다는 점을 인정한다. 그렇지만 부마항쟁 발생의 지역적 맥락으로서 제기된 지역산업의 특수성론 즉 '약한 고리'론에 대해서는 부정적이다. 이러한 산업구조 특수성론 혹은 절대적 박탈론은 설명력이 약하다는 것이다. 당시 부산, 마산은 공업화의 수준이 가장 진전된 지역의 하나였고 수출경제에 깊숙이 포섭되어 있어서 경기불황에 민감했다는 것을 의미한다. 이러한 지역경제적 변수가 중요했다면 이는 시위의 발생보다는 시민들의 시위 참여와 시위의 대규모화에 작용한 것으로 보아야 한다는 것이다. 대학생들의 시위의 조직화에 지역경제적 요인이 작용한 것은 분명하나 경제적 요인은 정치적인 요인을 매개로 해서 집합적 행위에 작용한다. 즉 '김영삼 변수'가 시민들의 정서와 행동의 동원에 중요하게 작용하였음을 강조하였다.

이러한 정근식의 논의는 부산과 마산이 한국경제의 가장 약한 고리였음을 실질적으로는 부정하지 않는 결과로 귀결된다. '약한 고리'론은 지역경제의 위기를 부산과 마산의 산업화가 절대적으로 낙후되었기 때문에 초래된 것이 아니라, 공업구조의 취약성과 경기에 민감한 수출경제에 기인하는 것으로 설명하기 때문이다. 지역경제의 위기 요인이 시민들의 시위 참여에 영향을 주었다면 이는 항쟁의 직접적 발생 요인에 다름 아닐 것이다. 왜냐하면 부마항쟁은 시민들이 시위에 참여하기 전까지는 학생시위에 지나지 않았고 시민 참여로 인해 비로소 항쟁으로 전화했기 때문이다. 그러므로 정근식의 논의는 '김영삼 변수'의 중요성을 강조하면서 비판하고자 하는 '약한 고리'론을 실질적으로는 인정하고 있는 셈이다.

부마항쟁에 대한 시민 참여의 요인으로서 지역경제의 위기라는 '약한 고리'론에 대한 설득력 있는 해석은 조정관(2008: 19-20)이 제시하는 'J곡선이론'이 있다. 즉 부마지역에서 반유신 항쟁의 배경이 된 것은 절대 빈곤이라기보다는 오히려 경제의 전반적 상승이 먼저 있고 이에 따라 미래에 대한 일정한 기대가 형성된 가운데에서 밀어닥친 상대적·구조적 불경기와 정책적 실패 및 이에 따른 정치적 동요라는 것이다. 제임스 데이비스(James Davies)가 주창했던 고전적 혁명발생의 'J곡선이론'이 부마항쟁의 설명 변인으로서 적절한 것으로 본다. 즉 "혁명은 상당한 기간의 경제사회적 발전이 전개된 이후 급격하게 불황이 왔을 때 일어날 가능성이 가장 높다. 그럴 때 사람들은 그동안 각고의 노력으로 쌓아올린 현재의 위상(그리고 기대감)이 막 무너질 것이라는 두려움을 주관적으로 느끼며 이럴 때 사람들은 혁명적인 분위기로 변화한다"(Davies 1962)는 것이다. 이러한 조정관의 논의는 지역경제의 '약한 고리'론을 인정하는 것이지만 그렇다고 부마항쟁의 발생을 경제적으로만 설명하는 것은 필요조건이기는 하나 충분조건은 아니다. 부마항쟁 발생의 보다 직접적 원인은 정치적인 것이기 때문이다.

한편, 이은진(2008: 174-175)은 마산의 항쟁을 분석하면서 "당시의 시위 동기에 대해 참가자들의 진술은 시위의 구호와 반드시 일치하는 것은 아니었다. 즉 정치적인 이유를 대부분의 시위 구호에서는 내세웠지만, 암묵적으로는 경제적인 어려움도 자리하고 있었다. 즉 당시에 경찰 수사 과정에서 시위 참가자들에게 현 정부에 대한 불만을 물어보면 '물가가 너무 비싸고'라는 대답도 나왔다"고 썼다.

부마항쟁의 정치적 원인에 대해서 『부산민주운동사』(1998)는 유신정권의 정치적 억압성, YH사건으로 상징되는 민중운동 탄압, 김영삼 총재 제명으로 상징되는 제도권 야당에 대한 탄압 등 주로 국내정치적 요인 가운데 체제의 억압성을 들고 있다.

정해구(1990)는 한국사회의 정치변동을 정치 갈등 구조의 변화로 설명하면서, 한국사회를 규정하는 모순은 원칙적으로 제국주의의 이해와 이에 대항하는 민족적 이해 사이의 민족적 모순과 지배계급의 이해와 피지배계급의 이해 사이의 계급적 모순이지만 그 모순이 정치적 갈등에 그대로 반영되지는 않는다고 한다. 구체적인 역사과정을 통해서 구축된 지배체제가 정치적 갈등양식에 일정하게 영향을 미치기 때문이다. 해방 이후의 정치과정에서 구축된 '민중 배제의 보수정치'는 대립의 정치적 표출양식을 일정하게 변형시키는 데 유신체제하의 정치 갈등은 유신독재 대 야당 및 민주화세력 사이의 갈등으로 나타난다는 것이다. 이러한 민주주의를 둘러싼 갈등이 부마항쟁의 정치적 원인이라고 보고 있다.

손호철(2003)은 부마항쟁의 국제정치적 요인으로서 한미갈등(주한 미군철수, 인권외교, 핵무기 개발, 경제경쟁국화 등)을, 국내정치적 요인으로서 10대 총선, 강경 야당노선, 박정희 정권의 강경노선, 그리고 양 노선의 충돌을 들고 있다.

조정관(2008)은 부마항쟁의 정치적 배경으로서 제10대 총선을 통한 한국민들의 민주화 열망에 대한 확인 및 독재 극복에 대한 자신감의 성장, 행위자들의 전략이 만들어 낸 격돌의 구조, 그 과정에서 출현한 김영삼과 신민당이라는 '대안적 민주화 리더십(alternative democratic opposition leadership)'이 부산과 마산에서 갖는 친화력(affinity)과 동일시화(identification)의 영향을 들었다.

이상에서 제시된 논의들은 여러 측면에서 부마항쟁 발생의 구조적 요인에 대한 설명을 위해 동원되었다. 그러나 정치적 억압의 존재 자체는 자연발생적으로 저항을 유발하지는 않는다. 그보다는 저항 주체의 성장과 발전을 더 중요한 측면으로 보아야 할 것이다. 부마항쟁에 참여하거나 목격한 시민들은 이상에서 논의한 여러 요인들을 어떻게 이해하였는지 설문조사 결과를 통해 살펴보자.

2) 설문조사에 나타난 부마항쟁 참여 요인

시민들이 항쟁에 참여하게 된 동기에 대해 질문한 설문조사의 결과는 다음과 같다. 부마항쟁 참여자를 대상으로 항쟁에 참여하게 된 동기를 묻는 질문에 대해서는 '독재정치 반대를 위해서'가 23명(45.1%)으로 가장 많았고, '학생들의 주장이 옳은 것 같아서'가 12명(23.5%)으로 다음으로 많은 것으로 나타났다. 두 가지 이유가 다 같이 유신체제에 반대하는 의사 표시로 보면 반독재 의식을 참여 동기로 한 사람은 35명(68.6%)이다. 그 외에 '분위기에 휩쓸려서'(6명, 11.8%), '정부에 대한 막연한 불신 때문에'(3명, 5.9%), '진압이 잔혹해서'(3명, 5.9%) '먹고살기가 힘들어서'(1명, 2.0%) 순으로 나타났다. 기타 의견(3명, 5.9%)으로는 '우발적 감정으로', '지나가다가'(1명씩)라는 응답이 있었다(위의 조사결과는 항쟁에 참여한 시민 전체에 대한 조사결과인데 이것과 응답자 중 노동자의 답변과 차이가 있는지를 교차 확인한 결과 유의미한 차이가 없는 것으로 나타났다).

다음으로 부마항쟁에 참여하는 데 가장 큰 영향을 준 사건을 묻는 질문에서 1순위로 꼽힌 '김영삼 총재 국회 제명사건'이 12명(25.5%)으로 가장 많았고, '대학생들의 시위'가 11명(22.9%), '기타(유신헌법, 긴급조치 반대 등)' 11명(23.4%), YH사건 5명(10.6%), 경찰의 지나친 진압 4명(8.5%), 계엄군의 지나친 진압 2명(4.3%), 동일방직 사건 1명(2.1%), 불경기로 인한 생활고 1명(2.1%)으로 나타났다.

두 문항을 비교해 보면, 참여 동기에 대한 답변보다는 영향받은 사건에 대한 답변이 보다 구체적이다. 그러나 '독재정치 반대를 위해서'의 45.1%는 '김영삼 총재 국회 제명사건'의 25.5%와 '기타(유신헌법, 긴급조치 반대 등)' 23.4%를 합한 비율과 거의 근접하므로 반독재 의식을 가진 시민들의 절반은 김영삼 총재의 제명 사건에 반응했다는 추론이 가능하다.

또 '학생들의 주장이 옳은 것 같아서'의 23.5%는 '대학생들의 시위'에 영향받았다는 23.4%와 거의 일치한다. 이는 대학생들이 일반 시민이나 노동자 등의 준거집단(reference group)으로 간주되었음을 보여 준다.

또 경찰이나 계엄군의 지나친 진압에 영향을 받았다는 답변의 비율은 양쪽이 다소 차이가 있지만 무시할 수 없는 비중을 차지하고 있음을 보여 준다.

YH사건과 동일방직 사건에 영향을 받았다는 답변도 12.7%나 되는데 YH사건이 10.6%로 압도적으로 많다. 이는 두 사건의 발생 시점의 정치적 조건과 언론 보도에서 다루어졌는가 등에 따라 달라졌음을 보여 준다.

위의 답변에서 드러나는 가장 두드러진 특징은 항쟁 참여의 동기가 압도적으로 정치적 동기라는 점이다. 참여 동기에 대한 응답 중 단 1명이 '먹고살기가 힘들어서'라고 답변했고, 영향받은 사건에 대해 3순위까지 선택하는 응답에도 '불경기로 인한 생활고' 2회, '부가

가치세 등 지나친 세금의 부과' 1회만 3순위 내에 드는 것으로 나타났다. 그러나 이 결과는 경제적 요인이 중요하지 않았다기보다 경제적 요인은 정치적 요인을 강화하는 요소로서 작용했기 때문에 직접적 동기로서 나타나지 않았을 뿐이라고 해석해야 할 것이다.

3) 구술에 나타난 부마항쟁 참여 요인

이상의 설문조사에서 나타난 참여 요인들과 선행연구에서 제시된 참여 요인들을 부마항쟁에 참여한 노동자들의 구술을 통해 보다 구체적으로 살펴보자.

먼저 부마항쟁의 참여 동기로서 설문조사에서 가장 많은 답변이 나왔던 '독재정치 반대를 위해서'(45.1%)라는 요인에 대해서 검토하기로 한다. 이 질문과 답변은 부마항쟁에 참여한 시민들의 상당수가 분명한 '반독재 의식'을 가지고 있다고 가정한 설정이다. 일반적으로 항쟁에 참여한 대학생들은 대체로 '반독재 의식'을 갖고 있었다고 인정된다. 또한 지식인이나 중산층 시민들의 경우도 그렇다고 할 수 있다. 문제는 저학력 노동자들이 그러한 의식을 갖고 있었느냐 하는 것인데 이에 대해서는 선행연구에서 매우 부정적으로 평가해 왔다.

오창헌(2000)은 유신 치하에서 정권에 비판적인 계층은 주로 중산층과 지식인층이며 대부분의 노동자는 정치·사회적으로 보수적인 성향을 가지고 있었다고 평가하였다.

신광영(2006)에 의하면 1970년대의 다수의 남성노동자들은 군사주의 문화와 가부장제적인 생활세계 속에서 현실을 변혁하기보다는 현실 속에서 남성으로서의 혜택을 누리고 여성노동자들 위에 군림

하는 가부장제적 남성에서 벗어나지 못하였다. 또 정치적으로도 매우 보수적이었다. 이것은 학생들을 중심으로 하는 민주화운동과 일반 남성노동자 사이에서만 그런 것이 아니라, 민주화운동과 노동운동 사이에서도 그러한 관계가 존재한다. 즉 노동투쟁에 참여했던 노동자들이 정치적인 쟁점에 대해서는 관여하지 않았고 자신들과 관계가 없는 일로 치부했다. 파업에 참가했던 노동자들도 민주화투쟁은 자신들의 영역 밖의 일로 생각했다. 또한 규율과 질서를 앞세운 오랜 기간의 군대 경험은 남성노동자들이 여성보다 더 권위에 순종하고 경영자들의 명령에 잘 복종하게 만들었다고 평가받았다. 1970년대 남성노동자의 정치의식은 총체적인 것이 아니라 분절적이며 저급한 것이었고 지역주의와 관련된 것으로 평가받았다.

이은진(2007)은 마산수출자유지역 노동자들의 항쟁 참여를 분석하면서 그들의 사회의식 수준이 스스로의 저항 이념을 내면화하거나 자신들의 행위를 정당화할 수 있는 수준은 아니었으나, 적어도 지배적인 이데올로기가 무엇인지는 깨닫고 있었고, 이를 기반으로 자신들을 적극적으로 방어할 수준이었다고 평가하였다. 또 이들은 공장을 통해 근대적 생활을 경험하면서 매우 강한 상승 열망을 가진 반면, 공장 내의 억압적 착취적 상황에 매우 민감하게 반응하는 모순적인 상황을 체화하고 있었다. 즉 노동자들이 현실에 대해 알 수 없는 분노를 느끼는 상태로서 불만의 무의식에의 누적을 가져오며, 이는 현실의 상황을 합리적이고 사회에서 받아들이는 방식으로 설명할 수 있는 이데올로기의 부재를 가리키는 것으로 이해되었다.[24]

---

24) 이은진(1999: 445-448)은 1970년대와 1980년대의 노동자 수기를 분석하면서 노동자 의식의 변화를 5단계로 나눈 바 있다. 즉 노동자들은 (1) 열심히 일한다. (2) 그러나 항상

이처럼 1970년대 한국의 남성노동자들의 정치의식은 낮았고 지역주의적이며, 지배적 이데올로기는 알고 있지만 저항 이데올로기를 내면화할 수 없었던 수준으로 평가되었다.

(1) '반독재 의식'

이러한 평가가 타당한가를 검토하기 위해 이 연구에서 사용하는 구술 텍스트의 구술자들은 대체로 중학교 졸업 정도의 학력을 가진 평범한 노동자들이다. 그들은 1970년대의 민주노조운동이나 민주화 운동의 영향을 직접적으로 받지 않았던 사람들이다.

이러한 조건을 전제로 하고 구술 텍스트를 분석해 보면 구술자들의 항쟁 참여 요인은 '반독재 의식'과 '반독재 의식'을 형성케 한 빈곤, 소외, 박탈감, 좌절감 등의 계급 경험 그리고 사회적 환경 요인의 셋으로 나누어 볼 수 있다.

첫째, 구술자들의 항쟁 참여 요인 중 중심적 요인은 '반독재 의식'이었다. 여기서 '반독재 의식'이란 박정희 정부 혹은 유신체제를 비민주적이거나 독재적인 체제로 인식하고 이를 비판·부정·극복하려는 의식이라고 할 수 있다. 이러한 '반독재 의식'은 구술자 사이에 정도의 차이는 있으나 공유하고 있음을 확인할 수 있었다.

구술자 지경복은 평소에 "유신헌법, 긴급조치 4호, 5호 그런 것을 봤을 때 대학생들 데모하는 거, 이런 거로 집회하는 거, 견제하기 위해서 그런 건데 그런 것은 안 좋다"고 인식하고 있었고 특히 경찰에

세상을 그대로 받아들인 것은 아니다. (3) 알 수 없는 분노가 노동자들을 움직인다. (4) 소극적인 행동을 한다. (5) 자신들의 정당성을 내세우며 기존의 권위를 대체하는 과정을 거친다.

대해서는 매우 깊은 불신감을 갖고 있었다. 이러한 정치의식은 다른 경로로 형성한 것이 아니고 "방송이나 신문으로 접하면서 저 나름대로… 알고 있었"다고 진술하였다.

구술자 곽동효는 평소 "대통령을 내 손으로 뽑고 싶다는" 욕망을 갖고 있었으나 유신헌법에 의해 직선제가 폐지되고 "통일주체대의원회의 간선제"가 되어 버렸기 때문에 개인적으로 불만이 많았다고 한다. 또한 구술자는 김영삼 총재의 제명에 대해 "많은 사람들이 민주화를 위해서 밀어 주고 떠받들어 주고 있었던" 김영삼 총재가 "어느 날 갑자기… 해고되어 버렸으니까" 분노하였다고 진술하였다.

구술자 김태만은 유신체제가 "굉장하게 국민을 탄압하"였기 때문에 "국민들이 반항심으로" 항쟁에 참여하였다고 진술하고 있다. 구술자는 1978년의 총선거에서 야당에 투표했고 YH사건에 대한 보도 기사를 보고 정부가 연약한 여성노동자를 강제 진압한 것은 잘못이라고 생각했다.

구술자 고일수는 평소에 먹고살기에 바빠 정치에는 관심을 두지 않았다. 따라서 유신체제에 대해 특별한 반감을 갖지는 않았다. 구술자는 버스회사 배차원으로 국제시장 주변에서 계엄군의 반복되는 가혹행위를 목격하고 인간으로서 공분을 느껴 저항하게 되었다.

구술자 강의식은 평소부터 박정희 정권의 권위주의 통치에 대단히 비판적이었다. 즉 5·16쿠데타 이후 민정이양 약속 번복(1963), 삼선개헌 강행(1969), 유신헌법 선포(1972) 등에 대해 언론(신문)을 통해 비판적으로 인지하고 있었다. 또 사회에서 "술을 한잔 먹어도… 입조심"을 하게 되고 "누구를 비판을 한다든가 이러면 끌려가"는 것을 목격하면서 공포정치를 경험하고, 김영삼 총재의 지역구에 거주하다 보니 야당성향이 강했다고 진술하고 있다. 구술자는 YH사건에 대해서는 주변에서 이야기하는 것을 많이 듣지 못했지만 김영삼 총재의 제명에 대해서는 많은 사람들이 울분을 토했다고 기억하고 있다.

구술자 이병환은 평소 유신체제에 대해 비판의식을 갖고 있었다. 구술자는 공업고등학교 재학 중 비판적 정치의식을 갖게 되었고 군대생활을 거쳐 직장생활을 하면서 동료들과 소모임을 형성하게 되었다. 구술자는 YH사건이나 김영삼 총재 제명 사태 등을 보면서 "이제는 갈 때까지 가는가 보다. 그리고 사람들이 그냥은 있겠느냐… 변화가… 올 것이다"라고 생각했다고 한다.

이상에서 본 대로 평범한 노동자들이 부마항쟁에 참여한 직접적 동인은 의식수준의 차이는 있더라도 명백한 대항 이데올로기로서의 '반독재 의식'이다. 이들 사이에서 곽동효, 강의식, 이병환과 같이 자유민주주의적 범주의 정치의식이 분명한 경우와 지경복, 김태만과 같이 억압적 권력에 대한 감성적 비판에 머무르는 경우, 고일수처럼 상황 논리에 의해 촉발된 경우 등 차이가 있지만 이들의 정치의식은 결코 보수적이거나 저항 이데올로기를 내면화하지 못한 것이 아니었음을 확인할 수 있다.

또한 구술 텍스트에 나타난 바에 의하면 곽동효, 강의식은 김영삼 총재의 지지자였고 김영삼 총재의 제명 사태에 자극받았던 것은 명백하지만 그들의 '반독재의식'이 지역주의에 영향을 받았다는 평가는 올바르지 않다. 왜냐하면 구술자들에게 박 정권과 김영삼 총재의 대립은 지역주의적 대립이기보다 '독재와 민주(반독재)의 대립'이었으며 이는 동시에 '불의와 정의의 대립', '선과 악의 대립'이라는 틀로 인식되었기 때문이다. 즉 당시 야당은 박 정권의 불의한 권력 행사에 대한 대립자 혹은 대안으로서 지지를 호소하는 프레임(frame)을 사용했고, 학생들도 마찬가지였다. 부산대 시위의 선언문에는 유신헌법과 긴급조치를 '제도화된 폭력성과 조직적 악의 근원', '불의의 날조와 악의 표본'으로, 집권세력을 '불의와 악의 무리'로, 대학을 '정의와 양심의 최후 보루'로 묘사하고 있다. 구술자들의 진술도 그런 프레임을 수용하고 있다. 물론 당시의 제도정치권의 대결이나 권력투쟁이 모두 특정 지역을 연고로 하는 권력자들 사이에 이루어졌기 때문에(정근식 1999: 262) 결과적으로 지역주의적 대립으로 비칠 수는 있지만 항쟁 참여자들의 김영삼 총재 지지를 지역주의적 행태로 보는 것은 과도한 해석으로 보인다.

이러한 구술자들의 '반독재 의식'의 원천은 무엇인가? 구술 자료에 의하면 대체로 그 원천은 두 가지에 기인한다고 보인다. 하나는 유신체제 이전의 제한적인 의회민주주의에 대한 직간접적 경험으로서 이는 곽동효, 강의식, 이병환 등의 구술에서 나타난다. 구술자들은 직접 선거를 경험(강의식, 이병환)하거나 부모와의 대화(곽동효)를 통해 간접적으로 정치적 태도를 형성하기도 한다. 오창헌(2001: 129)은 1972년 유신체제 이전의 민주주의 경험이 유신체제의 장기적 유지에 상당한 제약조건으로 작용했음을 지적했는데 다만 유신 치하에서 정권에 비판적인 계층은 주로 중산층과 지식인층이며 대부분의 노동자는 정치·사회적으로 보수적인 성향을 가지고 있었다고 평가했다. 하지만 설문조사와 구술을 통해서 볼 때 당시의 노동자 가운데 상당 부분은 장기집권을 유지하는 박 정권에 비판적이었음을 알 수 있었다.

다른 하나의 원천은 구술자들의 삶의 조건에 기인하는 계급적 경험들이다. 고일수를 제외한 다른 구술자들은 항쟁 참여 당시 유신체제에 대한 비판 의식을 주로 대중매체(라디오, 신문 등)를 매개로 형성하고 있었다고 진술한다. 히르시(H. Hirsch)는 매스 미디어는 일반적으로 정보전달에 있어서 부모·동료 혹은 학교보다도 더욱 두드러진 매체라고 결론을 내리고 있다. 또한 하이먼(Herbert H. Hyman)은 과도사회에서 정치사회화의 수단으로서 미디어의 역할이란 아주 효과적이고 그들의 기동성은 근대화를 바라는 전체 국민을 커버하고도 남음이 있다고 했다(김재영·송인국·황오연·손병선·김창희 1990: 288). 이를 입증하는 사례로서 들 수 있는 것은 1980년에 전북도내 초등학교 고학년생과 중학생을 대상으로 실시한 조사결과로서 "정치에 관한 이야기는 대개 다음 중 누구로부터 많이 듣고 있는가?"라는 설문에 대해 매스컴 73.23%, 교사 11.12%, 부모 10.20%, 친구 1.51% 등으로 답변이 나와 매스컴이 압도적인 비중을 차지하고 있음을 보여 준다(김재영 1983: 291).

또한 매스컴은 새로운 정치적 정향을 창조하기보다는 현존의 정치정향을 강화하는 경향이 있다는 것인데 매스컴의 영향력에 관해 일부는 실험실에서 또 일부는 사회현장에서 이루어진 일련의 연구들이 제시한 바로는 설득적인 커뮤니케이션은 변화의 담당체로서보다는 보강의 담당체로서 더 기능한다는 것이다. 그리고 여론 연구에 관심을 쏟고 있는 한 연구자가 제시한 바로는 정치적 태도에 대한 매스컴의 주된 영향력은 대체로 현상유지의 보강이라고 결론짓는 것이 합당하다는 것이다(박병화 1986: 56). 뿐만 아니라 신생국의 경우 대부분의 매스 미디어는 관영은 물론이요, 민영에 있어서도 사적 집단의 특수이익에 봉사하는 경향을 띠게 되며, 지배집단의 독점적 도구로 되는 경향을 갖는다고 평가된다(김재영·송인국·황오연·손병선·김창희 1990: 288).

유신체제하의 대중매체 역시 지배층의 독점적 도구로서 유신체제를 비판할 수 없었으며, 오히려 체제 선전에 동원되었다. 박 정권 이후 한국 신문의 역사는 신문이 권력에 순치되는 과정이었으며, 사주, 경영진, 간부, 일선 기자가 차례로 언론에 굴복하였다. 한국의 관·민영 방송 또한 방송의 기능을 총동원하여 유신의 필요성을 강조하고 유신헌법의 국민투표 통과를 위한 선전에 광분했었다. 국영방송인 KBS는 1973년 공영방송으로 전환했으나 명목상의 제도 전환일 뿐 실질적인 방송의 공영화는 이루어지지 않았다. 유신체제에서 한국의 방송은 공·민영 할 것 없이 국가권력에 장악되어 사실의 은폐와 현실의 왜곡을 일삼는 조작의 도구로 유신체제의 유지를 위해 아낌없이 활용되었다(이효성 1996: 142-144). 다만, 당시 제도권 야당이 유신체제에 비판적이었던 특정 시기에는 유신체제에 대한 반대 움직임을 극히 제한적으로 보도하는 수준이었다. 특히 1979년은 그러한 사건들이 잇달아 확대 증폭되면서 유신체제를 둘러싼 정치적 갈등이 언론에 일정하게 노출되었다. 그러나 대중매체에서 보도하는 정치적 갈등을 해석하고 수용하는 방향은 수용자의 태도에 주로 달려 있다. 따라서 구술자들이 '반독재의식'을 형성한 동인 가운데 대중매체는 하나의 매개물이며 보다 원천적인 것은 그들의 개인적 삶의 조건과 계급적 경험에서 찾아야 한다. 그러면 구술자들의 삶의 경험은 그들의 정치적 의식 형성에 어떤 영향을 미쳤는지 살펴보기로 하자.

(2) 계급적 경험

구술자 지경복은 일찍 부모를 잃고 누나가 실질적 가장 역할을 하는 가정에서 어릴 때부터 빈곤을 경험하였고 이는 그의 학교생활에도 영향을 미쳐 적응을 어렵게 했다. 중학교 졸업 후 그가 일한 작업장 역시 열악한 조건이었다. 이러한 빈곤은 일찍부터 구술자에게 소외감과 심리적 갈등을 일으켰다. 삶의 조건에서 기인한 좌절감과 박탈감은 구술자가 체제와 권위에 대한 반감을 형성케 한 것으로 보인다. 그가 특히 경찰에 대한 까닭 없는 반감을 갖게 된 계기는 분명치 않으나, 경찰 기구가 일반 국민이 접할 수 있는 권력의 대리인이자 상징이라면 그는 일찍부터 반권위주의 정서를 키워 왔던 것으로 이해된다. 이러한 삶의 조건과 심리적 갈등이 유신체제의 정치적 억압에 투사(投射)되어 그가 시위대와 조우했을 때, 시위대의 구호에 순식간에 공감할 수 있었다고 이해된다. 그것은 그 자신도 진술하듯이 열악한 삶 속에서 억눌려 있던 것들의 표출이며, 억압된 것들은 그의 삶에서 박탈된 가치들일 것이다.

구술자 곽동효는 김영삼의 지지자였던 부친의 영향 등으로 '반독재 의식'을 갖고 있었는데 의식 형성의 기저는 그의 계급적 처지와 경험의 영향인 것으로 보인다. 우선 그의 가족이 생계를 의존하던 양복점업은 경기에 매우 민감한 업종으로 자영업 중에서는 거의 한계업종에 속했다. 부친의 사고와 병으로 생계를 책임져야 했던 구술자는 결국 야간 고등학교조차 포기할 수밖에 없었던 좌절을 겪게 된다. 거기에다 가세 몰락의 원인이 되었던 아버지의 교통사고와 관련된 경험은 당시 어린 구술자에게는 한국 사회와 체제에 대한 비판적 인식을 촉발하는 계기로 작용한 것으로 보인다.[25] 교통사고 가해자는 돈의 위세를 믿고 가해 사실을 부인하고, 경찰도 부자인 가해자를 편들었다. 목격자들은 가해자와 경찰의 협박에 굴복하여 발을 빼려고 했고, 구술자가 사건 해결을 부탁한 형사도 돈을 받지 않고는 움직이지 않았다. 구술자가 경험한 한국 사회는 부와 권력이 결탁하여 가난하고 힘없는 서민을 억압하는 불의한 사회였다.

구술자 김태만은 넉넉하지는 않았으나 경제적 불만 때문에 '반독재 의식'을 갖게 된 것은 아니라고 진술한다. 그보다는 정치적 탄압에 대한 반감과 3·15의거에 참여했다가 상이자가 된 가족(형)의 영향이 더 컸던 것으로 보인다.

구술자 고일수는 제주도에서 두 형제의 차남으로 태어났고 초등학교 6학년 때 어선을 타고 나간 부친이 사고로 실종되고 모친은 화병으로 사망하여 고아가 되었다. 이후 부산의 고모 집에서 자라면서 중학교에 입학했으나 빈곤으로 중퇴하고 소기업에 취업하여 선반공 등으로 수년간 일하다가 군에 입대하였다. 제대하여 자영업을 전전하다 실패한 후 부마항쟁 당시에는 국제시장 부근에서 국제여객이라는 버스회사의 배차원으로 근무하고 있었다. 구술자는 '먹고살기에 바빠' 정치에는 관심을 두지 않았으나 계엄군의 반복되는 가혹행

---

25) 구술자가 중학생 시절, 구술자의 부친은 건널목에서 신호 위반 차량에 치여 머리를 크게 다쳤다. 부친의 동행자들이 도주 차량을 붙잡았으나 큰 자산가인 가해 차주는 사고 자체를 부인했다. 경찰도 가해 차주를 편들어 오히려 목격자들을 협박하는 지경이 되자 목격자들도 태도를 바꾸어 발을 빼려고 했다. 부친의 치료비는 늘어나고 사건은 해결되지 않아 구술자는 어린 마음에 당시 KBS 라디오 같은 데서 방영하던 '신문고'라는 고발 프로그램에 이 문제를 제기하기로 마음먹고 단신으로 서울로 올라갔다. 구술자는 먼저 서울에서 만난 지인의 소개로 어떤 형사를 만나 사건의 해결을 부탁하게 되는데 그 형사는 출장비 명목으로 돈을 요구하였다. 구술자는 사건이 해결되면 보상금의 절반을 사례하겠다고 제의하였으나 형사는 선금이 없으면 안 된다고 거절했다. 구술자는 환멸을 느끼고 '신문고' 프로그램의 진행자를 만나려던 계획도 포기하고 부산으로 돌아오게 되었다.

위에 공분을 느껴 행동하게 되었다. 이러한 행동의 배경에는 열악한 삶의 조건과 박탈감이 자리하고 있었던 것으로 보인다.

구술자 강의식은 부산 영도에서 두 형제의 차남으로 태어났다. 홀어머니 아래 어렵게 자랐고 중학교에 입학했으나 학비를 댈 수 없어 중퇴하였다. 이후 생계를 위해 형님이 하던 양재 기술을 배워 재단사가 되었다. 재단사가 된 후에는 양장점에서 일하면서 상당히 안정된 수입을 얻을 수 있었다. 구술자는 열악한 삶의 조건을 극복하여 직업적 성공을 거두었으나 그 과정에서 경험한 박탈감 등이 정치적 의식의 형성에 중요한 배경이 되었던 것으로 보인다.

구술자 이병환은 경남 고성에서 가난한 농부의 4남 2녀 중 차남으로 태어났다. 고향에서 중학교를 마친 구술자는 가난 때문에 부산의 ○○공고에 진학하였다. 당시 이 학교는 서독 정부의 지원을 받았고 졸업하면 서독 취업의 특전이 있다는 것이 구술자가 지원한 동기였다. 그러나 1967년의 동백림사건으로 한국과 서독의 관계 악화로 지원이 끊어졌음을 입학 후에 알게 되면서 커다란 좌절을 느꼈다. 동백림사건의 실체를 알려고 애쓰던 과정에서 박 정권의 독재정치에 반감을 갖게 된 구술자는 경제적 어려움이 겹치면서 학교를 중퇴하였다. 구술자의 경우 다른 구술자들보다 빈곤과 좌절감이 '반독재 의식' 형성에 보다 직접적으로 작용하였다.

이상에서 보았듯이 구술자들의 '반독재 의식'의 형성에는 빈곤, 좌절, 박탈로 점철된 삶의 경험들이 의식적 혹은 무의식적으로 작용하였다. 이러한 삶의 경험들은 대체로 사회경제적 조건에 기인한 것으로서 부마항쟁의 발생원인으로 직접 혹은 간접적으로 작용하였음을 알 수 있었다.

2. 항쟁 참여의 조건들

1) 항쟁 참여의 조건에 대한 논의

위에서 본 바와 같이 계급적 삶의 경험을 배경으로 한 '반독재의식'의 형성은 노동자들이 항쟁에 참여한 가장 중요한 동인이라고 할 수 있다. 그러나 그것만으로 항쟁에의 참여가 곧바로 이루어진다고 말하기는 어렵다. 항쟁에의 참여는 가혹한 처벌이라는 공포가 따르는 상황이기 때문이다. 여기서 항쟁 참여를 촉진하거나 저해하는 조건들이 문제가 된다.

맥아담(Doug McAdam)은 정치적 행동으로서의 집합행동을 동원 과정에 중점을 두어 설명하는 체계적인 정치과정 모델을 제시하였다. 맥아담은 사회운동을 발생시키는 거시 구조적 요인들을 다음과 같이 설명한다.

첫째, 정치적 기회의 구조로서 이는 도전자 집단의 정치적 목표에 대한 성원집단의 지지 또는 반대의 분포를 말한다. 둘째, 정권의 위기 또는 정치적 지배에 대한 일반화된 경쟁의 조건이다. 일반적으로 정권의 위기와 경쟁의 상황은 도전자 집단에게 유리한 정치적 기회를 제공한다고 할 수 있다. 셋째, 운동의 반대자들에 의한 억압적 사회통제의 부재 또는 약화이다. 억압의 부재 또는 약화도 역시 도전자 집단의 정치적 기회를 강화한다고 할 수 있다. 넷째, 월쉬(E. Walsh)가 표현한 바와 같은 '갑작스럽게 부과된 고통(suddenly imposed grievances)'이 집합행동을 촉발할 수 있다. 그와 같은 갑작스러운 고통과 불만은 불의의 사고에 의해 일어날 수도 있고 정부의 결정에 의해 초래될 수도 있다. 이와 같은 구조적 조건은 데이비스가 말한 J-곡선 상황일 수도 있고 스멜저(N. Smelser)가 말했던 촉발요인과 유사한 것일 수도 있다(임희섭 1999: 93-97).

맥아담의 논의를 부마항쟁에 적용해 본다면 거시구조적 요인으로서 정치적 기회구조는 주로 정권의 위기와 관련되는데 당시의 유신정권은 경제적으로 내외적 조건에 의한 불황의 위기에 처해 있었고, 정치적으로는 반유신 민주화운동의 도전(경쟁)에 직면해 있었던 상황이었다. 그러나 유신정권은 억압적 사회통제를 약화시키지는 않았다.[26] 오히려 억압을 강화함으로써 경제적으로는 데이비스가 말한 J-곡선 상황의 심화, 정치적으로는 강경노선을 선택함으로써 '갑작스럽게 부과된 고통'의 상황을 조성하였다.

그러나 맥아담은 거시구조적 요인들만으로는 집합행동의 동태와 과정을 설명할 수 없으며 거시구조와 미시적 정치과정을 연계시키기 위해서는 미시적 동원의 맥락이 분석되어야 한다고 주장했다. 이러한 미시적 동원의 맥락에서 참여자의 참여 결정에 영향을 미치는 인식적 해방과 집합적 귀속, 집합행동의 성공에 대한 기대, 즉 클랜더맨스(Klandermans 1984)가 말한 가치 기대(value expectancy) 등이 분석되어야 한다는 것이다. 참여자의 참여결정에 관한 분석이 집합행동의 미시과정(micro process)에 관한 분석이라면, 그와 같은 미시과정과 거시과정(macro process)을 연계시키는 매개 개념이 바로 미시동원의 맥락이다(임희섭 1999: 95-98).

한편, 이은진(2006)은 마산의 항쟁 참여 요인을 분석하면서 조직노동자의 경우에는 지리적 근접성, 사회적 관계망, 거리의 도덕적

---

26) 정유경(2008: 43-45)도 부마항쟁에서 정치적 기회는 독재정권의 권력행사에 의한 강제적·폭력적인 방법에 의해 제한되었음을 지적하였다.

감시망을, 주변 노동자층의 경우에는 술의 효과, 심리적 해방감, 거리의 도덕적 사회적 관계의 압력을 참여 요인으로 들었다. 이하에서는 이러한 항쟁 참여의 여러 조건에 대해 살펴보기로 한다.

2) 미시적 동원의 요소

부마항쟁과 관련하여 참여자들이 참여를 결정하는 과정, 즉 맥아덤이 말한 미시과정의 요소들이 어떻게 구성되어 있었는지를 분석해 보면 다음과 같다.

첫째, 맥아담은 인식적 해방을 피븐과 클라워드(Piven and Cloward)가 지적한 세 가지 인식(cognitions)을 빌려 설명하고 있다. 첫째로는 기존의 체제 또는 제도가 정당성을 상실하였다는 인식이 확산될 때, 둘째로는 종전에는 체념하고 있던 사람들이 변화에의 요구를 자신들의 '권리'로 인식하기 시작할 때, 셋째로는 종전에는 무력감에 빠져 있던 사람들이 환경을 변화시킬 수 있다는 정치적 효율감(sense of efficacy)을 갖게 되었을 때, 참여자들은 사회운동 참여를 위한 인식적 해방을 경험한다는 것이다(임희섭 1999: 97).

미시 과정의 맥락에서 참여자의 참여 결정에 영향을 미치는 인식적 해방의 조건이 충족되었는가를 살펴보자. 유신체제의 한국적 민주주의 이데올로기와 성장 이데올로기에 대한 대항이데올로기로서 1970년대에는 '민주화담론'과 '민중담론'이 지식층을 중심으로 생산, 유포되었으며(정수복 1994: 101-125), 노동자를 포함한 기층민중들은 이러한 이데올로기적·정치적 갈등을 대중매체를 통해 그리고 과거의 정치적 경험을 매개로 한 '반독재 의식'의 성장을 통해 인식적 해방의 조건을 마련하였다. 그리고 이는 제10대 총선의 득표율에서 야당의 승리라는 초유의 사태를 통해 극적으로 표출·확인하였다. 이는 무력감에 빠져 있던 민중들에게 정치적 자신감을 갖게 하였고 뒤이어 제도권 야당에서 등장한 김영삼과 신민당이라는 '대안적 민주화 리더십(alternative democratic opposition leadership)'이 부산과 마산에서 갖는 친화력(affinity)과 동일시화(identification)를 통해 인식적 해방은 보다 구체화되었다(조정관 2008: 24).

둘째, 맥아담은 모든 집합행동이 공식적·비공식적 또는 정치적·비정치적인 기존 집단들을 기반으로 한다는 점에서 미시동원은 집합적 귀속, 즉 집합체의 조건에 대한 분석을 요구한다고 하였다(임희섭 1999: 97).

이는 부마항쟁에서 도전연합의 조직적 상황에 대한 분석을 요한다. 틸리(Tilly)는 동원모델 분석의 한 요소로서 조직(organization)을 주민 내 개인들 간의 공통적인 정체감(identity)과 이들을 통일시키는 구조의 정도 혹은 과정으로서 공통적인 정체감과 (또는) 통일시키는 구조의 증대라고 정의한다(찰스 틸리 1995: 76). 다시 말하면 조직은 개인들 간의 공통된 정체감(identity)과 통합구조(unifying structure)의 정도를 의미하는데 자발적인 군중에서 엄격하게 훈련된 혁명집단에 이르기까지 그 형태가 다양할 수 있다. 조직의 두 요소를 공통의 정체감과 통합구조라고 한다면 부마항쟁의 발생과 관련한 도전연합의 조직은 어떤 수준이었는지 살펴보자.

먼저, 통합구조의 측면에서 보면 부마항쟁 전야에 도전자집단은 광범위한 연합을 형성하였다. 신민당은 비록 내부적으로 당권파와 비당권파 간의 분열이 내재되어 있었지만 정치적 대안세력으로 부상하였다. 재야세력은 1979년 3월 '민주주의와 민족통일을 위한 국민연합'으로 통합되어 조직적 단결을 이루었다. 학생운동은 전국의 각 지역으로 확산되어 가면서 서울에서는 연합시위를 조직하는 수준에 이르렀다. 이러한 도전연합의 토대 위에 공통의 정체감이라는 측면에서 도전연합이 제시한 '민주화'의 슬로건이 점차 국민 속에 공감대를 넓혀 가면서 대중적으로 확산되는 추세가 강화되었다.[27] 야당, 재야, 종교, 학생운동이 상호 연계를 강화하면서 시너지 효과를 높여 갔고, 유신체제의 억압성에 염증을 느낀 국민들은 도전연합의 목소리에 귀를 기울이게 되었다.

셋째, 집합행동의 성공에 대한 기대 즉 가치 기대(value expectancy)의 요인은 참가자의 수(규모)에 대한 기대, 운동의 성공에 자신의 참여가 기여할 것인가에 대한 기대, 다수의 사람들이 참여했을 때 운동이 성공할 것인가에 대한 기대 등을 포함한다(임희섭 1999: 97-98). 부마항쟁에서 집합행동의 성공에 대한 기대는 학생시위에 대한 시민들의 호응을 통해 고조되었다. 즉 정치적 기회구조의 측면에서 국가의 억압성이 완화되거나 이완되지 않고 반대로 강화되는

---

27) 박 정권하의 민주화운동에 대한 통계에서 각 주체별 운동참여 비율을 보면, 유신 이전 기간(1961~71년)의 민주화운동은 압도적으로 대학생의 참여 비율이 높았고(65.4%) 재야와 종교단체의 비율은 미미한 수준이었다. 유신 선포 이후 기간을 보면 대학생들의 참여 비율은 긴급조치 9호 이전의 기간 중에는 53%, 1976~77년은 31%, 1978~79년은 25.6%로 그 비중이 현저히 저하하고 있다. 이에 비해 종교단체는 긴급조치 9호 이전의 24.7%에서 1976~77년의 27.6%, 1978~79년의 33.3%로 참여 비율이 급증하였다. 종교단체의 참여 비중이 높아진 것은 민주화운동의 대중적 확산을 촉진하는 조건이 강화되었음을 의미한다. 종교단체에는 소수의 성직자와 함께 다수의 일반 신자가 참여할 뿐만 아니라, 종교활동의 합법 공간을 대중 참여를 확산하는 공간으로 활용할 수 있었기 때문이다. 또한 재야인사의 참여 비율도 각각 7.4%, 13.8%, 20.4%로 급증하였다. 노동자들의 참여비율은 유신 이전에 16.7%였던 것이 유신 이후에는 1.2%로 격감했다가, 긴급조치 9호 이후에는 11.5%, 7.8%로 급증하였다. 유신 이전과 이후 사이에는 1971년 12월에 선포한 비상사태선포와 「국가보위에 관한 특별법」에 의한 노동삼권의 제약이 가로놓여 있다. 이러한 제약을 고려할 때, 긴급조치 9호 이후의 노동운동의 활성화는 민주화운동의 대중적 확산을 보여 주는 현상으로 주목할 수 있다(김석준 2000: 241-269).

상황에서 집합행동은 시민들의 호응과 참여의 수준에 따라 결정된다(Charles Kurzman 1996: 66-68). 부마항쟁에서 시위 참여자들은 국가의 억압(경찰의 진압행동)에 의해 위축되지 않았으며 설문조사에서 상당수의 참여자들이 밝힌 대로 오히려 그것이 시위참여를 촉발하는 요인으로 작용하기도 하였다. 이하에서 가치기대와 함께 또 다른 미시적 동원의 조건들을 검토해 본다.

(1) 시민들의 호응

부마항쟁에서 참여를 촉진한 요소로서 다른 시민들의 열렬한 호응이 두드러지게 나타난다. 학생시위에 대한 시민들의 호응은 연쇄적으로 다른 시민들의 참여를 불러왔다. 부산지역의 관찰자들이 진술한 기록을 보면 10월 16일 부영극장 앞에서 농성하던 부산대학생들이 경찰의 무차별 구타로 공격받자 스크럼을 짜서 국제시장으로 들어갔다. 시위대와 시민들의 정서적 일체감이 나타난 최초의 형태가 바로 국제시장 안 시위였다. 학생들이 경찰에 쫓겨 들어오면 수건 등을 내어 주고 경찰이 달려들면 셔터 문을 내렸다. 전파상에서는 애국가를 틀어주고, 음식점·문구상에서는 음식과 태극기를 내어 주었다. 모두 밖으로 나와 구경하거나 협력했다(허진수 증언/자료집 1989). 또 부산시민 모두가 같은 생각을 하고 있었다는 것을 시위대와 함께 어깨동무하고 노래 부르면서 '동료의식'을 확인할 수 있었다(이은우 증언/자료집 1989).

구술자 강의식 역시 국제시장에서 학생들의 시위를 목격했다. 구술자는 국제시장의 상인들이 누구 하나 불평하지 않고 학생들을 위로하고 음료수를 사 주는 등 학생들에게 동조가 되어서 일체감이 일어났다고 진술했다. 그러한 광경을 목격한 후 구술자는 가슴에서 불 같은 것이 일어나면서 이제는 일어서야 된다고 느꼈다고 했다.

구술자 지경복은 마산 오동동에서 시위대를 만났다. 구술자는 시위대의 구호가 가슴에 와 닿았고 시위대 속에 친구들이 많이 있음을 발견했다. 구술자가 즉각 시위에 가담한 요인의 하나는 친구들과 다른 많은 시민들이 참여했다는 사실이었다.

이처럼 시위대와 시민들, 시위대의 구성원 상호 간에 매우 강한 일체감을 갖고 있었음이 설문조사에서 확인된다. 항쟁 참여자들을 대상으로 다른 참여자들에 대한 일체감을 묻는 문항에 대한 답변에서 상호 일체감은 10점 만점에 평균 7.7의 높은 수준을 보여 주었다.

항쟁에 참여한 자신의 행동에 대한 자부심의 정도를 묻는 문항에서는 10점 만점에 평균 8.0의 강한 자부심을 느끼고 있었다는 답변을 얻을 수 있었다. 즉 항쟁 참여자들이 행동의 정당성에 대한 강한 확신을 가지고 있었음을 보여 준다.

항쟁 과정에서 향후 사태의 전개에 대한 느낌을 묻는 문항에서는 10점 만점에 평균 6.1로 낙관적인 전망을 가졌던 사람이 다소 많았다. 평균 5점 이하로 비관적인 전망을 했던 응답자는 47.2%, 평균 6점 이상으로 낙관적인 전망을 했던 응답자는 52.7%로 비관과 낙관이 섞여 있었지만, 30.1%는 8점 이상의 강한 낙관적 전망을 갖고 있었다.

사태 전개에 대한 비관과 낙관이 비슷한 비율로 나타난 데 반해 일체감과 정당성에 대한 느낌은 매우 강했다는 것은 항쟁 참여자들이 국가의 억압성이 완화될 것이라는 기대보다는 항쟁의 대의에 대한 공감대가 넓었으며, 다수 시민의 참여에 고무되어 참여했음을 보여 준다.

(2) 미시동원맥락

미시동원과정의 분석과 더불어 맥아덤은 미시동원맥락을 중요시 한다. 거시구조와 미시적 정치과정을 연계시키는 매개 개념이 미시 적 동원의 맥락이다. 미시동원맥락(micromobilization context)은 "집 합행동에 필요한 동원을 창출하기 위해서 집합적 비판의식과정이 원초적 조직의 형태와 결합된 소집단 상황"으로 정의된다. 미시동원 맥락의 소집단 상황이 일반적인 소집단과 구별되는 점은 동원에 필 요한 지도자와 구성원, 의사소통망을 갖추고 있으며 사람들이 자신 이 처한 상황에 집합적 행위와 관련된 의미를 부여하는 비판적 의식 (attribution) 과정이 더해진 것이다(정철희 2003: 80). 부마항쟁의 경 우, 항쟁을 촉발하는 역할을 한 미시동원맥락으로서 부산대학교와 경남대학교의 학생운동그룹, 부산의 중부교회 그리고 부산과 마산의 양서협동조합의 역할이 당연히 주목된다(조정관 2008: 24-27). 그러 나 이러한 미시동원맥락을 구성하는 성원들은 모두 대학생, 지식인 혹은 종교인 등 일반 시민과는 구별되는 엘리트층이라고 할 수 있 다. 하지만 항쟁이 성립되는 데 더 중요했던 것은 학생시위에서 당 겨진 불을 시가지에 확산시킨 무정형의 민중이며 그러한 참여가 가 능했던 구조가 무엇인지가 더 중요하다(조정관 2008: 25).

그렇다면 노동자들의 경우, 미시동원맥락이 있었는지 아니면 어 떤 방식으로 항쟁에 참여하였는지를 살펴볼 필요가 있다. 설문조사 에서는 부마항쟁에 누구와 함께 참여하였는지를 질문하였는데, 그 응답으로 '가까운 친구와 함께 참여했다'는 사람이 54.9%로 가장 많았다. 그 다음으로 '혼자서 참여했다'는 사람이 17.6%, '직장 동료와 함께 참여했다'는 사람이 9.8%, '가족 또는 친인척과 함께 참여했다'는 사람이 3.9%, '가까운 이웃들과 함께 참여했다'는 사람은 2.0%로 나타났다. 결과를 보면 혼자서 참여한 사람은 17.6% 정도이며 대부분의 사람들은 누군가와 함께 참여하였다는 것을 알 수 있다. 그런데 항쟁 참여가 가혹한 처벌이라는 결과로 이어질 수 있음을 인지하는 시민들이 동반자로 선택한 제1순위의 사람은 사적으로 신뢰할 수 있는 친구였음을 보여 준다. 이는 항쟁 참여가 대체로 개인적 인맥을 중심으로 이루어졌음을 말해 주는 것이다. 그러나 직장 동료나 가까운 이웃 등도 무시할 수 없는 비중을 보여 준다.

다음으로 항쟁에 함께 참여한 사람 수를 묻는 질문에 대해 1~5명이 63.9%로 가장 많았고, 6~9명이 11.1%, 10명이 5.6%, 15명 이상이 19.4%로 나타났다. 이 응답은 다수의 시민들이 5명 이하의 소그룹으로 움직였지만, 6명 이상의 규모로 움직인 소그룹에 속한 비율이 전체의 1/3 이상이었음을 보여 주고 있다. 특히 10~15명 이상의 소그룹은 상당히 조직적으로 참여하였을 가능성이 크며 이들 중일부는 미시동원맥락에 가까운 구조를 갖고 있었을 가능성도 충분히 추정할 수 있다.

구술자 이병환은 1975년 항만 하역회사에 취업하여 술자리 등을 통해 마음이 통하는 직원들과 소그룹을 형성하였다. 정치적으로 비판적인 이 소그룹의 규모는 부마항쟁 무렵 대략 15명 정도의 규모가 되었다고 한다. 이 그룹은 부마항쟁에도 참여하였으며 그 이후 6월항쟁과 7, 8월 노동자대투쟁에 이르기까지 지속되었다. 구술자가 중심이 된 소그룹은 맥아덤의 미시동원맥락의 초보적 형태에 해당한다고 볼 수 있다. 즉 지도자와 구성원, 의사소통망이 있었고 비판적 의식화의 과정이 있었다. 이러한 소그룹이 상호 연결망을 갖지는 못했지만 도처에 산재해 있었을 것으로 볼 수 있다. 또 구술자의 진술에 의하면 부마항쟁 당시 작업장에서 항운노조 노동자들이 서면에 나가서 데모하려 한다는 얘기를 듣게 된다. 여기 동참하기 위해 구술자는 작업을 서둘러 마치고 서면으로 나갔다. 서면에는 많은 시민들이 모여 있었으나 시위를 목격하지는 못했다. 다만 많은 항운노조 조합원들을 서면 거리에서 만날 수 있었고 그들도 시위를 예상하고 참가하기 위해 모였다는 것을 알 수 있었다. 부마항쟁에서 대규모 작업장의 노동자들이 조직적·집단적으로 참여한 사례는 아직까지 확인된 바가 없다. 그러나 항운노조 조합원들의 서면 집결은 사실로 보인다. 구술자의 기억을 따르면 이날 항운노조원들의 서면 집결은 노조의 공식 집행부가 지시하거나 추동한 것이 아니고, 당시 집행부의 반대파가 은밀히 동원한 것으로 추측한다.[28]

구술자 류동열은 마산 회원동 지역에서 자정이 넘은 시각에 20대 전후의 노동자 수십 명이 소그룹으로 시위에 참여한 사례를 보고하고 있다. 그들은 적극적으로 시위에 참여해 파출소 방화 등 행동에 앞장섰다. 모두 각목으로 무장하고 박수를 치면서 노래를 부르고 구호도 외쳤다. 그들과 잠시 한자리에 모였을 때 구술자가 신마산에서 시위가 끝났으므로 오늘은 그만하고 내일 다시 하자고 말했는데 그들은 잠시 경청하더니 "안 된다. 잡힌 애들을 오늘 구출해야 한다.

---

28) 1979년 10월 18일자의 미 대사관이 본국에 보낸 전문에 의하면 부두노동자들이 부산의 항쟁에 참가하지 않았고 노동자들의 파업과 연결되지 않았다고 주장한다. 그러나 이병환의 구술에 의하면 파업은 없었으나 퇴근 후 부두노동자들이 집단적으로 거리로 집결하였음을 알 수 있다.

내일이면 군대가 들어와서 못 한다"고 하면서 박수치고 노래 부르면서 다시 거리로 달려 나갔다(류동열 구술/1985 박영주). 이 소그룹은 지역이나 직장을 근거로 평소 친밀한 관계를 가진 청년 노동자들의 집단으로 추측된다.

이처럼 구술자 이병환의 그룹처럼 비교적 분명한 미시동원맥락의 형태가 확인되며, 항운노조 조합원들처럼 비공식적 라인을 통한 조직적 동원의 흔적이 보이기도 한다. 또 마산 회원동의 사례처럼 평소의 친분관계를 바탕으로 결속력 있는 행동조직이 바로 형성되기도 하였다.

(3) 지리적 근접성

이은진(2006)은 조직노동자들의 항쟁 참여 요인으로서 지리적 근접성을 들었다. 신분상의 불안을 무릅쓰고 시위에 참여하게 되는 하나의 계기로서 퇴근 버스가 시내에서 막히거나 집으로 걸어가는 도중에 시위대를 만나면서 시위에 참여하는 경우를 말한다. 부마항쟁 당시 마산시내의 교통로는 대부분 한 곳에 집중되어 있었고 따라서 시내에는 시위대 주변을 통과하여 집으로 가는 퇴근 노동자들이 있었다. 따라서 지리적 근접성은 시공간적으로 시위대와 조우하거나 목격할 수 있는 위치에 있기 쉬운 특성을 말한다. 부산의 경우도 퇴근하는 노동자들이 시위대와 조우하면서 참여한 경우가 많았다고 보인다. 물론 시위대를 목격한 것만으로 참여하지는 않고 최소한의 공감이 있어야 하지만 지리적 근접성이 항쟁 참여를 촉진하는 요소인 것은 분명하다. 그렇지만 지리적 근접성의 계기는 조직 노동자에게만 한정할 필요는 없고 모든 계층에게 적용할 수 있는 것으로 보인다.

항쟁 참여의 동기에 대한 설문조사에서 '학생들이 주장이 옳은 것 같아서'(23.5%), '분위기에 휩쓸려서'(11.8%), '진압이 잔혹해서'(5.9%) 등은 다소간 지리적 근접성과 관련이 있는 답변이다.

구술자 김태만은 퇴근을 위해 통근버스를 타고 근무지인 창원에서 집이 있는 마산으로 들어오다가 시위로 인해 길이 막혀 버렸다. 경찰은 통근버스를 통과시키지 않았다. 그래서 승객들은 내려서 걸어갈 수밖에 없었다. 그러자 자연스럽게 시위에 합류하게 되었다. 친구 두 사람과 같이 학생들과 어울려 투석도 하고 공화당사 습격 현장도 올라가 보고 경찰이 잡으러 오면 달아나고 하면서 3~4시간 시위 현장을 돌아다니다가 11시 넘어 집으로 왔다고 진술하고 있다.

(4) 사회적 관계의 망

이은진은 조직노동자들의 또 다른 항쟁 참여 요인으로서 사회적 관계망과 거리의 도덕적 감시망 혹은 거리에서의 도덕적·사회적 관계의 압력을 들었다. 사회적 관계의 망은 시내에서 다른 사람들과 만남으로써 사회적 관계를 통해 상호 도덕성에 얽매이게 된다는 것이다. 즉 친구나 지인 등과 함께 함으로써 대의를 저버릴 수 없는 사회적·도덕적 압력에 의해 항쟁에 참여하게 된다는 것이다. 이에 비해 거리의 도덕적 감시망 혹은 거리에서의 도덕적·사회적 관계의 압력은 거리에서 자신을 인지하는 사회적 관계를 맺고 있는 사람들은 없으나, 즉석에서 맺어진 거리에서의 상호 감시망은 시위에서 철회할 수 있는 조건을 만들어 주지 않았다는 것이다. 거리에서 만난 익명의 시위자들과 거리의 보행자들은 즉석에서 상호 도덕성이 형성되었고 이것이 시위에 참가하게 된 계기가 된다는 것이다(이은진

2006). 다시 말해 사회적 관계망은 비익명적 관계이며, 거리의 도덕적 감시망은 익명적 관계라는 차이가 있지만 이 두 가지 관계는 하나의 개념으로 통합해도 좋을 것이다.

이는 집합행동에서 참여자에게는 사회적 연대망에서의 인정이라는 보상을, 불참자에게는 사회적 공동체적 연대망에서의 탈락이라는 처벌을 가함으로써 참여를 유도한다는 것이다. 참여의 사회적 유인은 위세, 존경과 우정에 대한 욕구와 집단 따돌림에 대한 공포를 포함한다. 특히 마산 같은 작은 지역을 중심으로 밀집되어 인적 교류를 맺고 있는 주민들에게는 이웃에 대한 도덕적 책임감이 크게 작용한다. 이러한 사회적 영향력은 특히 같은 계급에 속해 있거나, 나이가 비슷하거나, 지리적으로 근접해 있을 때 더욱 강하게 작용한다 (이은진 2004: 193-194).

마산항쟁에 가담한 참여자의 신문조서에 의하면 한 남자 회사원은 거리에서 마주친 데모대원이 "왜 데모에 가담하지 않느냐?"고 말해서 호기심에 가담하게 되었다고 진술하고 있다. 또 다른 참가자는 "다른 사람이 와 하면서 돌멩이와 병을 던지고 하길래 기분에 나도 그랬다."고 진술했다. 그 밖에 데모 가담의 동기를 군중과 만나게 되어 어쩔 수 없었다거나, 겁이 나서 휩쓸렸다고 하는 진술은 그 진위와 관계없이 현실적으로 존재하는 사회적 압력을 반영하는 것이다. 이은진이 지적한 대로 상대적으로 자유노동자계층과 같이 잃을 것이 적은 계층은 거리에서 부딪히는 익명의 시위자들과 도덕성과 연대를 쉽게 형성하는 경향이 있는 것으로 분석된다. 따라서 이들은 늦은 밤에 지식인 집단이 시위에서 사라져 버린 시각에 거리의 시위의 흐름을 결정하고 구호와 노래를 통해 시위대의 흐름을 만들어 나갔으며, 어둠의 익명성을 통해 가장 자유로운 행동을 하면서 파괴적인 해방의 행동을 드러낸 층으로 평가할 수 있다(이은진 2006).

이러한 사회적 관계의 망은 개인이 도덕적·사회적 압력을 받는 기제이기도 하지만 동시에 개인이 사회적 관계망에 의해 사회적 인정 이상의 보호를 받게 되는 기제이기도 하다는 점을 확인해 둘 필요가 있다. 이러한 관계는 통상 '의리(義理)'라는 말로 표현된다. 구술자 류동열은 마산 항쟁에서 경찰에 체포된 동료들을 구출하기 위해 늦은 밤에도 끝까지 싸우려는 노동자들의 모습을 증언해 준다. 이것은 무엇보다 동료에 대한 의리 때문이다. 최정운(1999: 206-207)은 5·18항쟁의 참가자들은 동료와 투쟁에 대한 '의리'와 가족에 대한 의무 사이의 갈등을 피할 수 없었으며, 가족이 없이 자신의 몸뚱이와 친구관계에 전적으로 의지해서 사는 기층민 시민군들은 '의리 하나는 끝내주는' 수밖에 없었고 끝까지 시민군으로 남아 있으려 했다고 썼다.

(5) 집단적 망탈리테의 형성

위의 사회적 관계망, 특히 익명적 사회적 관계망이 쉽게 형성되는 것은 집단적 망탈리테가 이미 형성돼 있기 때문에 가능한 것이다. 망탈리테는 일차적으로 일상생활의 조건들에 대한 범인들의 태도를, 나아가서는 역사적 행위자들의 집합적인 의식과 사고를 고찰함을 통하여 드러나는 한 시대 혹은 한 역사적 국면의 집단심리라 할 수 있을 것이다. 한 사회구성체를 경제·정치·문화(이데올로기)라는 세 층위의 분절－접합체로 파악할 수가 있다면 이데올로기 층위에 대한 탐색 또한 소홀히 할 수 없는 것인바, 그중에서도 인간 주체의 심리 복합의 심층부를 망탈리테라 이름 짓고 그 부위에 대한 역사적 탐구를 떠맡은 것이 망탈리테사라고 한다(김영범 1991: 261). 정근식은 집단적 망탈리테를 특정집단의 일상생활 밑바탕에 깔려 있는 심층적 심리구조를 의미하는 것으로 첫째, 특정 방식으로 범주화된 집단의 역사적 경험 속에서, 둘째, 상호작용하는 지역이나 집단들에 대한 반응으로서, 셋째, 상호작용과정에서 자신을 보다 정당화하고 집단적 이해를 크게 하려는 일련의 전략 속에서 형성된다고 보며 그 것은 집단적 의식과 활동이 고조되는 축제의 시기나 선거의 시기에 잘 드러난다고 한다(정근식 1997: 164).

부마항쟁 당시 부산의 시민들은 어떤 집단적 망탈리테를 가지고 있었는가를 간단히 살펴보기로 한다.

부산의 경우, 시민들의 집단적 망탈리테를 규정한 변수는 1960년대 이래 지속적으로 진행된 수도권과의 격차, 1970년대 중화학공업화의 흐름에서의 소외와 그로 인한 경제적 격차의 확대, 지역패권주의적 TK(대구경북)세력에 의한 정치적 소외 등이다. 부산시민들의 준거집단은 서울이었으며 경제적으로 부산과 서울의 격차는 갈수록 심화되었고 특히 1970년대 중화학공업화에서 소외되면서 부산의 각종 경제지표는 전국 평균 이하로 추락하였다. 이런 상황에서 세계적 불황을 계기로 표면화된 중화학공업의 과잉, 중복투자로 인한 경제위기는 유신체제의 정당성에 심각한 의문을 제기하도록 했다. 1979년 부산의 부도율은 전국의 2.4배, 서울의 3배에 달하였고 수출증가율은 10.2%로 전국 평균 증가율 18.4%에 훨씬 못 미쳐 수출에 의존하던 부산경제는 심각한 타격을 받았다(부산민주운동사편찬위원회 1998: 393). 부산이 가졌던 제2도시로서의 상징적 위세도 부산을 지방도시 중의 하나로 취급하는 서울의 정책결정권자들에 의해 추락하고 점차 서울의 내부 식민지로 전락하는 좌절감을 느끼게 된다(박재환/일상성·일상생활연구회 2004: 61-62). 정치적으로는 장기집권에 따른 염증과 박 정권의 횡포에 대한 반감이 점증하였다. 1978년 12월의 총선거는 박 정권에 대한 부산시민의 반감을 그대로 드러내었다. 총 유효 투표수 가운데 공화당 29.8%, 신민당 39.6%, 통일당 12.4%, 무소속 18.2%로 70% 이상의 시민들이 야당과 무소속에 투표했다. 부마항쟁에 참여 혹은 목격한 시민들이 당시 유신체제를 어떻게 인식하고 있었는지를 설문조사를 통해 보면 유신체제하의 정치사회적 상황에 대해 '아주 억압적이었다'(27.1%)와 '다소 억압적이었다'(54.4%)를 포함하여 억압적이라는 평가가 81.5%로 압도적이다. 이 비율은 억압의 법적 체계인 유신헌법과 긴급조치에 대한 평가에서 부정적으로 평가한 비율(58.8%)보다 훨씬 많다. 체제의 억압성은 제도적 법적 억압 장치뿐 아니라 다양한 기제를 통해 발현되기 때문에 정치에 무관심한 대중조차 그것을 인지하기 어렵지 않기 때문이다. 철저한 언론 통제와 지배이데올로기의 공세 때문에 정치적 갈등이 은폐되었지만 대다수는 일상적 억압을 인지하고 있었다. 반면 '자유로왔다'는 평가는 2.9%에 그쳤다. 이러한 상황에서 신민당의 지도부 교체가 이루어져 부산·경남지역에 정치적 기반을 갖고 정권교체를 공개적으로 언명한 김영삼 총재의 등장은 부산시민들에게 새로운 대안으로 떠올랐다. 그러나 유신정권은 체제에 대한 도전을 용납할 수 없었기 때문에 갖가지 정치공작을 통해 김영삼 총재를 끝내 국회에서 제명시켰다. 김영삼의 제명은 명맥이나마 유지해 오던 '선출'을 통한 정통성에 기반을 둔 제도권 정치게임에서의 이탈을 의미하는 것이었다(조정관 2008: 24). 김영삼 총재의 선출에서 국회제명까지 불과 4개월간, 박 정권은 6월의 상이군경들의 마포당사 난입사태, 8월의 YH무역 여공들의 신민당사 농성과 강제 해산사태, 그 직후의 신민당총재단에 대한 직무집행정지 가처분신청, 9월의 김 총재의 뉴욕타임즈 기자회견을 빌미로 한 의원직 제명, 그리고 그에 항의한 신민당 의원 전원의 총사퇴와 이에 대한 여당의 선별수리론에 이르기까지 무자비하고 비열한 수단을 총동원하여 야당을 탄압했다. 이러한 일련의 과정은 긴급조치 9호에 의해 은폐되었던 학생이나 재야세력의 민주화운동과 달리 언론 보도를 통해 자세히 알려졌다. 당시 김영삼은 야당 총재로 언론에 실명과 사진, 동향이 대중들의 시선에 나올 수 있는 '합법적 지위'를 가진 인사였다. 더 많은 탄압과 감시를 받던 이름과 얼굴이 없는 '재야'인사들이 많았지만 대중적 시민저항은 대중들의 시선이 항상 닿는 곳에서 가능하다(정근식 2000: 261). 부산시민들은 야당과 유신체제의 대립을 민주－독재의 대립일 뿐 아니라 선－악, 정의－불의의 대립으로 받아들였다. 이는 학생이나 야당의 프레임(frame)이었는데 권선징악(勸善懲惡)의 전통에 의해 저항의 정당성을 강화하는 효과가 있었다고 볼 수 있다.

집단적 망탈리테의 중요한 요소로서 저항의 전통에 대한 기억이 있다. 마산은 4월혁명의 기폭제 역할을 한 3·15의거가 있었던 도시였으며, 부산은 4월혁명에서 지방에서는 가장 많은 19명의 사망자를 내었던 도시였다. 부마항쟁에 참여한 많은 사람들이 3·15와 4월혁명의 기억을 떠올리는 것은 자연스러운 것이었다.[29] 마산에서

---

29) 정유경은 마산이 3·15의 기억을 시민동원에 활용했다는 점에서 부산과 달랐다고 했다. 그러나 부산에서도 4·19의 기억을 불러온 점에서 크게 다르지 않다. 1978년 4월

학생들은 저항의 상징인 3·15의거탑을 중심으로 집결한다. 3·15 마산의거에 참가했던 한 시민은 시위의 전개양상을 보고는 "자유당 정권이 무너지던 그때가 번개같이 떠올랐다"고 했다(박영주 1985: 161). 마산으로 불티가 튀었다는 소식이 서울의 권력 핵심에 전해졌을 때, 그것은 단순한 충격이 아닌 불길한 징조로 받아들여졌다. 당시 청와대 비서실장 보좌관이었던 권숙정은 "마산이란 지명이 마음에 걸렸다"고 했다. 4월혁명이라는 대폭발의 기폭제 역할을 했던 것이 마산 3·15의거였기 때문이다(조갑제b 1987: 69).

(6) 술의 효과

이은진(2006)은 주변 노동자층의 항쟁 참여 요인으로서 술의 효과를 들었다. 주변 노동자층의 참여 계기로서 밤늦은 시각에 시내에서 사회적 만남을 가지고 술을 마신 경우가 많다. 마산의 노동자층은 경찰이나 검찰의 신문에서 '술기운에 휩싸'여 시위에 참여하였다는 진술이 많이 나온다. 이러한 진술 가운데는 자신의 행동을 변명하기 위해 술을 핑계 삼는 경우도 없지 않겠지만 실제로 술의 힘을 빌려 처벌의 공포감을 극복하거나 혹은 집합행동을 위한 용기를 얻는 사례가 많았던 것으로 보인다.

뿐만 아니라 노동자들에게 있어 술은 단순한 기호품만은 아니다. 공장제 공업이 발달하기 이전의 농경사회의 노동이나, 수공업단계의 노동에서는 작업장이 그대로 휴식의 장소이어서 작업 도중에 음주가 행해졌다. 그러나 공장제의 발달에 따라 작업장에 규율과 질서가

부산대학생들의 4·19선언문 배포사건은 4·19의 기억이 학생운동에 미친 영향을 보여 주는 사례이다(정유경 2008: 36).

도입되면서 노동과 여가가 뚜렷하게 분리되었다. 노동현장에서 축출된 술은 먼저 공장 주변의 선술집에 자리 잡는다. 서구의 19세기 후반과 20세기 초반 노동자들의 가장 인기 있는 여가활동의 '제도'는 술집이었다(박재환 1999: 5-34). 프랑스나 독일의 노동운동 초기에 대부분의 노동자 집회가 술집에서 이루어졌고, 대부분의 지역 조직 담당자가 여인숙이나 술집 주인이었다. 노동자 술집에서는 노동자들 사이의 인적 유대감만 형성된 것이 아니라 정치토론이 벌어졌다. 특히 지하 술집에서 벌어지는 노동자 노래 부르기 운동이나 노동자 합창공연은 그들 사이의 인적 유대감과 자신들의 정치적 단결력을 강화시키는 어떤 것이었다(정현백 1991: 429). 개발연대의 한국의 경우도 마찬가지였다. 술은 개인의 기호품에 그치는 것이 아니라 사회적 교류의 상징이다. 그것은 술이 단순한 음식에 불과한 것이 아니라 구성원 전체가 하나로 통합되고 유지되는 커뮤니케이션의 상징적 존재이기 때문이다. 술과 음주는 커뮤니케이션의 가장 오래된 매체인 동시에 그 자체가 강력한 형식의 커뮤니케이션이며 의례인 것이다. 술에 의한 커뮤니케이션은 합리적 논증과 설득에 근거한 이해보다 전인격적이고 심층적이다. 그것은 이성의 통제 아래 있으면서도 끊임없이 이성의 작동에 영향을 미치는 감성의 교류이기 때문이다(박재환 1999: 5-34). 술은 이성을 마비시키고 인간의 내면에 숨겨진 본능과 광기를 드러냄으로써 심약한 사람들을 강한 기질을 가진 사람으로 변화시킨다. 이 강한 기질은 사람들로 하여금 평소에는 넘을 수 없는 금기의 선을 과감하게 넘도록 충동질한다(김상우 120). 술은 예기치 못한 사건의 발생으로 일상의 삶이 흔들릴 때 효력을 발휘한다. 일상을 뛰어넘는 '계기'는 적나라한 사건으로 발생하기도

하고 정해진 제의와 축제의 형식으로 다가오기도 한다. 일상의 궤도를 뒤흔들어 놓는 적나라한 사건은 보통 그 자체의 충격 때문에 개인이나 집단에게 정향감을 상실하게 한다. 그리고 그 속의 당사자들은 이러한 충격을 완화하기 위한 각종의 장치를 개인이나 집단 차원에서 창안한다. 술과 음주는 이러한 충격 완화를 위한 가장 일반적인 수단이라 할 수 있다(박재환 1999: 36-37).

부마항쟁 참여 노동자들에게 술은 어떻게 작용했는지 살펴보자.

구술자 곽동효는 10월 18일 저녁에 일을 마치고 시위 현장에 가기 전에 친구와 함께 부산 자갈치 회센터에 가서 소주와 회를 먹었다. 처음부터 시위를 할 목적이 아니라 궁금해서 갔지만 시위현장에 가는 데는 술기운이 필요했을 수도 있다.

구술자 류동열은 마산 창동에서 시위가 한창일 때 그 주변의 포장마차나 술집에서 젊은이들이 술을 마시거나 국수 등을 먹으며 구경했던 광경을 전하고 있다. 술 마시면서 시위 장면을 구경하던 청년들 중 다수가 시위대에 가담했던 것으로 보인다.

윤병률(17세)은 기분 나쁜 일이 있어 한잔 먹었다. 마산 산호동 육교 부근 '쉬어 가는 집'이란 술집에서 술을 한잔하고 있는데 우우~ 하는 소리가 들려 뛰어 나가 보니 데모 군중이 있기에 가담하였다 (이은진 2008a: 224).

뿐만 아니라 술을 마시기 위해 모이는 공간인 술집은 사회적 정보 교류의 장이며 여론 형성의 장으로 기능했다.

박철한(2001: 36-40)에 의하면 탄광 노동자들에게 선술집은 어용노조를 대신하여 서로의 문제를 고민하고, 어용노조를 욕하고, 노동계급의 농밀한 의식을 공유하고 연대성을 만끽하는 장소였다. 선술집은 광부와 술이 만남으로써 특유의 떠들썩한 분위기와 지배계급에 대한 일상적 저항의 정치가 이루어지고 이는 작업장의 저항으로 이어졌다.

1980년 4월 사북항쟁 당시 국가와 언론은 사북항쟁을 '술 취한 광부들의 난동'으로 표현했는데 선술집의 본질은 광부들에게 누구도 침해할 수 없는 일상생활이었다. 지옥 같은 막장에서 방금 올라온 광부의 휴식처, 복지시설과 같은 것이 바로 탄광지역의 선술집이었다. 이 선술집을 통해 사북항쟁의 주체들은 저항을 활성화할 수 있었고 적대세력에 대한 폭력적 응징을 폭발시켰다. 톰슨의 저작 『영국 노동계급의 형성』에서도 선술집은 풍부한 정치공간 맥락으로, 노동계급의 살아 있는 정치현장으로 예시되고 있다.

이은진(2008a: 85-86)은 마산에 1970년대 말부터 간이주점이 늘어나는 것을 주목한다. 술의 소비량은 일반적으로 사회적인 어려움이 개인적인 어려움으로 바뀌고, 이를 해결하기 어려운 상황이 발생할 때 소비가 늘어난다. 특히 개인의 능력을 벗어난 사회적 사건이 발생하였을 때 예를 들면, 전쟁, 국가의 압제와 같은 감히 저항할 수 없는 상황에서 개인들의 호기를 발휘하거나 정신을 잃은 상태를 만들어서 위기를 모면하거나 회피하기 위해 술을 소비하게 된다고 본다. 정치적인 논란도 술집에서 가장 많이 이루어지는데 이성적인 토론이 자리 잡기 어려운 1970년대의 마산 지역의 정치적 상황은 술집에서 정치적 토론이 은유적으로 많이 이루어졌을 것으로 추정한다. 따라서 마산에서 다방과 간이술집은 정치적 정보가 교환되고 공유되고 새로운 해석이 가해지는 장소였다고 보았다.

부산의 경우도 마찬가지로 술집이 그런 기능을 했던 것으로 보인다. 구술자 이병환은 직장 동료들과의 모임을 주로 술집에서 가졌다. 부마항쟁 전에 구술자는 부평동 수육집에서 직장 동료들과 어울려 술을 마시며 정치토론을 하다가 옆자리의 손님들과 정치적 문제로 시비가 붙었던 사례를 전하고 있다.

부마항쟁이 일어났을 때 시민들이 정보를 전달하고 토론했던 장소도 주로 술집이었다. 구술자 정원섭은 1979년 10월 17일 부산 온천장 부근의 술집 분위기에 대해 다음과 같이 진술하였다. 구술자가 술집에서 술을 마시는데 주변의 시민들이 모두 흥분하여 부산의 학생들이 꼭 해야 할 일을 했다, 오히려 늦었다, 부산 학생들이 일어났으니 박정희도 끝장이다, 대한민국도 부산이 지키고 독재도 부산에서 끝낸다는 등의 얘기를 했다. 손님들은 40대의 온천객이 많았으며 구술자는 기분이 좋아 술값을 대납하기도 했다고 한다.

추송례는 1979년 10월 17일자의 일기에서 다음과 같이 술집의 분위기를 기록했다.

> 7시가 조금 못 되어서 퇴근을 했더니 ○○ 씨가 총각 한 사람과 함께 오셨다. 그래서 분위기도 살펴볼 겸 포장집에서부터 여러 술집을 옮기면서 그들의 화제에 귀를 기울였다. 정말 온 시민이 이처럼 열광적으로 그 어떤 것을 갈망하고 있음을 한눈에 알 수 있었다. 그 술집에서 듣고 알았지만 부산진역 앞에서 또 일어났단다. 온 시민과 합세하여 KBS 방송국, 경찰서, 파출소 할 것 없이 쑥밭을 만들었다. 아─정말 오랜만에 정말 오랜만에 이런 분위기를 잡을 수 있었던 것 같다. 이젠 무─드는 완전히 잡혔나 보다.

이처럼 술집에서 서로 모르는 사람들이 어울려 열띤 분위기를 만들어 내고 이런 분위기는 작업장까지 이어진다. 추송례는 같은 날의 일기에서 다음과 같이 기록하고 있다.

> 다른 때보다 출근을 좀 일찍 서둘러 갔다. 어제 있었던 학생 데모
> 건이 노동자들에겐 어떤 반응을 보이고 있는지 궁금해서다. 그런데
> 정말 너무나 분위기는 고조되어져 있음을 그들과 몇 마디 얘기에
> 서 알아차릴 수 있었다. 변소에서… 식당에서… 일하는 작업 중에…
> 모두들 오늘 화제가 어제 있었던 일에 대한 토론이요 다친 학생들
> 에 대한 진정한 근심들이었다. 나도 오늘 열을 올려 왜 그런 일이
> 일어나고 있으며 그들이 원하는 것이 우리 민중의 갈망임을 목이
> 쉬도록 떠들었다.

(7) **유언비어**(流言蜚語)

노동자뿐 아니라 시민들의 항쟁 참여에 영향을 미친 중요한 요소
의 하나는 이른바 유언비어이다. 유언비어는 비정상적인 커뮤니케이
션이다. 그러나 비정상적인 것을 낳는 것은 비정상적인 사회이다.
일반 민중과 지배집단의 이해관계는 같지 않기 때문에 민중은 지배
집단의 이익을 대변하는 공식보도를 그대로 받아들이지 않는다. 결
국 유언비어는 지배집단의 공식보도에 대항하는 민중의 자구적(自
救的) 보도이다. 정부를 신뢰하지 않는 경우에는 아무리 사전에 진
상을 발표해도 사람들이 발표대로 믿지 않는다. 김대중 씨 납치사건,
10·26정변, 12·12사태, 그리고 광주항쟁의 진상 발표 때 한국민
들은 이를 체험한 바 있다(김효성 1989: 133-137). 유신체제하의 긴
급조치 9호는 그 자체가 정상적 커뮤니케이션을 봉쇄함으로써 유언
비어를 생산하는 기제였다. 부마항쟁에서도 유언비어가 나돌았는데
가장 쟁점이 되었던 것은 사망자가 발생했다는 소문이었다. 일본에서
발간된 한 책자에는 이와 관련하여 다음과 같은 기록이 나온다.

"적어도 5, 6명은 죽었다는 소문이 돌고 있는데 확인되지 않고 있다. 한 여학생의 행방이 알려지지 않아 탄원서에 서명을 받고 있다고 한다. 대량의 사망자가 발생했다는 소문도 있다. 경찰이 대단히 강력한 최루가스를 사용하여 많은 사상자를 나게 했다고 말하는 사람도 있다. 정보부 측은 두세 시간 의식불명이 되는 최루가스를 사용하여 많은 사람들이 의식불명인 채로 차에 실어 연행했는데 시간이 지난 후 모두 의식이 돌아왔다고 주장했다. 정말 많은 사람들이 죽었기 때문에 이제 와서 이런 말들이 들려오는 것이 아닐까 하는 생각이 든다."(암파 편집부 편 1987: 169).

손점용(1994: 27-37)은 부마항쟁 당시 세간에는 10·16부마사태로 사망자가 몇 사람이더라는 소문이 끈질기게 나돌자 법무부 장관이 기자회견을 열어 사망자는 없었다며 공식적인 해명을 할 만큼 사람들은 보도가 통제된 신문, 방송을 믿지 못했다고 당시의 분위기를 전하고 있다. 당시에 어느 (주한)미국기관장이 신문에는 보도되지 않았지만 16일, 17일 데모에서 남학생 3명, 여학생 2명이 사망했다는데 알고 있는지 물었다. 또 부산을 방문한 미국 국무부 한국과장 역시 학생들이 희생되었다는 게 사실인지 물었다. 손점용이 시 경찰국에 알아보았더니 민간인 부상자 6명뿐이라고 답변했는데 그래도 정부에 반대하는 인사들로부터 그런 제보가 들어오고 있다고 말했다. 한국과장은 반신반의했고 동석한 도쿄지국에서 온 미국 두 신문의 특파원들도 질문을 했다. 그들은 기사에 수명의 학생이 사망했다는 설이 있으나 확인되지 않았다고 썼다가 손점용의 말을 듣고 그 대목을 삭제했다고 한다. 이 무렵 부산시장은 긴급조회를 소집, 사망자가 없다는 시장의 말을 시민들이 안 믿으니 사임한다고 말했다고 한다. 이처럼 사망자 발생설은 끈질기게 나돌았을 뿐 아니라 많은 시민들이 이를 사실로 믿었다는 것은 그만큼 부마항쟁의 격렬성, 진압의 폭력성을 웅변하는 것이다. 허진수는 10월 18일 오전에 중부교회에 있다가 서울로부터 "사람이 죽었다는 소식을 들었는데 어떻게 되었는가?"라는 질문이 많았고 또 엠네스티에서 확인해 보라는 요청이 있어 시내로 나가 확인 작업을 했다. 소문의 진원지를 찾아보기도 했고 '영주동 사람이 죽었다'는 말이 있어 영주동 산길을 헤매며 집집이 찾아보기도 했으나 결국 확인하지 못했다(허진수 증언, 『자료집』1999). 부마항쟁에서 공식적 사망자는 확인되지 않았지만 항쟁으로 인한 것으로 추정되는 사망자는 마산에서 발생하였다. 그러므로 사망자 발생설이 전혀 잘못된 것은 아니다. 그런데 사망자 발생설의 근거에 대해서는 몇 가지 증언들이 있다.

구술자 정원섭은 부산대학교 부근에서 과일도매상을 하던 중 1979년 10월 16일 부산대학생들이 전투경찰과 투석전을 하는 광경을 목격했다. 투석전 중 학생 2명이 돌에 맞아 쓰러졌는데 사망했다는 소문이 났다. 이를 전해 들은 구술자(당시 통일사회당 당원)는 서울에 있던 통일사회당 당수 김철에게 전화로 학생이 사망했다고 알렸으며 이 소식은 일본 언론을 통해 보도되었다고 한다. 그리고 정원섭은 그로 인해 경찰에 연행되어 혹독한 신문을 받았다고 한다(정원섭 구술, 차성환 면담 2007). 한편 조갑제(1987b: 53)는 사망자 발생설에 대해 다음과 같이 말한다. 계엄군 소속의 탱크 한 대가 부산 양정동 큰 길에서 교통사고를 만났다. 택시 한 대가 탱크를 앞질러 가려다가 옆구리를 부딪쳤다. 운전사를 포함, 택시 승차자 3명이 다쳤다. 택시 운전기사의 과실이었다. 이 사고는 계엄군이 탱크로 데모 군중을 깔아 죽였다는 루머로 발전하게 된다. 즉 이 사고의 현장을 취재했던 조갑제가 얼마 후 서울로 올라와 이 사고가 루머로 변한 것을 알았다. 서울에 있는 일본 공동통신의 조양욱 기자가 신민당 총재단의 어느 비서가 "부산에서 여자 1명, 남자 2명이 죽었다"고 해서 3명 사망설을 기사로 타전, 일본에서 보도되었으나 문공부의 항의로 재확인해 보니 확인되지 않아 기사를 취소했다는 것이다. 구술자 곽동효도 당시에 서면 부근에 택시기사들이 모여서 "이번에 잘못하면 학생들이 많이 죽겠다. (학생들을) 탱크로 밀어 붙인다더라" 등의 소문이 꼬리를 물어 걱정을 했다고 진술하였다(박동혁 구술, 차성환 면담 2006). 이렇게 사망설이 번져 가자 부산시는 각 구청과 공무원들에게 유언비어를 단속할 것을 지시했다(손점용 1994: 44-46).[30]

마산에서도 사망자가 발생했다는 소문이 나돌았다. 한 참가자는 시위 중 시민극장으로 저녁 11시경에 와 보니 또다시 많은 시위대들이 모여서 경찰과 접전하고 있는 가운데 총에 맞아 죽은 사람이 발생했다는 소문들이 나돌기도 했다고 증언하고 있다(이학룡 증언, 『자료집』1989).

목공 이부길은 항쟁이 종결된 10월 22일 하오 1시 30분경 마산시 장군동의 한 음식점에서 "부산에서 데모로 사람이 2명 죽었다고 하더라. 이번 예비고사를 기해 다시 데모를 한다더라"고 말하여 소요

---

30) 당시 부산시 동구청 부구청장 손점용은 행정자문위원회의에서 다음과 같은 발언을 했다. "지금도 항간에 학생 3명이 맞아 죽고 2명이 자살했다는 유언비어가 나돌고 있어서 시청은 부상자 명부를 공개했는데 아직 시민들은 그것을 믿지 못하는 모양이며, 사태의 배후에는 나라를 엎어 버리려는 불순분자들이 유언비어를 조작하여 흘리는 것 같습니다. 앞으로 일부 고등학생들도 데모에 나설 것이라는 정보도 있습니다."(손점용 1994: 44-46)

와 유언비어 유포 혐의로 체포되어 구속되었다(군법회의재판기록—
부마사건 제36-2호 1980: 650-652).

또 다른 유언비어는 전라도 군인 투입설이다. 부마항쟁 당시 전라
도 군인들이 투입되어 폭력 진압에 동원되었다는 이야기가 시중에
퍼졌다. 5·18항쟁 당시 경상도 군인들이 광주에 투입되어 학살을
했다는 루머와 같은 유형이었다(조갑제 1987b: 65).

시위대의 정체와 관련한 유언비어들도 보고되어 있다.

『자료집』에는 "서울서 유격대라고 불리는 일부 불순세력이 내부
(來釜)하여 선동하고 있다는 여론도 있음(관제여론인지는 확인 불
가). 이들은 50~60명씩 떼 지어 몰려다니며 인적이 드물고 한적한
곳을 골라 닥치는 대로 부수고 도망간다 함"(『자료집』1989: 37) "마
산 기자의 취재 자료에 의하면 10월 19일 하오 8시 30분 진주 경상
대학생들이 기차로 마산으로 오고 있다는 정보가 입수되었으나 정
보 분석 결과 유언비어로 밝혀졌다고 기록돼 있음"(『자료집』1989:
59) "오전 10시 16분 대구서 대학생이 다수 마산으로 와서 데모에
가담할 것이라는 제보가 있었다고 기록됨"(『자료집』1989: 63) 등이
보고되어 있다.

유언비어는 아니지만 부마항쟁에서 가장 고의적이고 악질적인 거
짓말은 마산경찰서장이 발표한 사제 총(私製銃)에 관한 것이다. 10
월 20일 오후 5시 최창림 마산경찰서장은 기자회견을 열어 18일 밤
10시 마산시 황금동 골목에서 불순분자가 총기를 발사, 도주하였으
며 이 총기는 사정거리 50m로 인명살상용으로 사용할 수 있으며 소
요가담자를 배후에서 살상하여 발포 책임을 당국에 전가하기 위한
배후 불순세력의 소행으로 추정한다고 발표했다. 그러나 현장에 있

던 전경대원이나 시위대는 총소리를 듣지 못했고 총기도 보지 못했다고 증언했으며, 기자회견에서 나온 질문에 대해 서장은 답변을 회피했다(박영주 1985: 164-165). 이후에도 사제 총에 대한 이야기는 다시 나타나지 않은 점으로 볼 때 이것은 의도된 허위선전으로 보인다.

(8) 과잉진압

틸리(Charles Tilly 1995: 238-239)는 집합행동이 집단폭력으로 전화하는 중요한 매개로서 경찰이나 억압자의 폭력을 든다. 즉 근대 유럽의 경험에서 억압적인 힘은 그 자체가 집단폭력의 가장 확고한 창시자이며 수행자이다. 진압의 대상이 되는 집단들은 대부분 물건에 손상만을 입히는 반면에, 억압세력들은 대개 살상을 맡게 된다. 이 같은 노동의 분화는 다음과 같은 원인들의 결과이다. 첫째, 무기나 군사훈련에 있어서 억압세력들이 통상 우위를 차지하기 때문이다. 둘째, 시위나 파업의 참가자 그리고 다른 집단폭력에 빈번하게 참가하는 사람들의 일반적인 전술이라는 것이 정부가 부과한 규칙과 금지사항들을 상징적인 의미에서 위반하는 정도에 그치기 때문이다. 셋째, 시위 참가자들은 비합법적이기는 하지만 비폭력적인 행동을 수행한다. 반면에 억압세력들은 수단 방법을 가리지 않고 그들을 저지하라는 명령을 하달받으며, 그러한 수단은 대개가 폭력을 수반하기 때문이다.

시위에 대한 경찰이나 군의 과잉진압은 유신체제의 성격상 거의 필연적인 것이라고 할 수 있다. 유신체제는 모든 저항에 대해 강경대응으로 일관했고 그 강도를 점차 높여 가서 긴급조치 9호를 선포한다. 긴급조치 9호는 문자 그대로 긴급 상황에 대한 일시적 조치가 아니라 상시적 조치라는 점에서 이전의 조치들과는 달랐다. 긴급 상황이 일상화한 가운데 탄압의 강경 기조는 유지·강화되어 갔다. 탄압에 다소나마 제동을 걸었던 것은 인권문제의 개선을 요구한 카터 행정부의 압력이었다. 그러나 유신체제는 카터 행정부의 요구를 일부 수용하면서도 탄압의 강도를 늦추지는 않았다. 1970년대 후반 학생운동의 일선에 있던 활동가들은 중앙정보부의 태도에 변화가 있음을 감지했다는 증언이 있다.[31] 그럼에도 불구하고 대중에게 유신체제는 여전히 저항운동에 대해 가차 없이 탄압하는 강력한 국가였다.[32] 부마항쟁이 발발하자 유신체제는 강경 진압에 나섰다. 조갑제(1987b: 16)는 부산봉기를 역사적 사건으로 만든 것은 학생도 시민도 아닌 정부의 과잉반응이었다고 평가했다. 유신체제의 경직된 논리는 그런 과잉반응을 부르지 않을 수 없었다는 것이다. 유신체제를 비판하는 낙서를 했다고 학생들을 잡아 가둔 박 정권은 부산봉기에 대해 그에 걸맞은 조치를 취하지 않을 수 없는 행동논리의 지배 밑에 있었다는 것이다.

유신 이후 경찰의 진압 전술은 초동진압이 원칙이었다. 초동진압은 시위 발생 후 최초의 5분에 성패가 달려 있다. 그런데 100명 남짓한 사복형사들이 교내에 깔려 있었는데도 부산대학교 시위에 대

---

31) 유신체제 붕괴를 위한 방법론으로서 시위의 효과에 대해 당시 학생운동가의 한 사람은 다음과 같이 설명한다. "데모로 체제를 전복시킬 수 없다는 것은 우리도 알고 있다. 우리가 의도한 것은 통치체제 내부의 분열이었다. 우리의 논리는 단순 명쾌했다. 비수를 박정희의 목에 겨누는 것이다. 이것이 학생운동에 대한 우리의 인식이었다." 김수천에 따르면 1978년 들어서는 중정 등의 내부 이반 조짐이 느껴졌고 경찰 수사관 사이에서도 학생들의 선한 뜻을 이해하는 분위기가 조금씩 감지됐다. 통치체제를 떠받치는 하부가 뭔가 두려워하고 느슨해지는 느낌이었다(신동호 2007: 164-165).

32) 강경탄압에 대해 집권자가 지나쳤다고 생각했던 것은 김영삼 총재 제명 직후였다고 한다. 여러 증언에 의하면 박정희 대통령은 지나친 탄압을 후회하고 타협을 시도했다고 한다(강성재, 1987: 321-347).

해 경찰은 최초의 5분간 아무것도 하지 못했다. 그 이유는 첫째, 지휘체계가 정비되어 있지 않았고 둘째, 책임감을 갖고 적극적인 자세를 취하는 경찰관이 없었으며 특히 둘째 이유와 관련하여 경찰관들이 진압행위 자체의 정당성에 확신을 갖지 못했던 점을 들고 있다(조갑제 1987b: 287-291). 그렇다면 유신체제의 균열은 집권층의 내부만이 아니라 체제 보위의 최일선에 있었던 경찰조직 내에서도 엿보인다고 하겠다. 그 후에도 경찰의 미숙한 대응은 시위를 확산시키는 역할을 하게 된다. 시위가 도심으로 확산되었을 때, 시민들의 적극적인 호응과 경찰의 심리적 위축은 뚜렷한 대조를 보였다.[33] 경찰도 자체 분석을 통해 경찰 측의 진압 경험과 능력의 부족을 인정하고 있다(『자료집』: 71-72).

설문조사에 의하면 항쟁에 참여한 시민들의 참여 동기 가운데 5.9%는 경찰의 진압이 잔혹했기 때문이라고 밝혀, 경찰의 과잉 진압이 시민들의 가담을 불러오는 역할도 했음을 알 수 있다. 마산에서 10월 19일 성호동의 상황을 보면 시위대가 경찰에 쫓겨 성호동 골목으로 달아나자 주민들이 대문을 서로 열어 주며 들어오라고 했다. 시위대가 들어가자 주민들이 문을 잠갔다. 그러자 경찰이 담을 넘어 들어와 주민들에게 행패를 부렸다. 경찰이 주민을 폭행하자 성호동, 교방동 주민들이 모두 데모에 합세했다(강신형 증언, 『자료집』1989).

사태가 악화되자 1979년 10월 16일 오후 치안본부는 다중범죄 진

---

33) 한 경찰 간부는 "솔직히 말해서 죄짓는 기분이 들었어요. 시민들까지 학생 편을 드니 우리가 하고 있는 일이 무슨 잘못된 짓인 것 같은 기분이 들더군요. …이래서 진압작전을 과감하게 수행할 수 없었어요. 시민들이 무슨 감시자처럼 지켜보는 가운데서 학생들을 마구 다룰 수도 없었고요."(조갑제 1987b: 311)

압작전의 권위자인 송제근 치안감을 급히 부산에 보내 17일 아침 이수영 시경국장을 대기 발령시키고 후임에 송 치안감을 발령했다. 10월 17일 밤 9시 30분경 당시 2관구 사령관 정상만 소장은 청와대 김계원 비서실장의 지시를 받고 현장에 나갔다가 데모대의 습격을 받아 차량이 피습되었다. 그날 밤 서울에서 군 병력으로 사태를 진압해야 할 정도냐고 물어왔을 때 정 소장은 그럴 필요 없다고 보고했다. 이 보고에 대해 차지철 경호실장은 비협조적이라고 화를 냈다. 17일 밤 10시 30분 비상 소집된 국무회의에서 비상계엄 선포를 의결, 통과시켰다. 당시의 모든 국무회의가 그랬듯 이날의 회의도 청와대의 결정사항을 의결하는 요식행위에 불과했다. 비상계엄령 선포는 박 대통령의 결단이었다. 김치열 법무, 구자춘 내무, 노재현 국방, 박찬현 문교장관도 개인적으로는 비상계엄을 반대했다고 한다. 부산의 비상계엄을 실천하는 과정에서 주도권을 장악한 것은 차지철이었다. 18일 새벽에 서울의 공수여단을 부산으로 공수하고 군수사령관 박찬긍 중장에게 계엄 선포 및 계엄사령관 임명을 맨 처음 통고한 것도 그였다. 차지철의 이런 월권행위는 국방부 장관이나 육군참모총장과의 사전 상의 없이 이루어졌다고 한다(조갑제 1987b: 15-50). 그러나 정승화의 증언에 의하면 공수부대의 투입은 박정희 대통령이 직접 지시하고 정승화 육군참모총장이 이를 직접 수행했다고 한다(정승화 1987: 23-24). 정부는 계엄 선포 첫날 신속하게 병력을 부산에 투입했다. 18일 새벽 서울에서 1개 공수특전여단이, 아침에는 포항에서 해병대 1개 연대가 투입되었다. 현지 군 병력과 합쳐 계엄군의 규모는 5,500명에 달했다. 19일에 다시 2개 공수여단 병력 3,600명이 추가로 투입되고 약 1,800명의 경찰 병력을 더해 1

만 900명의 계엄군이 편성되었다. 이런 상황에서 18일 새벽 2시 김재규는 부산의 계엄사령부(군수기지사령부)에 나타났다. 그는 박찬궁 중장에게 박 대통령의 지시를 구두로 전달했다. 지시의 골자는 "데모의 징후가 여러 타 지역에서도 엿보이니까 빨리 사태를 진정시키라"는 것이었다. 김재규는 18일 아침 계엄사령부에서 열린 계엄위원회의에 참석했다. 회의에서 김재규는 이렇게 말했다. "4·19는 우리 군의 수치였다. 계엄군이 본분을 이탈, 시민과 합세한 것은 잘못된 일이었다. 이번에는 군의 본분에 충실하라."(조갑제 1987b: 50-51) 부산과 마산에 배치된 계엄군들은 시민들에게 무자비한 행동을 서슴지 않았다. 특히 공수부대는 많은 시민들을 폭행했다. 또 공수부대는 거리에서 젊은이들을 무차별로 폭행한 후 트럭에 실어 연행해 갔다고 한다. 이러한 계엄정책은 많은 시민들의 반감과 저항을 불러일으켰다.[34]

설문조사를 통해 항쟁 참여자들이 시위대에 대한 계엄군의 진압방식에 대한 평가를 묻는 질문(0점: 매우 온건했다, 10점: 매우 폭력적이었다)에 대해서는 평균 7.4(표준편차: 2.2)의 점수를 나타냈다. 특히 8점 이상의 비율은 53.7%로 나타났다. 이는 참여자들이 계엄군의 폭력성을 매우 높게 평가한 것으로 관찰자들의 보고와 일치한다.

한편 항쟁 목격자들의 평가는 평균 7.5(표준편차: 1.6)이며 8점 이상도 54.9%로 오히려 참여자들보다 더 높게 나타났다. 이는 참여자나 목격자나 비슷하게 계엄군의 진압방식을 폭력적으로 평가하고

---

34) 국제시장 부근에 버스 배차원으로 일하던 고일수는 거리에서 시민들에게 가혹행위를 하던 공수부대 장교를 구타한 후 도피하였다. 그는 계엄군의 행위가 '사람으로서 국민으로서' 도저히 참을 수 없었기 때문에 두려움을 떨치고 '물불을 가리지 않고' 저항했다고 한다(고일수 구술, 차성환 면담 2007).

있음을 보여 준다.

특히 계엄군의 주력인 공수부대가 오랫동안 훈련해 온 이른바 '충정훈련' 방식은 당시 7공수여단 군의관이 증언하듯 "시위대에 무서움과 공포증을 주어 시위대를 흩어지게 하는 것이고 그래도 되지 않으면 시범으로 몇 명을 잡아 사정없이 닦달하여 시위군중을 흩어지게" 하는 것이었다. 이러한 방식은 미군의 계엄령 시 시위진압 교범의 방식을 따를 수 없는 정치사회적 상황에서 독자적으로 개발된 것으로 보인다. 4월혁명 때 발포를 명령한 사람들이 사형당했듯이 시민들에 대한 발포는 미국 사회와는 달리 우리 사회에서는 윤리적으로 허용되지 않는 상황에서 우리 군의 오랜 구타 전통을 감안하여 채택되었을 것이다. 이 진압방식은 부마항쟁에서 위력을 발휘하여 체계적으로 개발하였고 군부는 이를 신봉하였다(최정운 1999: 122-123).

공수부대에 비해 해병대는 시민들을 비교적 온건하게 다루었다는 증언이 있다.[35] 그러나 계엄군의 주력은 공수여단이었으므로 시민들에게 계엄군의 이미지는 매우 부정적이었다. 당시 한 공무원의 증언에 의하면 계엄군이 배치된 부산시내는 대체로 조용하였으나 공수대원들의 태도가 거칠어서 민심이 흉흉하였다. 시청에서 열린 구청장 회의에서는 부상자에 대해 시민, 경찰을 막론하고 구청장이 책임지고 학생은 교육감이 책임지고 치료해 주면 치료비는 시에서 부담할 것이며 구청장은 부상자를 문병 위로하라고 지시했다. 또 계엄으

---

35) 공수부대와 대비되는 해병대의 진압방식에 대해서는 곽동효의 구술 증언이 있다. 곽동효는 구술을 통해 10월 18일 저녁 부영극장 앞에 있던 해병대가 주변 군중에게 최루탄을 발사한 데 자신이 항의하였고 해병대는 이 항의를 받아들여 시민들의 시위를 저지하지 않았다고 한다. 하지만 공수부대가 워낙 포악했기 때문에 해병대가 상대적으로 온건하게 보였을 뿐 해병대의 태도가 공수부대와 현저히 다르지는 않았다는 증언들도 있다(곽동효 구술, 차성환 면접 2006).

로 인해 영업에 애로를 겪는 유흥업소, 택시기사 등의 불만도 보고
되었다. 시장은 "공수부대가 거칠어 부작용이 있겠지만 이번 사태를
일으킨 학생들이나 시민에게 겁을 좀 주어야 할 필요가 있다. 공수
부대가 거칠다는 일부 시민의 불만에 공무원까지 부화뇌동해서 동
조하면 안 된다. 계엄선포가 안 되었으면 부산시청은 이미 불타고
없어졌을 것이다. 시민이나 학생이 좀 폭행을 당해도 신경 쓰면 안
된다"는 요지로 발언했다. 그러나 일반시민들의 정서는 전혀 달랐
다. 그동안 공수부대원들을 찾아다니며 과자며 떡, 커피, 음료수로
위문활동을 하던 새마을 부녀회 회원들마저 거리에서 책을 끼고 지
나가는 여학생을 희롱하는 공수대원들을 보고 위문이고 뭐고 더 이
상 못 하겠다고 했다. 그런 보고를 올렸더니 시장은 더 강경하게 시
민들을 계몽하라고 지시했다(손점용 1994: 41-46).

제5장

항쟁의 발전과
노동자의 항쟁체험

제1절 항쟁의 발전

1. 저항 공동체의 형성

1) 학생시위에 대한 시민들의 호응

항쟁의 양상에서 먼저 확인해야 할 사항은 학생시위에 대한 시민들의 높은 호응도이다. 1979년 10월 16일 부산대학교 학생들이, 10월 18일 경남대학생들이 거리로 나왔을 때 시민들의 자발적인 호응에 대한 증언은 너무나 많아 일일이 나열하기 어려울 정도이다.

먼저, 설문조사를 보면 항쟁 참여자와 목격자를 통틀어 부마항쟁의 정당성을 0점에서 10점까지로 점수화하여 질문한 데 대해 평균 7.2점으로 압도적 다수의 시민들이 부마항쟁이 정당했다고 답변했다. 부마항쟁의 정당성을 인정하기보다 부정하는 의견인 5점 이하의 응답자는 전체의 20.2%였으며 6점 이상으로 정당성을 인정하는 쪽의 응답자가 80%에 달했다. 특히 항쟁의 정당성을 적극적으로 인정한다고 볼 수 있는 8점 이상의 응답자만도 48.3%로 절반에 가까웠다.

이러한 시민들의 뜨거운 호응을 시위를 주도한 학생층은 미처 예상하지 못하였다. 부산대학교 시위의 핵심 인물의 한 사람이었던 구술자 고호석은 학내의 상황도 학생들의 호응이 그렇게 클 것으로 예상하지 않았고 더구나 시민들의 분위기가 그럴 것이라고는 꿈에도 생각하지 않았다. 구술자는 부산시민들의 호응을 "불에다가 기름을 들어부은 것 같은 상황"이었다고 표현했다(고호석 구술, 노기영 면접 2002). 부산대학생 시위의 또 다른 핵심 인물이었던 구술자 노재열은 항쟁 초기의 분위기를 다음과 같이 전하고 있다. 학생시위대가 산업도로변을 행진하는데 시내버스, 시외버스가 지나갈 때 버스 속의 시민들이 창문을 열고 "박수치고… 손 흔들고 완전히 열광"했다고 한다. 또 시위대가 미남로터리 주변의 주택가에서 경찰에 쫓겨 들어간 가정집에서 숨겨 주고 물수건을 주는 등 적극 보호해 주었다(노재열 구술, 차성환 면접 2008). 이러한 시민들의 호응은 10월 16일 오후 3시경 남포동에서 시위가 시작되면서 더욱 적극적이었다. 고층건물의 사무실과 다방에서 시민들이 창밖으로 박수를 보내고 담배를 뿌리기도 했다. 국제시장 안의 상인들은 쫓기는 학생들이 들어오면 셔터를 내려 보호했고 노점에서 음식을 파는 상인들은 무료로 음식을 제공했다. 다방에서는 무료로 커피를 대접하고 청량음료와 맥주를 상자째 사 주는 것도 흔한 장면이었다. 학생들의 시위에 태극기가 등장했고 구호는 주로 '유신철폐', '언론자유'였다.

이처럼 학생시위에 시민들이 격려하고 보호하는 차원을 넘어 시위에 가담한 것은 오후 6시 이후 어둠이 깔린 후에 벌어진 야간 시위부터였다. 6시가 되니까 "와" 하는 소리와 함께 골목, 다방, 음식점에서 학생들 같은 사람들이 너무도 순식간에 뛰어나와 거리가 꽉

찼고 전경버스가 서 있었는데 전경들은 전혀 아무런 구실을 하지 못했고 학생들을 중심으로 삽시간에 군중화되는 놀라운 일이 일어났다(김민남 증언, 『자료집』1989). 시간이 지날수록 고등학생, 퇴근하던 노동자, 국제시장 주변의 주민 등의 자발적인 참여가 늘어났다(김정호 증언, 『자료집』1989).

마산의 경우에도 경남대학생 시위 주동자의 한 사람인 구술자 정성기는 시위 모의 계획을 하면서 데모가 성사될지 알 수 없고 너무 정치적인 구호를 앞세우면 학생들의 참여가 어려울지 모른다는 염려 때문에 경남대학이 종합대학 승격이 안 된 것을 앞세워서 시위를 조직하고 분위기를 봐 가면서 정치구호를 내걸자고 의논했다(정성기 구술, 차성환 면접 2008). 그러나 예상과 달리 학생들은 적극 호응했다. 경남대학생들이 10월 18일 오후 교외로 나갔을 때 당초 시민들은 소극적 관망 자세였으나 경찰에 쫓기는 학생들을 숨겨 주고 학생 연행 과정에서 경찰의 구타행위에 항의하기도 했다(최청호 증언, 『자료집』1989). 오후 5시경 3·15의거탑을 중심으로 모인 학생들은 경찰과 공방을 벌였으나 여의치 않자 수출자유지역으로 가서 노동자를 합세시키자는 의견이 나와 일부는 수출자유지역으로 행진했다. 그동안 시민들은 부산에서와 마찬가지로 적극적으로 지지와 호응을 보냈다. 그러다가 야간이 되면서 많은 시민들이 박수로 환호하고 따라붙었다(김명섭 증언, 『자료집』1989). 남성동파출소와 그 주변 일대에서는 시위에 직접, 적극적으로 참여하는 시민이 늘었다(최청호 증언, 『자료집』1989). 마산의 중심지인 창동, 부림시장, 오동동, 불종거리 일대에서 학생들이 시위를 벌이자 시위 소식을 들은 많은 시민들이 통근버스에서 내려 궁금한 모습으로 시내로 몰려들었다(박영

주 1985: 146).

이처럼 부산과 마산 모두 초기의 학생시위에 대한 시민들의 지지와 성원이 열렬하였음을 알 수 있다. 그러나 이 단계에서는 시민들이 시위에 적극 참여하지 않고 거리를 두고 있었다.

2) 저항공동체의 형성

학생시위에 거리를 두고 호응만 하던 시민들이 시위대에 합류하면서 이제 시위는 학생만이 아니라 다양한 계층의 시민들이 참여하는 거대한 저항공동체로 변화되기 시작했다. 이러한 저항공동체는 거대한 일체성, 연대의 감정에 의해 형성되는 것으로 항쟁에 참여한 시민들은 불의에 대한 분노, 정치적 억압과 경제적 좌절에 대한 분노를 공유하였다. 이러한 분노는 개인만의 분노가 아니라 억압받는 시민 모두의 분노이므로 자연스럽게 연대의식을 형성하게 되었다. 이러한 연대의식을 바탕으로 시민들이 저항공동체로 합류하는 데는 야간의 어둠이 익명성을 보장한 것과 함께 새로운 주체가 등장한 것이 주요한 조건이다.

먼저, 야간 시위의 익명성에 대해 살펴보면, 야간이라는 조건이 개인의 신원을 감출 수 있는 익명성을 보장함으로써 일상적 감시체계에서 벗어나 행동의 자유를 획득하게 됨을 의미한다. 익명성이야말로 항쟁 참여자가 처벌의 위협 혹은 공포를 벗어나서 마음껏 행동할 수 있는 해방의 공간을 열어 주는 조건이 되는 것이다. 학생을 제외한 시민들이 야간이 되어서야 비로소 적극적으로 시위 대열에 합류하는 것은 유신체제의 억압성에 비추어 볼 때 너무나 당연한 현상이다. 대학생들은 4월혁명 이래로 정치적 의사표현이 지속적으로 있어 왔고, 학생운동은 하나의 사회현상으로 묵인되어 왔다. 물론 70년대 특히 유신체제 이후에는 가혹한 탄압을 받아 왔지만 그래도 학생은 상대적으로 자유로운 신분이므로 주간의 시위가 가능했다. 하지만 일반 시민들은 투표행위를 포함하여 오랫동안 정치적 동원의 대상이었을 뿐 정치적 주체로 서지 못했다. 특히 일상적 억압과 감시가 체계화된 유신체제하에서 대중의 공포감과 피해의식은 극도로 예민하였으므로 익명성이 보장되지 않는다면 시위에 합류하는 것은 쉽지 않았을 것이다.

10월 16일의 부산 시위에서도 어두워지면서 넥타이를 맨 퇴근길의 회사원, 노동자, 상인, 업소의 종업원, 재수생, 교복을 입은 고등학생, 중학생에 이르기까지 신분과 계층을 아우르는 혼연일체가 이루어졌다. 시청 앞과 충무동 입구 사이의 6차선 대로에 엄청난 인파가 장엄한 행렬을 이루어 거대한 조수처럼 밀려다니며 구호를 외치고 노래를 불렀다. 어둠이 짙어지면서 시위의 양상은 더 격렬해지고 주간의 소극적 방어 위주의 시위에서 적극적 공격 위주의 시위행태로 바뀌어 간 것도 확인된다(『자료집』1989: 274-275).

마산에서도 어두워지면서 시위대의 선두에는 각목, 쇠파이프, 몽둥이 등으로 무장한 청년들이 서고 중간쯤에는 예비군복을 입은 사람, 회사 작업복을 입은 사람, 웃통을 벗어젖힌 사람, 자갈을 치마에 싸들고 가는 젊은 여자, 포장마차에서 술을 마시다 술값도 주지 않은 채 포장마차를 밀어붙이고 시위에 가담한 사람 등 각양각색의 사람들이 뒤를 따랐다고 한다(박영주 1985: 148).

뿐만 아니라 야간 시위에서 어둠은 시위를 진압하는 쪽에는 불리한 반면 시위를 하는 쪽은 매우 유리한 상황이 된다. 따라서 적극적으로 소등을 강제하는 전술이 나오게 되었다. 이것은 특히 마산의 항쟁에서 두드러지게 나타나는 현상이다. 마산에서 시위군중은 도로 변의 모든 집에 대해 소등을 강제하고 모든 차량에 대해 헤드라이트를 끄라고 명령했다. "불 꺼라" 하는 외침이 시위군중의 구호였다. 선두에 선 청년들이 길가에 세워 둔 차량에 불이 켜져 있을 때는 사정없이 헤드라이트를 박살냈다(박영주 1985: 151-152). 뿐만 아니라 시위군중들은 카메라에 대해서 극도로 예민했다. 창동 네거리에서 시위군중들은 누군가가 경찰이 옥상에서 사진을 찍는다고 외치자 주변의 상가나 사무실에 소등을 외치며 투석하였다. 또 민간인의 카메라도 압수하였다.36) 또 한 관찰자의 증언에 의하면 18일인지 19일인지 분명치 않으나 마산시내 전역이 시민들의 전선 절단으로 인해 정전이 되었다. 북마산 지역이 특히 암흑천지였고 여기서는 군 병력도 손을 쓸 수 없었다고 한다(조영건 증언, 『자료집』1989).

익명성과 함께 저항공동체를 형성하는 조건은 새로운 주체의 등장이다. 이 새로운 주체는 자발적이고 전투적인 군중이다. 부산에서 관찰자들이 증언한 바에 의하면, 대학생 외에 소외계층과 직업을 가진 다수 시민들이 시위대의 앞장을 서서 적극 가담하여 주목을 끌었으며(임수생 증언, 『자료집』1989) 특히 17일에는 끝까지 투쟁한 사람들은 서비스 노동에 종사하는 노동자, 룸펜, 빈민, 노동자들이었고 학생들은 맨 먼저 이탈했다(김정호 증언, 『자료집』1989). 앞서서 시위를 주도하거나 파괴에 나섰던 사람들은 작업복 차림이거나 허름

---

36) 시위군중이 옛날 동보극장 옆을 지날 때 마산의 유명한 기록사진작가 모 씨가 시위모습을 촬영하자 군중들 일부가 사진기를 빼앗았다. "나는 3·15 때 김주열이를 찍었던 사람이다"며 신분을 밝혀도 군중들은 막무가내로 필름을 빼내고 사진기를 부수었다. 군중들은 그들의 모습이 찍히기를 원하지 않았던 것이다(박영주 1985: 148).

한 차림의 룸펜으로 기억하며 시간이 늦어지면서 학생들이 흩어져 가는 반면 새벽까지 남아서 투쟁의 최전선에 나선 사람들은 민중들이었다(허진수 증언, 『자료집』1989). 10월 17일치 일본 '아사히신문'은 데모에 참여한 일반 시민들의 실체는 확실하지 않으나 현지로부터의 정보에 따르면 재수생, 서비스업 종사자, 사회 저변 노동자들이 많았다고 하며 생활상의 불만이 학생 데모에 의해 촉발되어 폭동화한 것으로 보인다고 보도했다(조갑제 1987: 17).

마산의 경우 10월 18일 시위의 초기부터 4, 50대 시민층에서 참여하였다는 증언도 있다(이진욱 증언, 『자료집』1989). 시간이 갈수록 시위대의 근간은 학생 위주에서 공원 등 범시민적으로 변해 갔고 대열의 선두는 거의 공원 등 일반시민이었고 손에는 각목 등으로 무장했다(김명섭 증언, 『자료집』1989). 구호도 처음에는 온건했으나 시간이 갈수록 "박정희를 죽이자"는 등 원색적인 내용으로 바뀌었다(김종철 증언, 『자료집』1989). 10월 18일 7시 이후 어두워지면서 불종거리에서 갑자기 참여하는 사람의 수가 엄청나게 불어나 시민들이 다수가 되고 학생이 소수가 되었으며 시위투쟁방식이 완전히 학생 스타일을 벗어났다. 극적 전환점은 공화당사 공격이었으며 이후 시위는 폭동으로 변했다. 시위 대열을 이끈 것은 주로 '깡패'들이었다(주대환 증언, 『자료집』1989). 또 다른 참여자는 시위의 주체는 처음에는 학생들 같았는데 나중에는 술집 웨이터, 구두닦이 등이 주로 참여했다고 증언했다(양석우 증언, 『자료집』1989). 시위대의 앞쪽에 섰던 사람들은 거의 룸펜이었고 이들은 웃통을 벗고 앞장서 "죽이자" 등의 구호를 외쳤다(공명욱 증언, 『자료집』 1989). 이러한 전투적 군중의 등장에 당황한 일부 학생들은 "선량한 시민들은 보호해 주자. 학생들 외는 가담해서는 안 된다. 시민들이 가담하면 우리들의 순수함이 없어진다. 학생들은 선량한 시민을 보호하고 시민들은 자제하자. 군용차 외는 손대지 말자. 시민을 보호합시다!"라고 외치며 다녔다. 다른 동료 학생들을 만나면 반복하면서 설득하고 외치기도 했으나 그 외침은 거대한 함성에 파묻혀 잘 들리지도 않았다(박영주 1985: 148-149).

이상에서 관찰자들의 증언을 종합하면 학생을 대체한 전투적 군중들의 신분은 서비스 노동에 종사하는 노동자, 빈민, 공원, 깡패, 술집 웨이터, 구두닦이, 룸펜 등으로 보고되었다.

이러한 군중들의 성분에 대한 관찰자들의 보고는 당시 경찰에 검거된 시민들의 구성과 대체로 상응하는 것이다. 부산과 마산에서 검거된 총 인원은 1,563명인데 이 중 87명은 군법회의에 회부되고 31명은 일반 검찰에 송치되었다. 군법회의에 회부된 87명 중 형의 선고를 받은 자 20명의 구성은 학생 7명, 노동자 6명, 상인 1명, 무직 4명, 기타 2명이었다. 마산의 검거자 505명 중 구속 기소된 48명의 구성은 학생 18명, 노동자 21명, 자영업자 6명(공업2, 상업2, 농업2), 무직 3명이었다. 부산의 검거자 1,058명 중 구속 기소자는 70명이나 그 구성은 확인되지 않았다. 그러나 중부경찰서에 연행된 260명의 구성은 학생 70명, 종교인 2명, 야당당원 2명, 일반인 186명으로 일반인의 다수는 노동자, 빈민, 소상인 등일 것으로 추측할 수 있다(5·18광주민중항쟁동지회 1990: 72). 부산진 경찰서에 연행된 피의자 31명 가운데 학생은 10명도 안 되었다(조갑제 1987b: 17).

이러한 새로운 주체의 등장에 의해 학생시위는 항쟁으로 발전하게 되는데 그 양상은 어떠하였는지 살펴보기로 한다.

2. 저항의 양상

1) 시위에서 항쟁으로

저항의 주체로서 전투적 군중의 등장 이후 항쟁은 연쇄적으로 확대 증폭되어 갔다. 불붙기 시작한 항쟁은 단순한 시위에서 적극적 공방전으로, 나아가서 공세로 전환되었다. 항쟁의 양상에 대해 항쟁 참여자의 설문조사를 중심으로 살펴보자.

먼저, 항쟁 참여자 본인이 취했던 참여방법에 대한 설문조사에서 '거리행진'이 48명(90.6%)으로 대다수의 참여자들이 거리행진을 벌였던 것으로 나타났다. '구호 외침'은 35명으로 참여자의 66.0%가 함께 했으며, '계엄군과 대치'는 19명으로 35.8%, '관공서 타격'은 12명으로 22.6%를 나타내었다. 기타로는 '경찰에 잡혀 폭행-전치 6주'가 1건, '시위대 주변 응원'이 1건이었다. 즉 가장 정형화된 행동양식은 구호를 외치며 거리를 행진하고, 경찰 혹은 계엄군과 대치, 공방을 하면서 관공서를 타격한 것이다. 그리고 거리행진이 가장 많은 참여자가 취한 행동인 반면, '관공서 타격'은 가장 적은 참여자가 가담했지만 22.6%의 비율은 상당히 높은 호응도라고 할 수 있다.

한편, 항쟁 참여자가 관찰한 시위대의 참여방법은 '거리행진'이 24명(45.3%), '구호 외침'은 26명(49.1%)이 함께 했으며, '계엄군과 대치'는 14명(26.4%), '관공서 타격'은 9명(17.0%)으로 나타났다. 기타로는 '서로 숨겨주기' 1건이었다. '거리행진'을 제외하면 대체로 유사하다.

위 두 가지 결과를 종합하면 부마항쟁은 참여자 가운데 20% 정도가 관공서 타격에 참여한 대단히 격렬한 행동양식을 드러내었던 항쟁이었다.

이러한 참여방법에 대해 두 가지로 질문하였다. 첫째, 본인이 스스로 취한 행동에 대한 평가이다. 즉 본인의 참여방법이 온건했는지, 과격했는지 스스로 평가를 하도록 한 데 대해 '아주 온건'은 3명(6.1%), '온건'은 11명(22.4%), '보통 수준'은 25명(51.0%), '과격'은 10명(20.4%)으로서 전체의 80%가 온건했거나 보통 수준의 행동이었다고 평가했다. 둘째, 시위대의 참여방법에 대해 참여자가 평가한 것은 '아주 온건'은 없으며, '온건'이 2명(4.9%), '보통 수준'은 19명(46.3%), '과격'은 16명(39.0%), '아주 과격'은 4명(9.8%)로서 전체의 50% 정도가 과격했다고 답하고 있다.

다음으로 참여자들이 항쟁에서 취한 의사표현 방법에 대한 설문에서는 '구호'가 47명(88.7%), '함성'이 36명(67.9%), '노래'가 33명(62.3%), '투척(돌, 유리병 등)'이 15명(26.4%), '기물(파출소 집기 등) 파손'이 6명(9.4%), '낙서'가 4명(7.5%), '경찰 차량 등 방화'가 2명(3.8%), '건물(파출소 등) 방화'가 2명(3.8%), '각목, 쇠파이프 사용'이 1명(1.9%)으로 나타났다. 기타 의견으로는 '이외에도 많았음'이 1명이었다.[37] 여기서 투척, 기물파손, 차량이나 건물의 방화, 각목이나 쇠파이프 사용 등 객관적으로 과격한 행동양식이 50%를 넘어서고 있어서 위에서 시위대의 참여방법에 대해 참여자가 평가한 결과와 대략 일치한다.

시위대가 경찰의 진압에 대해 각목이나 쇠파이프 등으로 무장한 것은 야간 시위 이후의 모습이다. 주간의 시위에서 학생들은 투석

---

37) 투척에는 돌, 유리병 등만이 아니라 유리병을 이용해 제작한 화염병도 포함된다. 여러 구술 증언에 의하면 부마항쟁에서 파출소 등에 대한 공격에 화염병이 사용되었다.

이상으로 나아가지는 않았다. 전투적 군중이 나타나면서 경찰의 공세에 대해 적극적 저항이 나타나기 시작했다. 주간에 학생들은 경찰과 정면충돌이 아닌 게릴라식 시위를 선호했다. 반면 전투적 군중들의 시위방식은 관공서 타격과 같은 적극적이고 공격적인 것이었다.

시위방식과 함께 구호에도 약간의 변화가 있었다. 구호의 내용을 묻는 설문(기억하는 모든 구호에 대해 복수 응답)에 대해서는 '유신철폐'가 49명(92.5%), '독재타도'가 46명(86.8%), '박정희 물러가라'가 20명(37.7%), '김영삼 제명 철회'가 13명(24.5%), '언론 자유 보장'이 12명(22.6%), '구속학생 석방'이 12명(22.6%), '야당 탄압 중지'가 9명(17.0%), '학원 자유'가 6명(11.3%), '부가가치세 철폐'가 1명(1.9%)으로 나타났다. 기타 의견으로 '이외에도 다양함'이 1명으로 나타났다. 여기서 나타난 것 외에 보고된 구호는 '박준규 물러가라', '공화당 물러가라', '연행학생 석방하라', '시민협조' 등도 있었고 '박정희 죽여라' 등의 구호가 나오기도 했다. 전체적으로 보아 구호는 대동소이했지만 시위가 격화되면서 표현이 거칠고 원색적으로 변화했다. 구호 가운데 '김영삼 제명 철회'는 학생들에 의해 비판받기도 했다(자료집 1989: 141). 정근식(2000: 261)은 '김영삼 변수'가 부마항쟁 해석에서 뜨거운 감자임을 지적하면서 학생운동 주도자들은 이를 중시하고 싶어 하지 않지만 시민의 정서와 행동의 동원에는 중요했다고 보았다. 그러나 구호의 빈도수는 '유신철폐', '독재타도', '박정희 물러가라' 등의 중심 구호에 비하면 훨씬 적었다. 적어도 항쟁이 격화된 시점에서 항쟁의 목표 구호가 김영삼 제명 철회의 수준을 훨씬 뛰어넘었던 것은 분명하다.

저항의 양상이 격렬해짐에 따라 경찰과 계엄군의 진압도 더욱 폭력적으로 되었다. 저항과 진압은 상호 확대(escalation)의 과정을 밟았다. 당초에는 맨손의 시위대에 대한 경찰의 무자비한 진압이 시위의 과격화를 부르고, 시위의 과격화는 다시 경찰의 폭력성을 증대시켰다. 이와 관련하여 부마항쟁의 참여자가 아닌 목격자들을 대상으로 시위대와 진압군의 폭력성에 대한 평가를 묻는 설문조사의 결과를 살펴보자. 목격자들은 시위대의 의사표현 방식에 대한 평가(0점: 매우 온건했다, 10점: 매우 과격했다)에서 평균 5.9(표준편차: 2.3)로 나타났다. 즉 5~7점 사이가 55.6%로서 다수의 목격자들이 시위대의 행동이 약간 과격하다고 느꼈다. 그에 비해 목격자들은 진압군의 진압방식에 대한 평가(0점: 매우 온건했다, 10점: 매우 폭력적이었다)에 관해서는 평균 7.4(표준편차: 2.2)의 점수를 나타냈다. 즉 7~9점 사이가 66.7%로서 다수의 목격자들이 진압군의 행위가 심히 폭력적이었다고 느꼈다. 이러한 평가는 목격자들의 시위에 대한 공감도가 높았기 때문에 나타나는 현상이기도 하지만 객관적으로도 시위대에 비해 진압 측의 행위가 더 잔혹했음은 여러 정황으로 입증된다. 목격자들의 시위에 대한 느낌을 묻는 질문(0점: 전혀 공감하지 못함, 10점: 크게 공감함)에 관해서는 평균 6.6(표준편차: 1.9)의 점수를 나타냈다. 즉 시위에 참여하지 않은 시민들도 항쟁에 상당한 지지와 공감을 표시했음을 입증한다.

2) 일체감

이러한 항쟁의 열기 속에서 항쟁에 참여한 모든 시민들은 거대한 저항공동체의 일원으로서 일체감을 느꼈다. 부마항쟁에 참여한 부산 시민들에 대한 일체감을 묻는 설문조사(0점: 전혀 일체감을 못 느낌,

10점: 완전한 일체감을 느낌)에 대한 답변은 평균 7.7의 높은 일체감을 나타내는 것으로 나타났다. 그 분포를 보면 2~6점까지가 전체의 26.4%, 7~10점까지가 73.5%이며 특히 10점이 28.3%를 점하고 있다. 부마항쟁에 참여한 시민들은 상호 간에 고도의 일체감을 느끼고 있었던 것으로 확인된다.

엘리아스 카네티(1982: 13)는 군중현상을 설명하면서 군중의 내부에서 일어나는 가장 중요한 사건은 해방(Entladung)이라고 한다. 해방은 군중에 속해 있던 모든 사람들이 그들 간의 상이성을 벗어 버리고 동일하게 느껴지는 그런 순간이다. 이러한 상이성이란 특히 외부로부터 부과된 지위나 계급 및 재산의 차이를 뜻한다. 개인으로서의 인간은 항상 이러한 차별을 의식한다. 그러나 카네티의 이른바 해방은 집합행동에 참여한 사람들이 평소의 차별의식을 벗어나 상호 간에 느끼는 인간적 일체감을 말한다. 부마항쟁에 참여한 군중도 그런 고도의 일체감으로 연결되어 있었다.

최정운(1999: 137-142)은 5·18항쟁에서 형성된 저항의 공동체를 절대공동체로 명명하고 절대공동체가 형성되는 과정을 자세히 묘사하였다. 즉 1980년 5월 19일부터 20일까지 개인의 결단에 따라 시위에 가담한 시민들은 힘들고 외로웠지만 5월 20일 오후 꿈같이 전 시민이 단결하는 상황이 되었다. 남녀노소, 각계각층의 사람들이 공동체에 합류하였고 몸과 몸으로 하나가 되었다. 이곳에는 사유재산도, 생명도 내 것 네 것이 따로 없었고 계급도 없었다. 즉 고도의 일체감이 형성되었던 것이다. 부마항쟁의 저항공동체에서 형성된 일체감은 광주의 절대공동체의 그것과 동일한 것이며 다만 광주의 경우에는 공수부대의 잔혹한 진압으로 인해 저항공동체의 형성에 며칠

간의 시간이 걸렸던 데 비해 부마항쟁의 경우는 그리 많은 시간이 걸리지 않았다는 상황의 차이가 있었다. 이러한 일체감은 카네티(1982: 27-28)가 군중의 특질로 예시한 군중 내부의 평등, 긴밀성과 관련된다. 카네티는 군중 내부에는 절대적이고 분명한 평등이 지배하고 있으며 이러한 평등을 위하여 사람들은 군중이 된다고 주장한다. 또한 군중은 서로 긴밀한 것을 좋아해서 아무리 밀집돼 있어도 지나치게 밀집됐다고 느끼지 않으며 이런 감정은 해방의 순간에 가장 강하다고 썼다.

부마항쟁에서 시민들의 일체감을 보여 주는 사례로서 10월 18일 마산경찰서 앞의 시위에서 경찰이 옥상에서 쏜 최루탄 직격탄을 맞아 젊은 여자가 파편을 다리에 맞고 쓰러졌을 때 주위 군중들이 즉석에서 치료비를 모금했고 순식간에 많은 돈이 걷혔다. 그리고 피해자의 여자 친구와 함께 택시에 태워 시외의 병원으로 보내 주었다(박영주 1985: 158-159).

3) 야간 항쟁

부마항쟁의 특징적 양상으로서 항쟁이 주로 야간에 일어났다는 점을 지적하지 않을 수 없다. 1979년 10월 16일 부산대학생들의 시위는 주간에 일어났지만 본격적인 항쟁은 하오 6시 이후에 시작되었다. 10월 17일에도 부산대학생과 동아대학생들의 시위는 캠퍼스를 중심으로 주간에 일어났지만 확산되지는 않았다. 역시 항쟁은 야간의 도심에서 발생했다. 10월 18일에는 계엄령이 내려져 계엄군이 투입된 상황에서 주간에는 시위라고 할 만한 움직임이 없었고 초저녁에 기습적인 시위가 시청 주변에서 벌어졌다. 같은 날 마산에서는 주간에 경남대학생들의 시위가 벌어졌지만 본격적인 항쟁은 야간이 되어서 시작되었다. 10월 19일에도 주간에는 시위가 없었고 야간이 되어서 항쟁이 재차 발생했다. 이처럼 부마항쟁의 발생 시간대는 거의 야간이었으므로 야간의 항쟁이라 할 수 있다. 이는 4월혁명이나 5·18항쟁, 6월항쟁과 비교할 때 매우 다른 점이다. 이들 항쟁들은 야간보다 주간에 시위가 진행되었다(『자료집』 1989: 264-298). 시위대는 자기 보호를 위해 강제 소등에 나섰다. 밤이 아니고 낮이었다면 학생시위가 민중봉기화하기는 어려웠을 것이다(박영주 1985: 147).

부마항쟁이 야간의 항쟁이 되었던 요인은 박 정권의 공포정치, 공식적 지도부의 부재 등을 들 수 있을 것이다. 부마항쟁이 주로 야간에 일어났던 점은 항쟁의 격렬성을 촉진하였다. 군중은 야음의 익명성 속에서 억압된 해방의 욕망을 유감없이 분출하였다. 방화와 파괴의 행위는 주간보다 야간에 더욱 효과적으로 수행되었다.[38]

특히 방화는 부마항쟁에서 가장 빈번하게 행해졌던 행위였다.[39] 불은 파괴의 가장 중요하고 상징적인 매개체였다. 무엇보다도 방화는 가장 손쉽게 실행할 수 있는 행동이면서 효과가 뛰어났다. 사람

---

38) 다음의 묘사는 야음의 효과를 잘 드러내고 있다. "삽시간에 이 일대는 암흑천지로 변해버렸다. 캄캄한 어둠은 사람들의 마음을 뒤흔들어 놓기에 충분했다. 선두에서 시위를 하던 사람들이나 그때까지 주위에서 구경꾼으로 남아 있던 수많은 군중들의 마음속엔 이상스런 흥분이 감돌았다. 억누르고 억눌러 왔던 그 모든 것들에 대한 불만이 봇물이 터진 듯 터져 나오기 시작한 것이었다. 이제 주위의 군중들도 시위에 적극적으로 가담했다."(박영주 1985: 147)

39) 카네티는 군중의 상징으로서의 불에 대해 다음과 같이 말하고 있다. "불이란 어디서 일어나건 똑같은 것이며, 불은 급작스럽게 퍼지며, 옮김성이 강하고 만족할 줄 모르는 것이다. 그것은 도처에 느닷없이 일어날 수 있다. 불은 다양하며 파괴적이다. …이 모든 특성은 바로 군중의 특성이다. …군중은 어디에서나 어떤 시대, 어떤 문화에 있어도 같다. 군중은 혈통이나 교육, 언어가 제아무리 다른 인간 사이에서도 본질적으로 똑같다. 일단 존재하게 되면 극도의 강렬성을 가지고 퍼진다. 그 전염력에 대항할 수 있는 사람은 거의 없다. …불과 군중의 이러한 유사점은 그들 상호 간의 긴밀한 결합을 낳게 했다."(카네티 1982: 87-93)

들은 야간에 일어나는 불길을 보면서 묘한 흥분상태에 빠져들었다. 시위대는 파출소 등 건물 뿐 아니라 경찰의 수송차량, 사이드카 등에도 방화했다.

제2절 노동자의 항쟁체험

1. 노동자의 역할

저항공동체는 전투적 시위군중의 합류로 비로소 온전하게 성립된다. 학생시위에 시민들이 심정적으로 동조하고 호응하는 상태로는 아직 저항공동체라 할 수 없다. 학생들의 구호에 동조했든 경찰의 가혹행위에 격분했든 혹은 나름의 생각으로 참여했든 시민들이 시위대에 합류함으로써 비로소 다양한 계층의 시민들이 하나의 목표와 방향을 가진 저항공동체를 형성하게 되었고 일체감을 갖게 되었다. 일체감은 저항공동체를 가능하게 하는 기초였다.

이 저항공동체에서 노동자들은 어떤 역할을 했던 것일까?

먼저 설문조사를 보면 부마항쟁을 이끈 주도 세력 혹은 사람에 관해서 묻는 질문에서는 '학생'이 303명(86.8%)으로 가장 많았고, '일반시민'이 40명(11.5%)의 순으로 나타나 부마민주항쟁을 이끈 주도 세력 혹은 사람을 '학생'으로 보고 있는 것으로 나타났다. 여기서 주도세력에 대한 별도의 정의가 없었기 때문에 일반 시민의 입장에서 보면 학생들이 시위를 최초로 이끌었던 세력이고 가장 조직된 세력이었기 때문에 학생이 주도세력이라는 답변이 너무나 자연스럽게 나올 수밖에 없다. 그러나 주목되는 것은 '일반시민'이라고 답변한 응답자들이다. 이들에게 다시 항쟁을 이끈 주도세력을 계층별로 질문하였다. 이 질문에 대한 응답은 '생산직노동자'가 24명(57.1%)으로 가장 많았고, '사무직노동자'가 10명(23.8%), '서비스업 종사자'가 2명(4.8%), '실업자'가 2명(4.8%) '기타'가 4명(9.5%)으로 나타났다. 즉 항쟁 참여자나 목격자의 다수는 학생이 주도세력이라고 생각하고 있으나, 일부 사람들은 생산직노동자, 사무직노동자와 같은 노동자계층이 항쟁을 주도했다고 생각하고 있는 것이다.

여기서 주목되는 것은 노동자 외에 적극적으로 행동에 나선 것으로 보고된 룸펜, 빈민, 깡패 등으로 불렸던 계층은 별로 나타나지 않는다. 이것은 응답자들의 의식에서 이들 계층이 주변적·경멸적 존재로 인식되기 때문으로 실제와 달리 무시된 것으로 보인다.

이은진(2006: 11-13)은 마산의 항쟁에서 조직노동자와 자유노동자의 참여에 대해 논의하였다. 즉 조직노동자층은 경기에 민감한 노동자층, 이입 노동자층을 중심으로 소극적이지만 자발적으로 시위에 참여하였고, 주변 노동자층은 일용 내지 비공식 분야에서 종사하고 있는 떠돌이 또는 자유 노동자층으로서 권력의 공백기에 가장 잃을 것이 적어 자유롭게 행동할 수 있는 층으로 분류된다. 따라서 밤늦게까지 폭력과 방화를 주도하면서 항쟁에 가담한 층은 자유 노동자층으로 파악하였다.

부산에서도 양상이 유사했음을 큰 생산기업체에서 일하는 노동자들은 거의 데모에 가담하지 않았고 식품접객업소·양복점·가구점 종사자들과 구두닦이, 자유노동자, 운전사 등이 오히려 더 많이 가담했다는 보고에서 추정할 수 있다(조갑제 1987b: 39).

구술에 참여한 노동자들을 위의 분류에 따라 살펴보면 당시 일용

노동자였던 곽동효를 제외하면 다른 노동자들은 작업장 내의 지위가 서로 다르기는 하지만 비공식분야 종사자나 일용노동자는 아닌 것으로 파악된다. 그러나 구술 참여자들이 노동자의 참여 분포를 정확히 반영하는 것이 아니므로 직접 상관관계는 없다.

그러면 구술에 참여한 노동자들은 저항공동체에서 어떤 역할을 했는지 유형별로 구술 자료를 중심으로 살펴보자.

1) 주동자

첫째, 노동자로서 시위의 주동자로 역할 했던 사례는 구술자 곽동효에게서 찾아볼 수 있다. 구술자는 항쟁 당시 남포동에 가까운 곳(영도 대교동)에서 아파트 공사현장의 일용 노동자로 일하고 있었다. 항쟁이 일어난 후 구술자는 소문을 통해 학생들의 희생과 경찰, 계엄군의 가혹행위에 대해 듣기도 하고 그 와중에 봉변을 당한 여학생을 목격하기도 하면서 울분을 축적하고 있었다. 그리고 계엄령이 내려진 10월 18일 저녁, 일을 마치고 친구와 함께 남포동으로 나갔다. 횟집에서 술과 회를 먹은 후 거리에 나온 구술자는 탱크를 보자 화가 치밀었다. 구술자는 주변의 시민들과 함께 구호를 외치다 계엄군의 최루탄 공격을 한번 받았다. 당시 그 지역의 계엄군은 포항에서 파견되어 온 해병대였다. 구술자는 해병대 헌병으로 근무했던 경험을 살려 계엄군을 설득했다. "다 여기 형제고 친구들인데 제대해서 당신들 어떻게 고개를 들고 다닐 것인가" 하고 10분 이상 실랑이 끝에 군인이 막지 않겠다고 약속했다. 그 사이에 군중들이 천 명쯤 모여들었다. 그중 40세 정도로 보이는 한 시민이 시청으로 가자고 제안했다. 그래서 구술자가 앞줄에 서고 그 사이에 누군가가 준비한 대형 태극기를 앞세우고 시위대는 애국가와 구호를 외치면서 행진했다. 자갈치 뒷길을 통해 시청까지 가는 동안에 도로 가에 있던 남포파출소는 군중의 투석으로 파괴되었다. 시각은 오후 8시경, 이미 날이 어두워졌을 무렵이었다. 시위대가 시청 앞에 도착했을 때, 당장은 계엄군의 적극적 대응이 없었다. 그래서 시위대는 도로를 사이에 두고 계엄군과 대치한 상태에서 얼마간 주동자 없이 구호를 외치고 애국가를 불렀다. 그러자 갑자기 헌병 탑 차 1대가 시위군중 앞쪽으로 질주해 와서 멈추었다. 그리고 탑 차의 뒷문이 열리면서 무장군인 30, 40명 정도가 뛰어내려 곤봉을 휘두르며 시위군중을 공격했고, 시위대는 흩어져 달아났다. 구술자도 반도호텔 쪽으로 달아났다가 조용해진 뒤에 나와 보니 시위대는 없고 경찰만 그 자리에 있었다. 그래서 통금시간(오후 10시) 전에 귀가하기 위해 버스를 기다렸는데 오지 않아 초조한 마음에, 내키지 않지만 육교를 건너 계엄군과 경찰 전경부대가 대기하고 있는 시청 앞 쪽으로 갔다. 그때 4, 5명의 전투경찰이 구술자에게 달려들어 "저 새끼다" 하고 곤봉으로 난타했다. 구술자는 정신없이 달아나는데 뒷머리를 맞아 심한 충격을 받았다. 그래도 살기 위해 필사적으로 달아나 버스에 올라탔다. 뒷머리에서 흐르는 피를 손수건으로 막으며 겨우 집으로 돌아갈 수 있었다.

이상에서 본 대로 구술자는 당초 시위를 주동할 의도는 없었으나 결과적으로 주동자가 되었다.

2) 조직적 동원자

둘째, 노동자로서 항쟁의 조직적 동원자로 역할 했던 사례는 구술자 이병환을 들 수 있다. 항만 노동자로서 구술자는 직원들과 박정희 정권에 비판적인 소그룹을 형성하여 수시로 술자리 등에서 어울렸다. 부마항쟁 무렵 이 소그룹은 대략 15명 정도의 규모였다.

구술자가 회사 직원들과 형성했던 소그룹은 미시동원맥락(micro mobilization context)의 일종으로 볼 수 있을 것이다. 미시동원맥락이 소집단 상황이지만 일반적인 소집단과 구별되는 점은 동원에 필요한 지도자와 구성원, 의사소통망을 갖추고 있으며 사람들이 자신이 처한 상황에 집합적 행위와 관련된 의미를 부여하는 비판적 의식(attribution)과정이 진행되는 상황이 더해진 것이다(정철희 2003: 80). 구술자가 주도한 소모임은 지도자와 구성원을 갖추고 일상적으로 의사소통하면서 담론을 통해 비판적 사회의식을 공유했다는 점에서 매우 자연스럽게 형성된 미시동원맥락으로 볼 수 있을 것이다. 여기서 구술자는 평소의 독서를 통해 얻은 지식으로 소모임의 의식 형성을 주도하는 역할을 했던 것으로 보인다. 구술자는 이 소그룹과 함께 퇴근 후 서면, 남포동 등 시위가 발생한 곳을 찾아다니면서 시위에 참여하였다. 구술자는 시위를 주동하거나 행동대의 역할은 하지 않았지만 조직적 동원자로서 자발적으로 항쟁에 참여하였다. 부마항쟁에 집단적으로 참여한 것을 계기로 구술자와 직원그룹의 분위기는 더욱 활성화되었던 것 같다. 부마항쟁 이전까지 술자리에서 담화하던 수준의 모임이 부마항쟁에서 시위에 함께 참여함으로써 공동실천의 수준으로 결속력이 강화되었다.

3) 행동대

셋째, 노동자로서 항쟁의 행동대(行動隊)로 역할 했던 사례는 구술자 지경복과 고일수를 들 수 있다. 구술자 지경복은 1979년 10월 18일 저녁 시위대의 구호에 공감하여 참여하게 되자 곧 시위에 몰입하였다. 구술자는 ○○파출소와 ○○파출소를 파괴, 방화하는 데도 앞장섰다. 그러한 행동은 경찰에 대한 평소의 적개심이 크게 작용했다. 구술자의 구술에 의하면 당일 6∼7시경이 지나자 시위를 이끄는 사람은 학생에서 시민으로 바뀌었다. 시민들의 연령대는 주로 20대와 30대였다. 이날은 이슬비가 내렸는데 비를 맞으며 격렬한 야간시위를 계속한 후 구술자는 대략 19일 새벽 1시에 가까울 무렵, 다른 50∼60명 이상의 시위대원과 함께 빼앗은 경찰트럭을 타고 마산역 부근의 ○○파출소를 습격했다. 그 파출소에서 몽둥이를 들고 숨어 있는 경찰을 붙들어 꿇어앉혀 놓고 있는데 밖에서 들들거리며 땅이 울리는 소리가 들렸다. 무슨 일인지 내다봤더니 탱크가 올라오고 있었다. 갑자기 오금이 저려 발이 떨어지지 않았다. 도망가야겠다고 생각하고 정신없이 달아났는데 이미 마산역 부근에는 경찰이 깔려 있었다. 경찰에 체포될 때 그는 흰 티셔츠를 입고 있었는데 방화할 때 났던 불 냄새가 옷에 배어 있어 바로 방화범으로 지목되어 A급으로 분류되었다.

구술자 고일수는 부마항쟁 당시 시내버스 회사의 배차원으로 국제시장 부근에서 일했다. 그 장소에는 계엄군이 배치되어 거리를 통행하는 청년들에게 무차별한 가혹행위를 가하고 군의 트럭에 실어 어디론가 이송시켰다. 그런 행위를 반복적으로 지켜보던 구술자는 가혹행위를 목격하던 중 공분을 느껴 순간적으로 계엄군 대위를 구타하고 도피하였다. 이처럼 공분을 야기하는 상황일지라도 행동으로 저항한다는 것은 분노가 공포를 극복하고 엄청난 위험을 감수해야 가능한 것이다.

최정운(1999: 80-81)은 5·18의 상황에서 시위에 가담한 사람들이 계급적 이해나 민주주의에 대한 욕구를 더 갖고 있었기 때문이라기보다는 시위에 참가하지 않고 시위대에 협조할 것을 꺼려했던 부르주아들은 타산적이고 개인주의적 성향에 의하여 육체적 폭력 앞에 도저히 용기를 낼 수 없는 사람들이었기 때문으로 이해해야 한다고 지적했다. 특히 교육을 많이 받은 사람일수록 참가 비율이 낮았을 것으로 보는데 교육의 기본원리는 지식 습득 이전에 감정을 통제하고 권위에 대한 복종을 익히는 규율에 있기 때문이다. 룸펜 프롤레타리아트의 경우는 가족이나 재산이 없고 또한 감정을 합리적으로 통제하는 데 익숙지 않으며 더구나 개인이 아니라 공동체를 우선으로 생각하는, 이를테면 '의리라면 끝내주는' 생활방식에 젖어 있어 갈등 없이 시위에 참여했을 것이라고 이해한다. 이러한 최정운의 지적은 그대로 구술자의 행동에 대한 해석으로 적용할 수 있다. 즉 구술자가 공포에 떨면서도 저항한 배경은 무의식의 층위에서 작동한 구술자의 계급적 에토스일 것이다. 또 그가 레슬링을 배웠다는 사실이 저항행위의 한 요인이 됐을 수도 있다. 레슬링을 했다는 육체적 자신감이 가세하여 공포를 떨치고 인간적 존엄성의 침해에 저항함으로써 구술자는 국가권력의 횡포에 저항하는 정치적 행위에 가담하게 되었다.

4) 자발적 참여자

셋째, 노동자로서 항쟁의 자발적 참여자로 역할 했던 사례는 구술자 강의식, 김태만을 들 수 있다. 구술자 강의식은 10월 16일 오후,

국제시장에 재료 구입을 위해 갔다가 부산대 학생들이 중심이 된 시위를 목격했다. 평소 유신체제에 불만을 갖고 있던 구술자는 학생시위에 대한 시민들의 호응을 확인하고 "가슴에서 불같은 게 일어"나면서 "이제는 일어서야 된다"고 생각했으나 생업에 바빠 일단 작업장으로 돌아갔다. 10월 17일 오전, 그의 가게에 들른 한 학생에게서 오후에 동아대생들이 시위를 한다는 얘기를 듣고 2, 3시경 시위에 참여했고, 다시 오후 6시 이후에 시위에 참여한다. 그러나 구술자는 시위가 점차 격렬해지면서 시위대와 거리를 두기 시작했고 마침내 시위대를 이탈하는 순간 경찰에 연행되었다.

구술자 김태만은 마산항쟁에 자발적이지만 비교적 소극적으로 가담하였다. 구술자는 퇴근을 위해 통근버스를 타고 근무지인 창원에서 집이 있는 마산으로 들어오다가 시위로 인해 길이 막혀 버렸다. 경찰은 통근버스를 통과시키지 않았다. 그래서 승객은 내려서 걸어갈 수밖에 없었다. 구술자는 바로 귀가하지 않고 시위에 합류하였다. 친구 두 사람과 같이 학생들과 어울려 투석도 하고 공화당사 습격 현장도 올라가 보고 경찰이 잡으러 오면 달아나고 하면서 3∼4시간 동안 시위대와 함께 항쟁에 참여하고 심야에 걸어서 귀가하였다.

이상에서 본 바와 같이 구술 자료에 나타난 노동자들의 역할은 항쟁에서 시위주동자, 조직적 동원자, 행동대, 자발적 참여자이며, 이런 역할들이 어우러져서 부마항쟁의 주체로서 자리매김할 수 있었다고 하겠다.

그러면 이러한 노동자들의 행위는 계급으로서 계급투쟁적 행동을 했던 것일까? 구술에 참여한 노동자들의 자료를 근거로 살펴보면 부마항쟁에 참여한 노동자들은 계급적 자각을 갖거나 계급의식을 명확하게 갖고 있지 않았다. 반면 그들은 비교적 뚜렷한 '반독재 의식'을 형성하고 있었으며 억압적 상황에 대한 분노를 공유하고 있었다. 이러한 의식의 역사적 원천은 유신체제 이전의 민주주의 경험이고, 정보의 원천은 매스 미디어와 가족의 영향 등이며 그보다 더 근본적인 원천은 그들의 피억압자로서의 계급적 경험과 그를 바탕으로 형성된 계급적 에토스일 것이다.[40] 노동자들이 계급의식이 아니라 계급적 에토스만 갖고 있었다 하더라도 중요한 것은 노동자들이 항쟁에 주체로 참여했다는 것이며 이 경험은 계급의식 형성의 새로운 가능성을 열어 주었다는 점이다.

김석준(1997b 1997: 259-260)은 6월항쟁의 참여 주체를 분석하면서 부산지역의 산업노동자들이 어용노조의 지배하에서 또는 무노조 상태에서 최소한의 인권도 보장받지 못한 채 전국 최악의 장시간 저임금 노동에 시달리고 있었지만 이들을 조직화·의식화시키려는 실천들이 체계화되지 못해 조직적으로 참여하기 어려웠다고 지적했다. 즉 산업노동자들은 시민의 한 사람으로 개별적으로 참여하였고 이 과정에서 민주시민으로뿐 아니라 노동자계급의 구성원으로서의 각성도 급속히 진전되었다. 6월항쟁 자체는 계급적으로 분화되어 결집된 대중들의 투쟁 즉 '계급동맹'적 투쟁이라기보다 '아직 계급적으로 분화되지 않은 대중'들의 '연대투쟁'이었다. 그러나 6월항쟁이 진

---

40) 최정운(1999: 80)은 "5·18의 민중이 계급으로서, 여러 계급의 집합으로서 참여했다면 그것은 계급의 이해라기보다 계급의 에토스(ethos) 또는 하비투스(habitus)에 의한 것으로 이해해야 할 것이다. 투쟁의 주체로서의 민중계급에 '구조적 요인'이 있었다면 그것은 경제적 요인이라기보다는 경제적 요인에 기반을 두어 오랜 시간을 통해 이루어진 계급의 세계관과 생활양식에 있을 것이다"라고 썼다. 이는 부마항쟁에 참여한 노동자에게도 해당하는 지적이다.

행되면서 항쟁에 참여한 미분화된 대중들은 서서히 자신들의 계급적 이해관계를 나름대로 분명하게 인식하기 시작했다. 그 결과 무권리상태로 배제되어 왔던 산업노동자를 필두로 한 노동자계급이 하나의 계급으로 형성되기 시작했다. 7, 8, 9월의 노동자대투쟁은 바로 이러한 과정의 출발이었다.

6월항쟁에 참여한 노동자들이 초기에는 계급의식을 갖지 못했지만 항쟁의 과정에서 계급적 이해관계를 인식하게 되었다면 이는 부마항쟁과 80년대 전반기의 노동운동의 경험을 직간접으로 계승함으로써 가능했다고 할 것이다.

2. 집합사고(collective thinking)의 발현

부마항쟁에 참여한 노동자를 비롯한 시민들이 저항공동체를 형성함으로써 나타난 가장 중요한 효과는 시민들이 항쟁의 과정에서 집합사고를 실천했다는 점이다. 시민들은 저항공동체에서 고도의 일체감을 느끼고 있었으므로 개인 상호 간에 깊은 신뢰와 우애가 존재했다. 저항공동체의 시민들은 맹목적인 파괴욕이나 공격성에 사로잡힌 것이 아니라 이성적 분노에 기초한 고도의 정치적 판단력을 가지고 행동했다. 그랬기 때문에 공식적이건 비공식적이건 지도부가 존재하지 않은 상황에서 그토록 많은 군중이 심야의 거리를 질주하면서도 불필요한 파괴나 공격, 살상이나 범죄는 거의 없었던 것이다. 저항공동체의 시민들은 서로 개인적인 신원에 대해서는 아무것도 알 수 없는 상황에서도 신뢰에 기초하여 정치적 판단이 필요한 사안에 대해 즉석에서 제안하거나 토론하여 결정하고 행동했던 것이다. 대중의 자발성에 기초한 이러한 집단적 현장 토론은 집합사고의 발현으로 볼 수 있다.

부산의 야간 항쟁에 대한 관찰 기록을 보면, 데모대가 폭력을 행사했지만 분명한 절제의 선이 있어 민간인의 점포나 기물을 부수거나 훔친 일은 없었다. 경찰관 납치나 흉기 사용도 없었고 파출소를 점거해도 무기고는 손대지 않았다. 범죄적인 난동은 없었다. 시위대의 숫자가 수만 명에 이르렀고 수천 명의 경찰이 동원됐고 사흘간의 야간 시위가 벌어졌는데도 사망자가 1명도 없었다는 것은 데모대의 행동이 포악하지 않았다는 것을 반증한다고 기록하고 있다(조갑제 1987b: 39). 또 다른 관찰자는 국제시장 등 도처에 점포를 열어 놓은 곳이 상당수 있었지만 데모대에 의한 파손이나 절도 등을 당한 일이 없었고 사고나 충돌, 약탈, 방화 등이 없었다고 증언하고 있다(심상집 구술, 차성환 면접 2007). 민간인에 대한 피해가 없었음은 저항공동체가 높은 도덕성을 갖고 있었음을 보여 주는 것이다. 아울러 권력기관 등에 대한 타격에 있어서도 저항공동체는 매우 정치적인 판단력을 보여 준다. 시위대는 부산문화방송, 한국방송공사 부산방송국, 부산일보사를 습격했지만 시위의 진원지인 광복동에 자리 잡은 기독교 부산방송국은 안전했다. 부산기독교 방송국은 당시 언론기관 중에서는 유일하게 부마항쟁을 뉴스로 내보내었다.

또 부산 남교회 앞에서 대학생, 재수생, 접객업소 종업원 등 50여 명의 시위군중이 모여 즉석에서 토론을 벌였는데 쟁점은 폭력을 사용할 것인가라는 문제였다. 경찰의 폭력 진압에 맞서, 폭력 사용은 안 된다는 의견과 폭력 사용이 불가피하다는 의견이 나뉘어 토론한 결과 강경론이 우세하여 모두 맥주병을 휘두르며 경찰 진압부대를 향해 달려갔다. 또 데모대의 사진을 찍은 동아일보 기자를 붙잡아 어떻게 처리할 것인가를 토론하는 장면도 보고되었다(조갑제 1987b: 25-41). 타격대상을 결정하는 데서도 즉석에서 토론이 벌어졌다. 마산 양덕파출소에서는 시위군중 가운데 무기고를 부수자는 선동이 나왔으나, 주변 군중들이 반대하여 무기고에 손대지 않았다. 또 오동동 파출소에서는 경찰 오토바이에 불을 지르는 행동에 대한 찬반 논의가 있었다. 마산 도립병원 앞에서는 도립병원을 부수려고 투석을 하려는 사람들에 대해 "병원이 무슨 죄가 있느냐, 병원은 놔두자"고 주변의 군중들이 적극 만류하여 막았다(박영주 1985: 150-164). 또 마산의 시위 현장에서 심야에 시위를 계속할 것인가, 그만둘 것인가를 놓고 토론이 있었으며 체포된 동료들을 구하기 위해 시위를 계속해야 된다는 결론을 내리고 각목을 들고 경찰서로 향하는 장면도 보고되었다(류동열 구술; 박영주 1985).

이처럼 항쟁의 모든 국면에서 저항공동체를 구성한 군중들은 즉각적인 토론을 통해 의견을 교환하고 균형 잡힌 정치적 판단을 내림으로써 집합사고의 발현을 보여 주었다.

3. 폭력과 고통의 변주

이 절에서는 노동자들이 부마항쟁에 참여함으로써 어떠한 불이익과 고통을 경험했는지를 확인해 본다. 항쟁으로 인한 고통의 경험은 무엇보다 폭력과 관련된 것이었다. 폭력은 시위대와 경찰, 계엄군이 상호 간에 행사했으나 그 내용은 상이하다. 참여 노동자를 비롯한 시민들에게 공권력의 존재는 법의 집행자이기 이전에 적나라한 폭력과 고문으로 다가왔다.

1) 체포(逮捕)와 고문(拷問)

부마항쟁에서 시위 중 체포된 시민들은 거의 예외 없이 경찰 조사 과정에서 혹독한 구타와 고문을 당했다. 특히 시위의 주동급에 해당하는 사람들과 관공서의 파괴, 방화에 관여한 사람들에게 자백을 받기 위한 수단으로 심한 고문을 가했다. 구술자들의 자료를 통해 보면, 구술자 지경복과 강의식은 항쟁 참여 중 체포되어 경찰에서 모진 고문을 받고 재판에 회부된다.

구술자 지경복은 10월 18일 자정을 전후하여 ○○파출소를 습격하던 중 출동한 군대의 탱크를 목격하고 도주하였다. 마산, 창원 일원에 위수령이 내려진 시각은 10월 20일 자정이었지만 군인이 출동한 것은 10월 18일 마산의 항쟁이 발생한 첫날부터였다. 경남일보 기자들의 취재자료에 의하면 18일 하오 7시 10분 치안본부장이 마산경찰서장에게 전화를 걸어 사단장을 찾아 전화하라고 지시했다. 하오 10시 45분 39사단 군인 240~250명이 트럭 6대에 분승하여 마산경찰서에 도착했다. 하오 11시 30분 장갑차 3대와 39사단장 조옥환 소장이 마산경찰서에 도착하였고 시내에 투입된 2개 중대 240명의 군인들이 군가를 부르며 닥치는 대로 시위대를 붙잡아 트럭에 실었다(『자료집』 1989: 41-45). 이때 투입된 장갑차 중 한 대가 구술자가 방화한 ○○파출소 방면으로 진출했고 구술자는 달아나다가 포위한 경찰에 체포되었다. 경찰은 냄새로 구술자를 방화범으로 지목하여 A급으로 분류했다. A급은 데모를 주동하거나 앞장선 사람과 공공건물을 파괴·방화한 사람으로 구속수사를 원칙으로 했다. B급은 데모에 적극적으로 가담한 사람으로 즉심에 회부했다. C급은 소극적으로 데모에 가담했거나 따라다닌 사람으로 훈계 방면했다(박영주 1985: 166). 방화범에 대해서 경찰은 특별히 집요하게 자백을 강요했다. 부산에서도 경찰은 대학생에게 방화를 자백받기 위해 통닭구이, 고춧가루 탄 물 먹이기, 손가락 사이에 송곳 끼워 비틀기 등의 고문을 했고 피의자는 거짓 자백을 했던 사례가 있었다(조갑제 1987b: 75). 구술자는 경찰서 지하실에서 '이대로 죽는구나 하고 정신이 돌아 버릴 때까지' 전기고문, 물고문, 통닭구이 등의 갖가지 고문을 당하면서 방화한 사실을 자백하도록 강요받았다. 구술자는 고문에 못 견디면 시인했다가 고문이 늦추어지면 부인하기를 반복했다. 그러자 경찰은 김효영이란 소년을 데리고 와서 함께 불을 질렀다는 자백을 강요했다. 공범을 조작하려던 경찰의 기도는 중단됐으나 구술자는 방화죄로 기소되었고 법정에서는 진술을 번복하여 방화 사실을 부인했다. 이러한 행동은 중형을 받을 위기에 처한 구술자의 절박한 생존 전략이었다. "처음에는 공공기물 방화란 게 얼마나 큰 죄인지 몰랐"지만 "시간이 조금 지난 뒤에⋯ 죄가 크"다는 것을 알고 형량을 줄이기 위해 끝까지 부인했다. 구술자는 비상보통군법회의에서 실형을 선고받았고, 10 · 26사건이 난 후인 1979년 말경 형 집행 면제 처분을 받아 출소하였다.

구술자 강의식은 체포된 후 부평파출소를 거쳐 중부경찰서로 넘겨졌다. 거기서 구술자는 무자비한 구타와 함께 고문을 받았다. 경찰은 투석과 방화를 자백하라고 고문하면서 구술자를 A급으로 분류했다. 그 다음에는 배후를 자백하라고 고문했고 배후가 없다고 하자 간첩으로 몰아세웠다. 경찰은 지하실에 구술자를 꿇어앉히고 머리에

검정 비닐봉지를 씌워 죽인다고 협박했다. 경찰은 구술자의 구속영장을 청구했으나 기각되었고 약식재판에 회부되었다. 구술자와 6~7명의 피의자가 함께 재판을 받았다. 재판 전에 경찰은 판사 앞에서 아무런 진술도 하지 말라고 경고했다. 그래서 판사의 질문에 답하지 않았고 판사는 구류 29일을 선고했다.

2) 상이(傷痍)

부마항쟁에서 현재까지 공식적으로는 사망자가 없는 것으로 보고되었으나 이는 매우 의심스럽다.[41] 그러나 상이자는 많이 발생했는데 시위 도중에 경찰이나 계엄군과의 충돌로 인한 경우, 체포된 후의 고문에 의한 경우, 계엄군의 횡포에 의한 경우가 있다. 구술자 강의식와 곽동효가 상이를 당한 사례인데 강의식은 고문에 의해, 곽동효는 시위 후 경찰의 보복 공격으로 인한 것이었다.

구술자 강의식은 재판을 받고 구류를 살고 있는 중에 고문으로 다친 허리의 통증이 시작되었다. 척추 디스크였다. 약을 먹었으나 소용이 없었다. 석방 후 의상실에서 일을 하려고 하니 통증 때문에 할 수가 없었다. 1년 정도를 억지로 버텼으나 도저히 버틸 수가 없어 가산을 정리하고 투병생활에 들어갔다. 그동안 침, 지압 등 온갖 방법을 동원했고 약 2년간의 투병생활 끝에 통증이 다소 완화되었다.

---

41) 경남매일의 기자 취재자료에 의하면 마산에서 2명의 사망 추정자와 1명의 변사자가 있었다. 10월 18일 하오 6시 경남대 이명수 군이 경찰의 곤봉에 맞아 병원에 실려 갔으나 행방이 묘연하고 생사 불명이며, 하오 9시 50분 학생으로 보이는 청년이 전경에 맞아 실신하여 택시에 실려 갔으나 역시 생사 불명이라고 보고되었다. 변사자는 대림여관 앞 도로변에 50여 세로 보이는 노동자풍에 작업복 차림의 남자로 왼쪽 눈에 멍이 들고 퉁퉁 부은 채 (코와 입에서 피를 흘린 채) 죽어 있었다고 보고되었다. 정황으로 판단컨대 타살임이 분명하고 항쟁의 와중에 일어난 사건이므로 항쟁 참여 중에 피살되었을 가능성이 높다(『자료집』 1989: 46).

그러나 완치는 되지 않아 평생의 고질병으로 남게 되었다.

구술자 곽동효는 시청 앞에서 경찰의 곤봉에 맞아 머리 피를 흘리면서도 불심검문을 피해 골목길을 택해 집으로 갔다. 병원에 가면 경찰에 신고가 들어갈까 두려워 병원에 가지 않고 약을 사서 자가치료했다. 사흘간 집에 누워 있다가 오래 결근하는 것도 회사에서 이상하게 생각할 것 같아 어지러운 데도 출근을 했다. 뒷머리의 상처가 부어올라 작업장에서 안전모를 쓸 수가 없을 정도였다. 구술자는 머리 뒤쪽에 큰 흉터를 남겼고 그 후유증으로 지금까지 기억력 저하에 시달리고 있다.

3) 도피(逃避)

부마항쟁에서 도피한 사람들은 대개 시위를 주동했던 학생 수배자들이었다. 노동자 등 거리의 시위를 주동한 학생 이외의 사람들은 신원이 밝혀지지 않았으므로 현장에서 체포되지 않는 한 수배할 수 없었다. 그러나 구술자 고일수처럼 주동자가 아니면서도 도피할 수밖에 없는 경우도 있었다. 구술자는 계엄군 장교를 구타한 후 두려워 집에서 두문불출하고 있는데 부산 중부경찰서의 형사가 구술자의 회사를 통해 집을 알아내어 체포하러 왔다. 구술자는 잡혀 가면 죽는다는 공포감에 화장실 간다는 핑계로 뒷산으로 도주하였다. 이로 인해 회사에 출근을 할 수 없었고 몇 달간 도피생활을 한 후 계엄령이 해제된 후에야 구술자는 정상적인 생활로 돌아갈 수 있었다. 구술자가 가장 두려워한 것은 법적 제재보다 고문과 같은 적나라한 폭력이었다.

4) 고립(孤立)

부마항쟁에 참여한 시민들은 항쟁의 정당성에 대한 확신이 높았고 따라서 항쟁 참여 사실은 시민들 간에는 당당한 행위였다. 그러나 방화 등 과격한 행동에 대해서는 불온시하여 당사자를 사회적으로 고립시킨 사례가 있었다. 이러한 사례는 심층적으로 분석해 볼 필요가 있다. 구술자 지경복은 군법회의에서 실형을 받고 10·26 정변으로 조기 출소하였다. 그러나 구술자는 가족에게 이해받지 못했을 뿐 아니라 동네사람들에게도 방화범이라고 따돌림을 받게 된다. 구술자의 동네는 "말이 많은 동네"고 "바로 우에가 통장집이고 대문 앞이 반장집"이라 구술자가 방화범으로 구속된 사실을 알게 되었고 그래서 "동네 사람들이 손가락질하고… 비난을 하"고 "저놈 빨갱이 새끼다"라고 쑥덕거렸다. 이런 분위기는 당사자도 힘들지만 가족도 견디기 어려워 결국 가족들은 구술자를 아무런 연고도 없는 제주도의 어떤 가게로 유배시키듯이 보내 버렸다. 이후 어릴 때 살던 동네에 발길을 끊은 구술자는 할머니의 장례식이 그 동네에서 치러질 때도 참석을 기피했다. 동네사람의 사회적 낙인으로 인한 고립은 구술자에게 깊은 트라우마(trauma)를 남겼다.

제3절 항쟁 이후 참여 노동자들의 변화

1. 의식의 변화

부마항쟁에 참여한 다양한 시민들 그리고 노동자들의 경우에 항쟁이 그들의 의식과 삶을 변화시킨 양태는 개인에 따라 매우 다양할 것이다. 구술자들의 경우는 항쟁의 체험이 강렬했던 만큼이나 항쟁이 개인에게 미친 변화가 컸다. 이 절에서는 항쟁체험이 이후 구술자들의 의식과 삶의 변화에 미친 영향을 중심으로 살펴보고자 한다.

1) 각성(覺醒)

항쟁이 구술자들에게 미친 영향 가운데 가장 중요하고 두드러진 것은 정치현실에 대한 각성이었다. 다른 시민들도 그렇지만 구술자들도 평소 정치적 비판의식을 갖고 있었다 하더라도 정치적 행동에 나선 것은 거의 처음이었다. 뿐만 아니라 유신체제와 긴급조치가 빚어낸 공포분위기 때문에 노동자나 시민들은 학생들이 시위로 투쟁의 분위기를 달구어 주는 시간이 필요했다. 그리고 야간의 익명성이 보장되면서 본격적으로 노동자, 민중의 진출이 이루어졌다. 그리고 노동자, 민중이 일단 주체로 등장하면서 오랫동안 억압되어 있던 해방의 욕구가 일시에 분출하였다. 이 에너지는 걷잡을 수 없는 힘으로 전환되면서 일상의 질서를 일거에 붕괴시켜 버렸다. 한번 방출된 민중의 에너지는 끝없이 확대 증폭되면서 군대의 무력으로써 가까스로 진압되기 전까지 참여자 개개인의 심층 의식까지 뒤흔들어 놓았다. 그리고 경찰이나 계엄군에 검거된 노동자들은 무자비한 구타와 고문 등 극한적 폭력을 경험했다. 이러한 과정에서 구술 참여자들은 정치적 각성을 경험하였다.

구술자 지경복은 평소에 체제에 대해 비판적이었으나 정치를 자기의 문제로 생각해 본 적은 없었다. 구술자는 대통령은 박정희만하는 줄 알았다. 그러나 시위대의 구호를 듣는 순간 '가슴 한구석에억눌'려 있던 것이 표출되어 열광적으로 항쟁에 참여하였다. 이후체포되어 고문을 받고 군법재판에 회부되어 실형을 받는 등 엄청난고통을 겪었다. 그리고 출소한 후에는 심각한 사회적 고립을 경험하였다. 이러한 경험은 구술자에게는 심각한 좌절의 경험이며 그것은구술자의 삶의 태도를 소극적·비사회적으로 변화시킬 수도 있었다.그러나 구술자는 좌절하지 않고 적극적으로 자신의 삶을 타개해 나갔다. 구술자가 생계를 위해 취업한 노동 현장에서 부딪히는 열악하고 억압적인 상황에 대해 순응하지 않고 노동법을 공부하고 부당한상황에 저항하였다. 구술자는 그 이유를 부마항쟁을 겪어 보니까'세상을 다르게 볼 수 있는' 눈이 생겼기 때문이라고 진술한다. 그렇다고 해서 구술자가 부마항쟁을 계기로 알게 된 대학생이나 지식인들과 이후 어떤 접촉을 가졌거나 그들의 영향을 받은 바도 없었다.구술자의 항쟁 경험 그 자체가 구술자의 정치적·사회적 각성의 계기였다.

구술자 강의식은 자발적으로 항쟁에 참여했다가 체포되어 모진고문을 받고 29일의 구류를 살고 석방되었다. 그러나 고문으로 얻은허리병으로 생업을 접고 2년간 요양을 해야 하는 고통을 겪었다. 이과정에서 구술자는 '내가 왜 그렇게 당하고 살아야 하는가, 무엇이잘못되었는가?'를 깊이 생각해 보았고 '내 앞 세대들이 삼선개헌을 저지하고 유신헌법을 막았더라면 그 다음… 세대는 이런 고통을 안 당하고 살았을 것이 아닌가?'를 깨닫고 민주화에 대한 열망을 갖고 자신이 해야 할 일을 찾게 되었다고 진술한다. 이러한 각성 이전에 이미 구술자는 박정희의 권위주의 정치에 비판적이었으나 부마항쟁의 경험은 이러한 비판이 구체적·정치적 실천으로 이어져야 한다는 자각을 갖게 하였다. 따라서 박정희 정권을 대체하여 등장한 전두환 정권 역시 구술자에게는 타도되어야 할 군사독재임에 다를 바 없었다. 더구나 5·18항쟁을 접하면서 구술자의 의식은 더욱 강화되었다. 구술자는 5·18항쟁을 텔레비전 안테나에 잡히는 일본 NHK의 저녁 6시 뉴스 방송을 통해서 접하면서 구체적 실상을 알게 되고 전두환 정권의 폭압성을 생생하게 느낄 수 있었다.[42]

구술자 고일수는 일정 기간 동일한 장소에서 동일한 가혹행위를 목격하는 가운데 형성된 감정(공분)으로 인해 계엄군 장교를 구타하고 미로 같은 골목길을 통해 도주하였다. 그리고 계엄이 해제될 때까지 상당 기간을 숨어 지내야 했다. 계엄 상황에서 저항은 엄청난 용기를 필요로 하는 일이다. 국가의 권력행사 방식에 분노를 느끼고 공포를 떨치고 인간적 존엄성의 침해에 저항한 경험은 구술자의 정치의식을 각성시켰고 그의 삶에 변화를 가져왔다.

구술자 곽동효는 시위를 주동했고 그 보복으로 머리에 상처를 입었지만 체포는 모면했다. 국가폭력의 피해자로서 구술자는 평소 반독재의식을 갖고 있었지만 항쟁의 경험을 통해 더욱 강화되었으며 이는 노동운동에의 참여로 이어졌다.

---

42) 부산은 일본과의 지리적 근접성 때문에 일본 텔레비전 방송의 시청이 가능하였다.

구술자 이병환은 부마항쟁에서 조직적 동원자로서의 역할을 했으며 평소의 정치의식이 보다 실천 지향적으로 강화되었다. 구술자가 주도하는 직장 내 소그룹은 항쟁경험을 계기로 더욱 결속되어 강화되었던 것으로 보인다.

구술자 김태만은 안정된 대기업에 근무하는 노동조건과 함께 항쟁에 소극적으로 참여한 경험이 정치적 각성으로 이어지지는 않았다. 그러나 구술자의 정치관에 영향을 미친 경험이 된 것은 분명하다.

2) 힘의 자각(自覺)

부마항쟁의 경험은 두 번에 걸쳐 항쟁 주체들이 스스로의 힘을 자각하는 계기를 제공하였다. 첫 번째는 부마항쟁 그 자체가, 두 번째는 부마항쟁의 결과가 그러하였다.

첫째, 부마항쟁에 참여한 학생이나 시민들 모두가 예상을 훨씬 뛰어넘는 엄청난 참여의 열기에 고무된 것이다. 이러한 분위기는 놀라움과 감동으로 표현되었다. 사람들은 '전신에 짜릿한 감동'을 받았거나, '처음으로 민중의 힘을 느꼈고', '놀랐고', '서로 환호하'였다(임수생; 김영; 최성묵; 김명섭; 1989). 시민들의 적극적 참여는 잠재적 참여자들을 고무시켜 시위 대열을 확장시켰다. 고립되어 있던 시민들이 집합행동에 참여함으로써 시민들이 스스로의 힘을 자각하는 과정이었다. 유신체제하의 공포정치에 길들여진 대중들이 공포를 극복하고 자신감을 회복하는 과정이었다.

둘째, 부마항쟁의 결과로 초래된 10·26정변은 민중의 힘을 보여준 또 다른 계기였다. 부마항쟁에 참여한 학생이나 노동자를 포함한 시민들 모두 유신체제의 직접적 붕괴를 기대하지는 않았다. 다시 말해 유신국가가 정치적 기회구조를 열어 주었기 때문에 항쟁에 참여한 것이 아니라 항쟁 참여자들이 정치적 기회구조를 만들어 나갔던 것이다. 항쟁 참여자들은 제10대 총선을 통해 확인된 민주화 열망과 민주화운동의 강화 발전, 독재극복 가능성에 대한 자신감의 성장 그리고 대안적 민주화 리더십의 발견이라는 정치적 배경에 고무되어 항쟁에 참여하였다(조정관 2008: 24). 그러나 부마항쟁에 대한 유신체제의 대응은 초강경 기조였다. 부마항쟁을 계기로 체제의 억압성은 더욱 강화되었고 따라서 체제의 붕괴는 아무도 예상하기 어려웠다. 그럼에도 불구하고 유신체제는 부마항쟁이 진압된 지 불과 6일 후에 박정희의 피살로 막을 내렸다. 부마항쟁은 김재규의 손을 빌려 유신체제를 붕괴시켰다. 이것은 부마항쟁에 참여한 모든 사람들에게 기적 같은 놀라움을 불러일으켰다.[43] 이러한 사태 전개는 부마항쟁의 정당성을 보여 주었을 뿐 아니라 부마항쟁에 참여한 사람들과 모든 국민들에게 스스로의 힘을 확인시켜 준 결과가 되었다. 부마항쟁에 참여한 시민과 노동자들은 항쟁을 통해 스스로 갖고 있는 엄청난 힘을 자각하게 되었고 10·26정변을 통해 그 힘이 엄청난 변화를 만들어 냈음을 확인하게 되었다. 이러한 상황은 이후 신군부의 등장과 5·18항쟁의 또 다른 역사적 경험을 통해 우여곡절을 겪기는 하지만 1980년 전두환 정권의 폭압을 무릅쓰고 민주화운동과 노동운동을 포함한 민중운동이 질적으로 발전하는 원동력이 되었음이 분명하다.

---

43) 실제로 구술자 최갑순은 체포되어 가혹한 취조를 받던 중에 10·26사건과 관련하여 겪은 신비적 체험을 진술한다. 10·26 직전 구술자는 혹독한 고문으로 고통이 육체적 한계에 다다랐을 때 비몽사몽간에 어둠 속에서 갑자기 천정 위의 문이 열리고 거기서 구원의 사다리가 내려오는 환영을 보게 된다. 그리고 곧 10·26정변을 알게 되었고 그때부터 고문이 중지되고 수사관들의 태도가 달라지는 것을 경험했다(최갑순 구술, 차성환 면접 2008).

2. 삶의 변화

구술자들은 정신적 각성과 힘의 자각을 통해 부마항쟁에서 겪은 폭력과 고통에 좌절하지 않고 새로운 정치적 실천을 통해 삶의 변화를 추구하였다. 이하에서는 구술자들의 정치적 실천이 어떻게 구체화되었는지를 중심으로 부마항쟁이 참여 노동자에게 어떤 영향을 미쳤는지 살펴보기로 한다.

1) 야당 운동

정당활동으로서 야당에 참여하는 것은 제도정치에 참여하는 것으로 굳이 운동이라고 명명할 이유가 없을 것이다. 그러나 여기서 야당운동이라고 하는 이유는 전두환 정권 하의 야당활동은 정치적 자유가 억압된 상황에서 이루어졌을 뿐 아니라 구술자들의 야당활동의 목적이 당직이나 선출직으로의 진출을 위한 것이 아니라 민주화운동의 한 방편으로 활용되었기 때문이다.

구술자 강의식은 항쟁 참여를 통해 얻은 정치적 각성을 거쳐 군사독재정권에 대한 비판을 넘어서 구체적 실천을 지향하게 된다. 구술자는 1985년경부터 활성화된 제도권 야당과 연결되었다. 개헌을 이슈로 내걸고 군부정권에 도전한 민주당이 구술자의 민주화 열망을 대변하는 조직이 되었다. 구술자가 야당활동에 적극적으로 참여하게 된 시기는 1985년 2월 총선거 때였다. 구술자는 부산 ○○구에 출마한 민주당 ○○○ 후보의 선거운동을 위해 ○○지역의 책임을 맡아 김영삼 총재의 연설 녹음테이프를 비밀리에 돌리는 등 적극적인 활동을 통해 민주당 후보의 승리를 이끌어 내었다. 민주당과 학생운동세력, 재야세력이 연대한 6월항쟁에도 구술자는 성치 않은 몸이지만 적극 참여하였다. 6월항쟁에 참여하는 남편의 건강과 신변을 염려하여 적극 말리는 부인에게 구술자는 "우리 ○○(구술자의 아이 이름)이, ○○이, 제2의 권인숙(1986년 부천경찰서 성고문사건의 피해자)이… 만들지 않으려면 내가 할 일은 내가 해야 한다. 아버지로서 해야 할 일이다"라고 하면서 시위 현장에 나갔다. 6월항쟁 이후 1988년 봄의 총선에서도 구술자는 민주당의 ○○지역 당원협의회장으로 적극적인 정치활동을 지속했다. 노태우 정권의 안기부가 선거에 개입하여 협박 전화를 하고 구술자의 승용차가 부서지는 등 노골적인 위협 속에서도 자기 돈을 써 가면서 조직을 관리하고 발로 뛰어 ○○○ 후보의 재선을 이루어 내었다. 그러나 1990년 1월 민주당이 민정당, 공화당과 통합한 이른바 3당합당을 발표하자 극도로 배신감을 느낀 구술자는 민주당을 비판하고 그 활동을 중지하게 된다. 이후 ○○○ 후보가 구술자를 적극적으로 설득하여 구술자는 다시 1992년 총선에서 ○○○ 후보의 선거운동을 하게 되지만 선거의 타락상에 실망하여 완전히 야당활동을 청산하게 되었다.

구술자는 정치활동을 떠나 현재 운수업을 하면서 부마항쟁으로 얻은 허리병만 제외하면 단란한 가정을 유지하며 만족스런 삶을 영위하고 있다. 구술자는 '순수한 민주화를 위해 사심 없이 싸웠던 시민, 자기 세대의 책임을 다한 민주주의자'라는 생애사적 관점에서 자신을 설명하고 있다. 그러나 구술자는 민주화 이후 다양한 목소리가 분출하는 현상은 무질서와 방종으로 보고 있다. 이는 부마항쟁 시위에서 과격한 행동에 대해 거리를 두었던 구술자의 일관된 태도로 보인다.

구술자 고일수는 계엄군 구타 사건을 계기로 점차 정치의식을 갖게 되었다. 그래도 1980년 5월, 광주에서 일어난 5·18항쟁을 당시에는 정부의 발표대로 폭도의 소행으로 믿을 만큼 단순하였으나 이후 진실이 왜곡되었음을 알게 되고 군부 정권에 대한 비판의식을 강화하게 된다. 이러한 과정을 통해 구술자의 의식 속에 전두환 정권은 타도의 대상이 되었다. 1983년경 구술자는 ○○동으로 이주하면서 시계수리점을 내어 생계를 꾸렸는데 이웃에 사는 민주당원과 알게 되었다. 그는 당시 민주당 정치인 ○○○의 사무실에서 조직부장으로 일하던 김 모라는 사람으로 구술자에게 접근하여 ○○○ 등 야당 인사를 소개시키기도 하면서 야당활동에 끌어들였다. 구술자는 민주당원은 아니었지만, 민주당을 민주화를 지향하는 정당으로 인식하고 그 활동에 적극 참여하였다. 민주당과 연계되면서, 또 1985년 2·12총선을 계기로 개헌 논의가 본격화하고 민주화운동이 활성화되면서 구술자는 (주로 민주당의) 집회나 시위가 있으면 생업을 제쳐 두고 참여할 정도로 적극적 행동에 나서게 되었다.

그러다 보니 동네에서는 데모꾼으로 낙인이 찍힐 만큼 내놓고 정치적 활동을 하게 되고 시위 현장에서 최루탄 껍질을 주워 집에 진열해 둘 정도였다. 구술자는 1987년 6월항쟁에도 적극 참여하였는데 연좌 농성 중 전투경찰의 집단 폭행으로 부상을 당하게 되었다. 6월항쟁 이후 구술자는 민주당 활동을 접고, 부상으로 다리가 불편한 가운데 시계수리업과 함께 지역의 시민단체 활동과 교통정리 봉사활동 등을 하며 살고 있다. 구술자는 '생업마저 돌보지 않고 민주화운동에 헌신한 민주시민'이라는 생애사적 관점으로 자신을 설명하고 있다.

2) 재야운동

구술자 이병환은 부마항쟁을 통해 활성화된 직장의 소모임 활동을 지속해 나갔다. 구술자는 1980년대 중반부터 시작된 야당의 개헌추진 집회나 재야세력의 집회 그리고 1987년 박종철 고문치사사건을 계기로 벌어진 박종철 추모행사 등 대중 시위에 직장 소그룹 성원들과 함께 집단적으로 참여하였다. 구술자는 당시 부산지역 재야세력의 중심 조직이었던 부산민주시민협의회에 자발적으로 가입하여 심야에 주택가에 기관지를 배포하는 등 적극 활동하였다. 1987년 6월항쟁에도 직원 소그룹과 함께 적극 참여하였다.

3) 노동운동

구술자 지경복은 출소 후 방위병 제대 후 다시 공장에 취업했지만 부마항쟁을 겪은 구술자는 순응적인 직장생활을 하기 어려웠다. 구술자는 부당하고 억압적인 상황에 직면하면 외면하지 못하고 나서게 되었다. 그러나 부마항쟁으로 알게 된 사람들을 만나거나 찾지는 않았다. 부마항쟁은 구술자에게 고통스런 기억으로 남아 있었기 때문이었다. 구술자는 부당한 노동 상황에 대해 스스로 노동법을 공부하여 노동자 의식화와 노조 결성을 시도하는 노동운동가로 변신하였다. 그러나 구술자가 취업한 중소기업에서는 노조를 결성하기도 어려웠고, 노동운동은 많은 장애에 부닥치거나 해고되기도 했다. 경찰의 감시가 따르기도 했다. 6월항쟁 때 구술자는 마산지역의 국민운동본부의 활동에 참여했고 그 전후에 YMCA를 통해 창원공단이나 마산수출자유지역의 노조 활동가들의 모임을 조직하여 함께 노동법을 연구하기도 했다.

노동운동을 통해 구술자는 부마항쟁 참여로 받은 군부독재의 탄압의 상처를 치유할 수 있었던 것 같다. 노동운동을 통해 구술자는 다른 노동운동가들을 만나면서 탄압으로 인해 받았던 사회적 고립에서 벗어나고 사회적 긍지를 되찾게 되었던 것으로 보인다. 특히 6월항쟁으로 정치적 공간이 열리면서 그런 가능성은 더욱 커졌다. 그런데 6월항쟁에 이은 7, 8월 노동자대투쟁으로 노동운동이 크게 활성화하면서 그의 개인적 처지는 역설적으로 더욱 어려워지게 되었다. 노조 결성이 급증하면서 대기업은 이전과 달리 철저한 신원조회를 하게 되었고 그의 부마항쟁 경력은 취업에 걸림돌이 되었기 때문이다. 그는 이제 안정된 큰 회사에는 취업을 기대할 수 없고, 불안정한 중소기업에서도 과거 경력이 밝혀질까 두려운 상황이 되었다. 부마항쟁은 구술자에게 '세상을 다르게 볼 수 있는' 눈을 열어 준 계기였지만, 동시에 '기술을 배워… 카센터라도… 차려 볼' 조그만 꿈조차 깨어 버렸고, 어린 시절부터 살아온 동네에 더 이상 살 수 없도록 만든 사건이었다. 부모님 대신 의지하던 할머니가 별세했을 때조차 그 동네에 가기가 싫어 장례식에 참석하지 않았을 정도로 동네사람들의 차별은 구술자에게 깊은 상처로 남아 있었다. 부마항쟁에 대한 구술자의 이런 양가적(兩價的) 감정은 결혼과 함께 가장의 역할이 부가된 생애주기의 변화와 해고 등 거듭된 노동운동의 실패 경험으로 인해 더욱 심화되었던 것으로 보인다.

구술자 곽동효는 부마항쟁 체험 이후 가스 설비 기술을 배워 본격적인 노동자 생활을 하게 된다. 1987년, 구술자는 부산에서 6월항쟁을 맞게 되는데 적극적으로 참여하지는 않았지만 시위대와 함께 거리를 행진하기도 했다. 구술자는 이듬해 고압가스 설비 기술자로 동

부산업이라는 동부그룹 산하의 제강공장에 취업하였다. 구술자가 보기에 당시의 동부산업(현 동부제강)은 저임금에, 노동조건이 열악했다. 그래서 노동조합 설립을 추진했다. 회사는 노조 설립을 방해해서 두 번 실패하고 세 번째 노조 신고필증을 받는 데 성공했다. 구술자는 노조 대의원과 조직부장을 맡아 노조활동에 열심히 노력했다. 구술자는 노조의 간부로서 직접 회장에게 (이전의)노조 설립 방해 행위에 대해 항의하여 용공분자 소리도 듣고, 회사의 경계를 받았다. 그렇게 6년간 노조활동을 하다가 회사 측의 악의적 선전으로 인격적 손상을 입은 것이 계기가 되어 구술자는 회사를 사직했다. 자기보다 나이 작은 중간 관리자들에게 인격적 모욕을 받아 가면서 일하기는 싫었다. 그러나 퇴직 후 부산으로 와 취업을 하려던 구술자는 블랙리스트에 걸려 취업을 하지 못하게 되었다. 결국 구술자는 블랙리스트 때문에 취업을 포기하고 자영업으로 전환하여 자리를 잡았다.

구술자는 부마항쟁, 노동운동을 포함한 자신의 생애사적 경험을 "다른 사람을 위해 자신을 희생한 정의로운 삶"으로 설명하고 있다. 이는 의병장이었던 조상과 6 · 25 참전군인이었던 아버지 등 가계에 대한 자부심과 결합하여 구술자의 행위를 이타적인 동기로 인식하고 있다.

구술자 이병환은 6월항쟁이 7 · 8월 노동자대투쟁으로 전환하는 시점에 가서 평소 함께 했던 직원 소모임과 함께 파업을 통해 노조를 설립하였다. 구술자와 소모임 그룹은 오랫동안 비판적 사회의식을 공유했으며 자연스럽게 노조의 필요성에 공감하고 있었기 때문에 노조를 설립하는 데 직원들의 참여를 이끌어 내는 것은 매우 쉬웠다고 한다. 구술자의 회사에서 노조 설립이 성공하자 같은 업종의 여러 회사에서 노조 결성 시도가 있었고 구술자는 이를 적극 지원하거나 협력하였고, 항만, 운수 분야 노조연대를 결성하여 이끄는 등 이후 오랫동안 노조 위원장으로서 노조운동에 힘썼다. 구술자는 노조위원장으로서 초기에 부산지역 민주노조의 연대활동(부산노동조합연합회)에 앞장섰으나, 전노협(전국노동조합협의회)에는 참가하지 않았다. 그 이유는 전노협(전국노동조합협의회)이 일반 노동자가 아닌 소위 선진 노동자 중심으로 활동하는데 반대했기 때문이었다.

구술자는 2000년에 노조를 떠났고 수년간 제조업에 종사하다가 현재는 ○○공사 감사로 재직하고 있다. 구술자는 부산민주시민협의회에 가입하기 전까지 어떤 개인이나 단체의 직접적 영향을 받거나 소속된 일이 없이 개인적인 독서와 사색을 통해 정치적 의식을 형성해 왔다. 구술자는 동백림사건과 연관된 고등학교 중퇴 이후 권위주의체제에 대한 비판의식을 지속적으로 강화해 갔으며, 그 연장선상에서 자연스럽게 노동운동가로 성장하였다.

구술자는 자신을 '스스로 각성하고 독학과 실천을 통해 민주화운동과 노동운동에 헌신한 운동가'라는 생애사적 관점으로 설명하고 있다.

제4절 부마항쟁 참여 노동자의 성격

1. 국민

부마항쟁에 참여한 노동자들은 우선 국민국가 대한민국의 국민이라는 정체성을 갖고 있었다. 이들이 갖고 있던 '반독재 의식'은 주권

행사 주체로서의 국민이라는 의식과 불가분의 연관을 갖고 있는데 이는 다음과 같은 시위의 양상에서도 잘 드러나고 있다.

노동자를 포함한 시위군중들이 시위 중 가장 많이 부른 노래는 애국가였다. 1979년 10월 16일 부산 국제시장 주변의 시위에서 전파상에서는 「애국가」 등의 노래를 틀어 주고, 문구상에서는 태극기를 제공하였다(허진수 증언, 『자료집』1989). 마산 양덕 파출소에 난입한 시위대는 파출소 벽에 나란히 걸린 태극기와 박정희 대통령의 사진 액자를 떼나와 대통령 사진액자는 내동댕이쳐 박살을 내고 태극기만 높이 치켜들었다. 주위의 군중들은 "잘한다", "박정희 물러가라", "대한민국 만세!"를 외치며 환호성을 질렀다(박영주 1985: 150). 이처럼 항쟁의 전 기간에 걸쳐 애국가와 태극기는 시위대의 상징으로 이용되었다. 또 다른 노동자는 10월 18일 계엄령이 내려진 부산에서 시위에 참가하여 애국가를 부르는데 저절로 눈물이 흘러내렸으며 비록 유신체제가 무너지지는 않았지만 맺혔던 한의 응어리가 풀리는 기분을 느꼈다고 진술하고 있다(이은우 증언, 『자료집』1989).

구술 자료의 분석을 통해서 확인한 바대로 구술자들은 국민 주권 의식에 기초하여 유신체제를 비판하였다. 이 점에서 분명한 입장을 취한 곽동효의 구술에 의하면, 그가 시청 앞으로 행진할 때 어디선가 대형 태극기가 등장하였다. 이 태극기에 대해 구술자는 다음과 같이 의미를 부여하였다. "내가 지금 생각해 봐도, 그 태극기가 없었으면, 예를 들어 정부에서는 언론에서 폭도라고 보고해 버리면 꼼짝도 못하잖아요. 태극기가 있음으로써 국가를, 내 나라를 상징하는 거잖아요. 참 의미가 깊다고 이래 생각합니다."(곽동효 구술, 차성환 면담 2006) 이 진술은 반공국가 대한민국에서 태극기는 구술자의 행위가 반국가적 폭도로 몰리지 않기 위한 방어적 기능을 수행하였음을 보여 준다. 나아가 위에서 언급한 양덕 파출소를 타격한 시위대는 "박정희 물러가라"와 "대한민국 만세!"를 동시에 외침으로써 민주공화국으로서의 대한민국에 대한 지지와 함께 그러한 대한민국의 국민주권 원리를 짓밟은 박정희 정권에 대한 저항을 표명하였다. 그러므로 부마항쟁 참여자들의 이데올로기는 자유민주주의라고 말할 수 있다.[44] 부마항쟁의 참여 노동자들은 이러한 자유민주주의를 대한민국의 정체성으로 이해하고 있었으며 유신체제는 자유민주주의를 위배하는 독재체제로 인식하였다. 유신체제는 자유민주주의를 서구식 민주주의로 규정하고 대신 한국적 민주주의를 한국 현실에 적합한 것이라고 주장했는데 이러한 한국적 민주주의 이데올로기는 항쟁에 참여한 노동자들에게 전혀 수용되지 못하였다. 구술 자료의 분석에서 본 대로 구술자들 중 3명은 유신체제 이전부터 박정희 정권에 비판적이었으며 유신체제가 자유민주주의의 원리를 부정하는 것으로 이해하고 있었다. 다른 2명은 유신체제의 억압성에 심리적·감정적 반감을 갖고 있었다.

그러면 이러한 '반독재 의식' 혹은 '자유민주주의 의식'은 유신체제 아래서 어떻게 나타나는지 살펴보자.

일제 하 그리고 6·25전쟁을 거치면서 형성된 '전체주의적' 국민 개념은 국가기구의 확장과 정비, 남북한의 군사적 긴장, 자본주의적

---

44) 이는 광주의 5·18항쟁에서도 동일하게 나타난다. 5·18항쟁에서 가장 많이 불린 노래가 애국가이며(최정운 1999: 143) 참여자들은 자신들이 '폭도', '빨갱이'로 불리는 데 대해 극심한 거부반응을 보인다. 또한 참여자들의 반공의식은 대단히 능동적이었으며 따라서 5·18항쟁의 이데올로기는 반공주의와 결합한 자유민주주의로 규정하기도 한다(김정한 2008: 85-87).

인 산업화와 더불어 새로운 면모를 띠기 시작했다. 1972년의 유신체제 이후 '국민총화'라는 개념으로 집약된 '국민' 개념은 국민구성원 사이의 분열을 용납하지 않는 파시즘적인 요소를 갖고 있었다. 국민에 대한 일상적 의심은 주민등록증 소지의 의무화로 제도화되었다. 한국인들은 국민교육헌장, 국기에 대한 맹세 등의 충성 서약을 해야 했다. 이는 한국이 사실상 전시체제와 '총력' 국가안보체제에 놓여 있다는 상황 논리로 뒷받침되며 국가에 대한 맹목적이고 배타적인 충성을 요구하게 된다. 그런데 자본주의 산업화와 더불어 형성된 노동자집단은 정치적으로는 '시민'이었으나 일터에서는 예속된 존재였으며 사실상 국가 내의 '다른 국민'이었다(김동춘 2000: 178-201).

특히 박정희 정권기는 한국에서 근대 국민국가가 본격적으로 형성된 시기였다. 국민국가는 무엇보다 자본주의적 확대재생산과정과 결합되는 것이었다. 요컨대 국가의 근대화 프로젝트는 자본주의의 확대재생산과 국민(민족)적 주체의 형성으로 요약될 수 있다. 농민, 노동자, 학생 등 주요 사회세력들은 각기 다른 조건과 상황에 처해 있기는 했지만 국가의 근대화 프로젝트에 적극적으로 동원되었다는 점에서는 동일했다. 동원과정은 강제와 함께 동의의 정치학이 구사되는 과정이기도 했다. 즉 국가의 발전주의는 대중의 '잘 살고 싶다'는 욕망과 결합되었으며 대중은 수동적으로 따르기만 한 것이 아니라 능동적으로 참여하기도 했다. 그리고 그 과정은 대중의 평등주의적 욕망이 국가의 발전주의와 결합하는 양상을 띠기도 했다(황병주 2004: 514-515).

박 정권의 근대화 프로젝트는 국민교육헌장, 새마을운동, 충효사상 등의 국가주의 이데올로기에 기초한 것으로 일정 부분 대중의 자발적 추종을 확보하기도 했으나 본질적으로 강압적인 것이었다. 고원(2008: 27-52)은 박 정권의 '국민 만들기' 프로젝트의 메커니즘을 농촌 새마을운동의 분석을 통해 제시하면서, 농민들이 국가가 추진하는 각종 프로젝트에 참여함으로써 비로소 평등한 공적 주체로 인식되었음을 지적했다. 농촌 새마을운동에 대한 농민들의 호응은 상당히 높았고 이는 국가의 강제력이 농민들의 일정한 동의를 얻어 효율적으로 침투했음을 의미한다. 그러나 농촌 새마을운동은 1970년대 후반기에 열기가 급속히 쇠퇴하는데 이는 농촌 새마을운동의 권력전략 자체의 한계 즉 농민을 근대적 생활규율로 무장시켰지만 동시에 철저히 국가 자체의 정치적·경제적 목표에 종속된 방식으로 호명된 데 기인한다. 이러한 상이한 두 가지 조건이 양립하기 위해서는 국가가 철저하게 공적 표상으로서 인식되어야 하고, 국가는 사회의 변화를 수용할 수 있는 탄력성을 갖추어야 한다. 그러나 박정희의 국가권력은 폐쇄적이었고 유신 후반기로 갈수록 국가권력 내지 박정희 개인의 이해관계를 중심으로 해서 운영되었다. 이 때문에 새마을운동에서도 농민들의 자율성은 극도로 제한받았다. 박 정권은 새마을운동에 대해서도 이익집단으로서의 운동적 발전도 허용하지 않을 만큼 그것에 자율성을 부여하는 데 인색했다. 그래서 농촌 새마을운동은 농민들의 창의적 에너지를 이끌어 내고 농민들의 사회적·경제적 지위를 개선해 나갈 수 있는 지도층의 형성으로 이어지지도 못했다. 따라서 농민의 동의는 '추종하고 따라간 것'에 지나지 않았다.

노동자들에 대해서는 공장 새마을운동을 통한 발전주의적 동원이 이루어졌다. 공장 새마을운동은 1977년부터 도시 새마을운동에서 분리되어 추진되었는데 그 기본이념은 주인의식의 고취로 새로운 생산적 근로자상을 창출해 가는 정신혁명, 노사협조를 통한 공동운명체 의식을 확립, 한국적 기업풍토 조성으로 경영합리화를 시켜 나감, 경제부국을 향한 산업운동으로서의 행동철학으로 산업혁명을 완수하는 것으로 제시되었다. 새마을운동의 이념은 초기의 생산성 향상 중심의 경영혁신운동에서 점차 총체적 경영근대화운동으로 변화되었다. 즉 초기의 성장 제일주의적 성격에서 균형발전과 복지 등이 고려되는데 공장 새마을운동의 과제로서 초기에는 삭제되어 있던 작업조건 개선, 임금상승 및 고임금 달성 등이 등장하게 된다(장상철 2006: 173-184).

이는 박정희 통치이념의 하나인 성장주의의 내용이 초기의 빈곤탈출의 필요성과 경제성장의 당위성, 생산의욕의 고취 등에서 1970년대에는 점차로 균형성장이나 복지국가론을 강조하는 것으로 변화하는 데 기인한다. 이러한 변화는 1960년대 말 이래 노동자의 저항이 활발하게 일어나는 데 대한 대응의 성격을 띤다(이우영 1991: 148-149).

그러나 국가적 담론으로서의 '산업전사'나 '선성장 후분배'는 사실상 노동자들에 대한 배분을 사회적 담론에서 배제하고 있고 기업주는 노동자에 대한 합리적 보상의 압력을 갖지 않았다. 따라서 노동자의 민주적 의사는 공장 새마을운동의 과정에서 소외되었고 성과배분 역시 기업의 처분에 맡겨져 운동의 결과가 임금이나 승진에 반영되지 못했다. 인간적인 노무관리와 협조적 노사관계는 1970년대 작업장 현실과는 거리가 멀었다. 또한 공장 새마을운동이 지향하는 노동자상은 근대적인 주체로서 합리적인 서구적 노동자로 그려지고 있는 반면 공동체주의 즉 '공장을 가정처럼, 종업원을 가족처럼' 만들자는 이념을 동시에 포함하고 있었다. 양자는 내용상 충돌할 소지를 가진 것으로 실제 추진과정에서는 노사협조체제를 강조하는 가운데 전통사회적 특성이 반영된 온정주의적 노사관계를 유지하고 강화했다.[45] 이처럼 공장 새마을운동은 자기 모순적 이념과 함께 원가절감과 생산성 향상이라는 측면에서 기업주들의 환영을 받았으나 노동자에게는 가시적인 보상이 없이 노동 강도의 강화만 가져오는 기만성으로 노동자들의 호응을 불러올 수 없었다(장상철 2006: 189-195).

다시 말해서 박정희 정권은 노동자를 경제개발과정에 동원하기 위해 공장새마을운동 등을 통해 '수출역군', '산업전사'로, '조국근대화'의 '주체'로 호명(interpellation)하였으나 노동자들은 그 호명에 농민들만큼 적극적으로 응하지 않았고 수동적이고 냉소적이었다. 박정권이 근대화의 주체로 호명한 국민적 주체는 실질적으로는 국가와 개인을 동일시하는 국가주의적 사상을 내면화하여 조국근대화에 매진하는 존재이며, 개인주의와 자유주의 대신 집단주의와 권위주의를 지지하는 존재였다. 이러한 '국가주의적 국민'의 상(像)은 전전 일본의 '황국신민'(皇國臣民)이나 1950년대의 '반공국민'의 상과 본질적으로 다를 바 없었다.[46]

박정희 집권기의 노동자들은 미군정 시기부터 이식된 서구식 민

---

45) 1977년 부산 안드레상사의 사례는 이 점을 잘 보여 준다. 새마을교육을 받고 온 한 간부의 제안으로 "불만이 있으면 뒤에서 쑥덕거리지 말고 기탄없이 털어놓고 이야기하라"는 경영자의 당부에 따라, 조회시간에 종업원을 대표하여 건의문을 낭독한 노동자는 회사 측의 사표 강요로 해고되었다(김선미·이일래·신선영 2003: 96).

46) 군사쿠데타 이전부터 박정희가 이상적으로 그리고 있던 국가모델은 일본의 명치유신국가였다. 그는 "일본이 명치유신이란 혁명과정을 겪고 난 지 10년 내외에… 극동의 강국으로 등장하지 않았던가. 실로 아시아의 경이요 기적이 아닐 수 없다"고 명치유신을 찬양했다(임혁백 2004: 239).

주주의의 경험 즉 제도교육과 보통선거제도를 통해 국민 주권의 사상을 내면화하고 있었으며 이승만 정권과 4월혁명의 경험 그리고 유신 이전의 제한적 의회민주주의의 경험을 통해 이를 일정하게 체득하고 있었다. 과거의 정치적 경험은 여전히 대중 속에 살아 있었고 유신체제하에서 나타난 '민주회복'이라는 구호는 이러한 대중의 기억을 되살리려는 것이었다.

구술자 곽동효는 4년마다 대통령 선거를 해서 최고 실권자인 대통령이 자신에게 고개를 숙이는 느낌을 가져보고 싶었는데 간접선거로 인해 그런 기회가 사라진 것을 불만스럽게 생각했다고 진술하고 있다. 다른 구술자들도 정도의 차이는 있으나 유신체제의 정당성을 부정하는 '반독재 의식'을 갖고 있었다. 이러한 의식의 내용은 당시 합법적으로 발간된 신문, 잡지, 도서 등에서 표현된 자유민주주의적 범주의 것이었다. 이러한 정치의식화의 과정은 유신체제 이전부터 이루어져 왔으며 일단 획득된 정치의식은 유신체제의 억압 하에서 더 강화된 것으로 보인다. 이미 유신 이전에 정치의식수준이 높은 사회구성원들 간에는 보다 민주적인 통치에 대한 폭넓은 요구가 있었으며(오창헌 2003: 181) 노동자의 경우도 예외는 아니었다. 한 연구자의 지적대로 유신체제는 유권자들의 의식과 정면으로 충돌하는 점이 있는데, 유권자들은 이승만 체제를 경험하면서 '장기집권＝독재'라는 굳은 신념을 발전시켜 왔던 것이다(정인권 2006: 286).

박정희의 근대화 프로젝트는 기본적으로 근대화론자들의 가정대로 정치발전과 경제성장을 분리할 수 있다고 보고 일정한 경제발전이 이루어진 이후에 비로소 민주주의가 가능하다는 발상에 근거하고 있었다. 그리고 경제발전을 위한 전제로서 국가의 안보와 사회

안정을 위해 개인의 자유를 무제한 보장할 수 없다는 논리로 국민의 정치적 자유와 기본권의 제한을 정당화하였다. 이러한 논리 위에서 유신체제가 성립되었다. 만약 경제발전을 우선한 뒤에 정치발전이 가능하다고 가정했다면 정치적 억압이라는 비용을 감내할 수 있는 경제적 과실의 균형 있는 분배라도 실시했어야 할 것이다. 그러나 박 정권의 경제개발전략은 그와는 반대였다. 대기업 위주의 개발전략으로 선성장, 후분배 정책을 관철함으로써 결과적으로 불균형한 분배를 심화시키고 대중의 상대적 빈곤감을 극대화시켰다.

다시 말해 한국의 개발독재모델은 반공민족주의와 반공 소유적 자유주의라는 이름 아래 대자본의 축적과 사적 이익을 위해 거대한 특혜와 특권을 제공하고 비용과 위험을 사회화함으로써 산업화 이행을 달성하는, 고특권과 고집중의 발전양식이었다. 따라서 '한강의 기적'의 근본적 딜레마의 하나는 재벌의 거대한 특권과 대중의 희생 간의 비대칭성이다. 이런 정당성 위기와 부조리는 대중의 불만을 누적시킬 수밖에 없었고 한국의 산업화는 일사불란한 동의와 통합이 아니라 심각한 모순과 균열을 포함한 '쟁투적' 성격을, 따라서 '쟁투적 산업화(contentious industrialization)'의 성격을 갖는다. 결과적으로도 선성장 이후에 후분배가 이루어진 것이 아니라 한국 사회는 양극화로 이야기되는 빈곤과 다차원의 불평등 고착화의 위험에 처해 있다(이병천 2008: 3-30).

따라서 경제적 과실도 정치적 자유도 얻을 수 없었던 민중은 박정희의 근대화 프로젝트에 반기를 들었다. 부마항쟁에 참여한 노동자들은 국민 주권의 행사자로서 자유와 공정한 분배를 요구하였다.

2. 계급과 민중

구술에 참여한 노동자들의 자료를 근거로 살펴보면 부마항쟁에 참여한 노동자들은 계급적 자각을 갖거나 계급의식을 명확하게 갖고 있지 않았다. 반면 그들은 비교적 뚜렷한 '반독재 의식'을 형성하고 있었으며 최소한 억압적 상황에 대한 분노를 공유하고 있었다.

그런데 대한민국 국민으로서의 정체성을 가지고 항쟁에 참여한 노동자들은 곧바로 다른 수많은 군중들과 함께하게 되는데 이들은 경찰과 계엄군의 폭력에 맞서 싸우면서 높은 일체감을 갖게 되었다. 따라서 이들은 자연스럽게 다른 계층의 사람들과 구별 없이 하나의 저항공동체 속에 융합되었다. 이러한 저항공동체에 속한 사람들을 포괄하는 개념으로서 민중 개념은 현실성을 띠게 된다.

최장집(1993: 384-385)에 의하면 민중은 강력한 권위주의 통치하에서 국가의 강권력에 의해 시민으로서의 자유와 정치참여가 제한됨으로써 그들에게 영향을 미치는 결정과정 즉 정치과정에서 소외되거나 배제된 집단이며, 이는 정치적 수준에서의 민중이다. 이러한 정치적 수준에서의 민중은 자본주의 생산관계와 노동 분업 내에서 피지배적인 지위에 객관적으로 위치하고 있는 사회집단으로서 경제적 수준의 민중을 기반으로 하고 있다. 민중은 포괄적이고 역동적인 개념인데 그것이 포괄적인 까닭은 다양한 요소를 포함하기 때문이고 역동적인 까닭은 그러한 조건을 담지하는 사회집단 또는 범주이지만 또한 실천적으로 역사와 현실 속에서 그들이 사회와 역사에 대해 스스로를 정의하고, 그 과정에 스스로 참여하는 행위 주체이기 때문이다.

이처럼 민중의 개념은 저항에 참여하는 다양하고 이질적인 계층의 사람들이 그러한 차이를 가진 채로 공동의 적을 향해 주체적으로 연대할 때 그 내용을 담보한다. 다시 말해 부마항쟁에 참여한 노동자들은 주권을 가진 국민인 동시에 국민주권을 쟁취해야 할 주체로서의 민중으로 거듭나게 되는데 이때 그들은 사회와 역사에 대해 스스로를 정의하는 주체적 의식과 스스로 참여하는 행위 주체로서의 주체적 행동을 보여 주었다. 부마항쟁에 참여한 노동자들이 막연한 불만이나 분노가 아니라 자유민주주의 의식을 내면화하고 있었음은 이미 보았거니와 그러한 의식을 행동으로 실천하는 데서도 주체적이었다. 노동자들은 단순히 학생들의 시위에 가담한 것이 아니라 항쟁의 주체로서 능동적으로 참여하였을 뿐 아니라 노동자들은 항쟁에서 주동자, 행동대, 조직적 동원자, 자발적 참여자로서 지도적 역할을 했던 것이다. 물론 부마항쟁에서 조직적 지도부는 없었고 참여노동자들은 다양한 계층, 집단, 개인과 함께 혼연일체로 움직였던 것이다. 이처럼 민중으로서의 정체성을 갖게 된 노동자들은 부마항쟁에 민중적 에토스의 영향을 미치게 되었다. 무엇보다도 노동자를 포함한 민중들은 학생들과 달리 권력의 횡포에 대해 단순히 말로 항의한 것이 아니라 폭력적으로 의사를 표출하였다. 예컨대 마산에서 10월 18일 저녁, 학생들은 "모입시다. 우리들은 평화적인 시위를 하고자 합니다"고 하면서 시위를 시작하였고 시위군중이 과격해지자 자제를 호소하였다. 그러나 시위군중은 말보다 행동으로 의사를 표현했다(박영주 1985: 143-149).

그런데 이는 1970년대 전 기간에 걸쳐 비조직 남성노동자들이 보여 준 행위 레퍼토리이다. 1970년대에는 집단적 폭동 혹은 폭력적 형태의 노동운동이 자주 일어났는데 이 시기에 사용자의 부당노동 행위가 일상적으로 저질러졌고 노동자의 조직화 수준은 낮았으며, 생존권 수호의 요구가 절박하였으므로 정상적인 노사교섭이 좌절될 경우 극단적 수단에 호소하는 경우가 빈발하였다.

그 유형을 살펴보면 첫째 자살 등과 같은 극한적 저항이다. 1970년 11월 13일의 전태일 분신사건, 11월 15일 조선호텔 노조결성을 시도하다 해고당한 이상찬의 분신기도, 1971년 1월 20일 광주 아세아자동차 노조분회장 지원영의 쟁의 중 자살기도, 2월 2일 한국회관 김차호의 분신기도, 3월 18일 한영섬유 김진수의 피살사건, 5월 15일 부산 시계줄 공장 노동자 장용원의 항의자살 등이 잇달았다.

둘째로는 시위, 단식농성, 항의파업, 방화난동 등 과격하고 폭발적인 집단행동에 호소하는 행위이다. 1971년 1월 회사 측의 노조 결성 방해에 대항한 아세아 자동차 노동자의 단식농성을 위시한 숱한 쟁의가 연중 계속되었다. 가장 두드러진 경우는 1971년 9월 15일 서울 도심의 KAL빌딩에서 일어난 한진상사 파월기술자들의 항의 시위인데, 노동자들은 체불임금 지불을 요구하며 빌딩으로 진입, 방화하는 등 5시간에 걸쳐 소요를 벌이다 경찰에 의해 진압되었다. 또 1974년 9월 19일 울산 현대 조선소 기능공 2,500여 명이 도급제와 차별대우 철폐를 요구하며 폭동을 일으켜 노동자와 경찰 100여 명이 중경상을 입었다. 이 사건은 비조직 노동자의 불만이 일시에 폭발한 것으로 그 규모와 격렬함에 있어 70년대 최대의 사건이었다(민중석 1989: 26). 1977년 사우디아라비아 주베일 항에서 일어난 현대건설 노동자들의 폭동 역시 긴급조치 하의 언론통제로 거의 알려지지 않았지만 해외건설 붐을 타고 활발했던 해외 건설 공사장에서의 대형

사건이었다. 1977년 7월에는 청계피복노조의 노동자들이 노동교실의 강제 폐쇄에 저항하여 극렬한 투쟁을 벌였다. 1977년 10월 26일에는 화학노조 간부 700여 명이 노조 결성을 폭력으로 탄압한 삼성재벌에 맞서 제일제당 미풍공장의 사원, 기동대와 대치하여 3시간여 동안 난투극을 벌이기도 했다. 1978년 1월 21일에는 대구의 아리아악기 노동자들이 저임금과 폭력에 항의하여 부사장 가족을 인질로 삼아 농성을 벌였다(이원보 2005: 410). 이러한 극한적 폭동적 쟁의는 대개 비조직적 일회성 사건으로 끝나는 한계를 지니고 있었지만 이후 노동자들의 행위 양식에 지속적 영향을 끼치고 있었다고 할 수 있다. 따라서 부마항쟁에 참여한 노동자 대중이 폭력화·폭동화한 현상은 항쟁 당시의 상황에 근거하는 것이지만, 작업장에서의 폭력적 쟁의의 경험은 노동자들이 쉽게 폭동화할 수 있는 조건이 되었음은 분명하다. 이러한 폭력적 쟁의의 배경에는 일상적 폭력으로 노동규율을 강제하는 병영적 노무관리가 있었다(차성환 2007: 240).

둘째로, 민중의 에토스는 부유층에 대한 공격에서 극명하게 드러난다. 이 점은 특히 마산의 항쟁에서 두드러지는데 10월 18일 시위에서 시위군중들은 버스나 택시에는 말로 소등(消燈)을 요구했지만 자가용차나 관용차는 일시 억류하거나, 불이 켜져 있으면 각목, 쇠파이프, 돌멩이 등으로 사정없이 헤드라이트를 박살내었다. 또 공화당 경남도지부 사무실을 찾는 과정에서 사무실이 입주한 당시 고급 아파트였던 용마맨션의 유리창을 투석으로 박살내고 같은 건물에 있던 피아노회사의 피아노들을 각목으로 부수었다. 또 일부 청년들이 소등으로 캄캄한 부림시장의 대형 직물가게의 셔터를 부수려 했는데 이는 부유층의 상점들이었다. 또 도로변의 샹들리에가 켜진 고

급주택이나 고층건물 등에도 맹렬히 돌을 던져 유리창을 부수기도 했다. 당시 공화당의 실력자 박종규의 2층 호화주택도 투석으로 박살이 났다. 또 시위대는 마산세무서에 투석하면서 "잘 먹고 잘 살아라!"고 욕설을 퍼부었다(박영주 1985: 143-164). 부유층의 상징인 자가용 승용차, 고급주택, 피아노 등에 대한 파괴욕은 경제적 불평등에 대한 민중의 적대감을 숨김없이 드러내었다. 부유층에 대한 적대감은 한국의 자본주의 산업화가 불평등한 분배구조와 정경유착, 부정부패와 불가분하게 얽혀 있었던 사실에 비추어 보면 필연적인 것이며 정치적 저항에 동반될 수밖에 없었던 경제적 저항이었다.

이처럼 부마항쟁에 참여한 노동자들은 처음에는 국민으로서, 다음에는 민중으로서의 주체성을 자각하게 되며, 저항적 실천을 통해 비로소 노동자로서의 주체성을 자각하게 되는 과정을 보여 준다. 즉 이미 본 대로 항쟁에 참여한 노동자들은 명확한 계급정체성을 갖지 못했다 하더라도, 민중적 자각을 가지고 항쟁에 주체로 참여했던 경험은 그들의 의식에 새로운 지평을 열어 주었다는 점이다.

일반적으로 노동자들이 계급적 정체성, 계급의식을 형성하는 경로는 계급구조→계급 형성→계급투쟁(계급위치→계급의식→계급실천)으로 암묵적으로 전제해 왔으나 실제로는 많은 경우 노동자들은 계급투쟁을 통해 계급적 주체로 형성되는 역의 과정을 경험하게 된다. 물론 계급 형성의 편차는 계급투쟁의 편차를 결정하는 주요한 변수이며 또한 모든 계급투쟁이 계급의식을 강화시키는 것은 아니지만 계급투쟁을 단순히 계급 형성의 결과가 아닌 과정으로 보는 시각은 계급 형성과 계급투쟁의 역동적 관계를 포착하는 데 있어 유용한 관점을 제공한다(조은주 2001: 125). 여기서 계급투쟁의 경험은 주로 작업장 내의 임금투쟁 등의 경험을 가리키지만 부마항쟁과 같은 정치투쟁 역시 계급적 자각을 일깨우는 계기로 작용할 수 있다.

이미 본 대로 구술자들은 부마항쟁의 경험 이후에 노동운동을 시작하게 되었으며 거기에는 부마항쟁의 경험이 중요하게 작용하였다. 다시 말하면 부마항쟁으로 촉발된 정치의식의 각성이 계급의식의 형성에도 중요한 영향을 주었다고 할 수 있다. 즉 유신체제하의 배제적 노동정책과 억압적 노무관리 아래서는 계급구조→계급 형성→계급투쟁 혹은 계급구조→계급투쟁→계급 형성이라는 경로만이 아니라 민주화를 둘러싼 정치적 갈등과 항쟁을 통해 정치의식이 성장하고 그 바탕 위에서 노동운동을 통해 계급의식이 성장하는 경로도 있음을 알 수 있다.

3. 남성

부마항쟁이 남성성을 띤다는 것은 두 가지 의미를 갖는다. 하나는 항쟁의 중심을 이루는 사람들이 여성보다는 남성이라는 점이며 다른 하나는 항쟁의 성격 자체가 과격하고 폭력적 공격적이어서 남성적 폭력성을 띠었다는 점이다.

저항운동의 역사는 대체로 남성이 중심이 되어 왔으며 그런 의미에서 남성성을 갖는다고 할 수 있다. 이는 사회가 남성 중심으로 운영되어 왔으며 여권이 신장되었다는 현대에도 가부장제가 여전히 남아 있기 때문이기도 하다.

가부장제의 영향은 여성들이 시위에 나설 것을 종용하거나, 여성들이 시위에 나선 것을 보거나, 여성들이 시위에서 폭압에 노출되었을 경우에는 남성 시민들은 약자인 여성을 보호해야 한다는 사회적 기대를 받게 된다. 이러한 기대에 부응하여 남성들은 시위에 참여할 가능성이 높아지는 것이다. 이는 1960년 3월 마산에서 여고 학생들이 남자 고등학생들에게 시위에 나설 것을 종용한 상황, 그리고 이미 각 학교의 학생지도부들이 소극적인 상황에서도 여학생들을 포함하여 일반 학생들이 시위에 나서자 남성의 우월감을 회복하기 위해서는 약한 여성도 참여하는 시위에 참여하여야 되는 강한 사회적 압력에 시달리게 된다. 이는 결국 시위 과정에서도 여성들은 남성들의 보조적인 역할을 자임하여 돌을 나른다든가, 먹을 것을 준비하거나, 부상자를 치료하는 남성과 여성의 기존의 사회적 역할에 충실하게 된다(이은진 2009: 42-44).

마산의 3·15의거에서 나타났던 남성과 여성의 역할 패턴은 이후에도 반복적으로 나타났다. 부마항쟁에 참여한 노동자들은 그 수에 있어서나 역할에 있어서나 압도적으로 남성 중심적이었고 그런 점에서 남성성을 특징으로 한다고 할 수 있다. 부마항쟁에는 여성도 참여하였으나 행동에 앞장선 사람들은 주로 남성들이었다. 부마항쟁은 경찰의 폭력적 진압과 시위대의 폭력적 저항이 상승하여 격렬한 투쟁 양상을 연출한 사건이었다. 폭력적 저항은 물리적 힘의 사용을 수반하므로 자연스럽게 남성이 중심적으로 참여하고 주도하는 양상으로 나타날 수밖에 없었다.

부마항쟁이 남성 혹은 남성노동자가 중심이 된 사건이라면 여기에는 여성과의 관계 속에서 남성성이 어떻게 나타나는가를 살펴볼 필요가 있다.

부마항쟁에서 남성은 공격의 선봉에 서고 여성은 보조하는 위치에 서 있었던 것으로 묘사된다. "시위군중의 선두에는 각목, 쇠파이프, 돌멩이 등으로 무장한 청년들이" 앞장서고 "시위 대열의 중간쯤에는… 자갈을 치마에 싸들고 가는 젊은 여자"가 뒤따르는 모습이 나타난다(박영주 1985: 148). 즉 항쟁의 현장에서 남성과 여성은 주도자와 보조자로 역할을 분담하는 모습으로 나타나지만 항쟁 참여의 과정에서 남성과 여성의 상호 작용은 역동적이다.

여성은 항쟁 참여와 관련하여 남성의 자존심을 자극하는 도발의 요소로서 작용하였다. 부산대학교에서는 서울의 모 여대에서 가위와 남자 성기를 그린 그림 혹은 면도날을 넣은 우편물을 보냈다는 루머가 퍼져 있었다. 이는 1975년 이래 한 번도 유신반대 시위를 하지 못한 부산대 학생들을 조롱하는 의미였다. 이 루머는 학생운동 그룹에서 의도적으로 유포하였다고 한다. 10월 15일 시위를 지원한 학생운동 그룹들은 사전에 이런 루머를 퍼뜨리면서 학생들의 분위기를 고조시켰다고 한다(『자료집』 1989: 265). 경남대학에서도 학내 시위를 선동한 남학생은 연설 가운데 서울의 모 여대에서 경남대 학도호국단 앞으로 면도칼을 보내 왔다는 얘기를 하면서 남학생들의 자존심을 자극하였다(『자료집』1989: 170). 이런 루머는 학교에 대한 자존심과 경쟁의식을 갖고 있던 남자 대학생들의 심한 자괴감과 치욕감을 유발하여 시위에 적극 참여하게 하는 효과가 있었을 것이다(조정관 2008: 41). 경남대학교 시위의 주동자 중 최갑순과 옥정애는 여학생이었다. 두 사람은 교내 시위 후 3·15 의거탑 쪽에서 학생들의 대열을 정비하며 시위를 이끌던 중 경찰에게 끌려갔다(자료집 1989: 179-180). 경찰이 두 여학생을 끌고 간 방식은 난폭하기 짝이 없었다. 여학생들이 무자비하게 끌려가는 광경은 남학생들을 극도로 자극하여 분위기를 격앙시켰다. 이 시점부터 학생들의 투석이 시작되었다(최갑순 구술, 차성환 면담 2008). 또 마산의 항쟁에서는 수출자유지역 노동자들이 퇴근하여 이동하는 장소를 시위대가 의도적으로 점유하여 수출자유지역 노동자들의 참여를 유도하게 된다. 이는 당시 10대 중후반의 여성 소녀노동자들이 경남대학생들의 시위에 동참한다는 의미가 있어서 소녀노동자들로서는 사회적으로 동등한 참여를 한다는 사회적 연대의식(지위 상승)의 효과가 있었던 것으로 해석할 수 있다(이은진 2009: 44).

이상에서 본 바와 같이 여성은 남성의 시위 참여를 촉진하는 역할을 했다. 남성들은 여성 시위자들이 보임으로써 남성으로서의 여성 보호의식 또는 여성도 참여하는데 남성이 참여하지 않음으로써 발생하는 비겁자의 낙인의식에 대한 두려움을 갖고 있었다(이은진 2008b: 10).

또한 여성과 남성은 상호 보호자의 역할을 하였다. 당시 체포된 시민들이 많아 유치장은 수용자들이 서 있기도 힘든 초과밀 상태였다. 체포된 여학생들이 취조를 받고 오면 설 자리도 없는 상황에서 대학생이 아닌 젊은 남자들이 자신들의 불편을 감수하고 그들을 위해 자리를 만들어 주었다(최갑순 구술, 차성환 면담 2008).

부산 시위에서는 여학생과 남학생들은 함께 손잡고 뛰면서 쉴 때는 경찰의 눈을 속이기 위해 데이트하는 것처럼 팔짱을 끼고 걷는 '데모 미팅'이라는 행동을 보였다(조갑제a 1987: 318). 이는 남성을 보호하기 위한 여성들의 적극적인 행동이었다.

이상 살펴본 바와 같이 부마항쟁에 적극적으로 참여한 노동자들은 노동자계급으로서의 계급정체성보다는 초기에는 대한민국의 국민으로서의 정체성이, 이후에는 저항공동체의 민중으로서의 정체성이 중심이었던 것으로 보인다. 또한 여성노동자보다는 남성노동자가 수적으로나 적극성에서 주도적이었다. 그들은 노동자계급의식을 갖고 계급투쟁을 했던 것이 아니라 민중으로서 민주주의를 요구하고 민주화투쟁에 앞장섰던 것이다. 여기서 민주화투쟁이란 1970년대 재야세력과 학생들이 중심이 되었던 '엘리트 중심의 민주화운동'을 말하는 것이 아니라, 그들의 행위가 객관적으로 민주화투쟁이었다는 의미이다. 즉 부마항쟁에 참여한 노동자들은 노동자계급의 에토스를 바탕으로 한 '반독재의식'을 갖고 있었고 그러한 의식을 유신체제하에서 배양하고 있었다. 1970년대 한국 남성노동자 일반의 정치의식은 기존 연구가 서술하듯이 보수성과 지역주의에 매몰되었던 것이 아니라, 민주화의 추진 주체로서 자기의식을 형성해 가고 있었으며 그것이 부마항쟁에서 극적으로 표출되었음을 보여 주고 있다.

이러한 '반독재의식'이 있었기 때문에 노동자들은 학생들이 주도한 시위에 적극적으로 참여할 수 있었다. 이는 학생시위에 노동자들이 수동적으로 동조한 것이 아니라 스스로의 판단에 따라 주체적으로 참여하였음을 의미한다. 그들은 시위에 주체적으로 참여하였을 뿐 아니라 이후에는 적극적으로 주도하게 되는데 이 역시 주체적 판단에 따라 이루어진 것이었다. 구술 자료에 의하면 이 과정에서 보여 준 노동자들의 모습은 놀라운 것이었다. 구술자 곽동효는 시민들에게 최루탄을 쏜 계엄군(해병대)을 설득하여 시위를 주동하는 행동을 보여 주었으며, 구술자 이병환은 소그룹을 인솔하여 집단적으로 참여하기도 한다. 이는 개별적으로 참여한 노동자들이 쉽게 하기 어려운 행동으로서 그들의 정치적 의식이 매우 분명하고 진지하였으며 놀라운 용기와 헌신성을 발휘하였음을 의미한다. 이처럼 노동자들이 민주화를 요구하는 것은 매우 자연스러운 현상이다. 왜냐하면 역사적으로 민주주의를 지지하고 요구한 것은 항상 피지배계급이었고 노동자는 그 대열의 앞장에 서 왔기 때문이다. 민주주의를 가장 선구적으로 발전시켜 왔던 영국의 경우, 19세기 동안 보편적 참정권을 획득하기 위한 선거법 개정이 노동운동의 주요 과제였다. 즉 보통선거제도의 확대를 요구하는 차티스트 운동은 노동자의 주도로 추진되었다. 영국에서 부르주아가 확립했던 것은 자유주의였고 민주주의를 추동한 것은 노동자계급이었다(김일영 2005: 23).

1960년의 4월혁명에서 노동자들은 학생들의 민주화 투쟁의 보조자에 머물렀다면 1979년의 부마항쟁에서 노동자들은 주도세력의 일부로 나타났다. 부마항쟁을 통해 한국의 민주화를 요구하는 세력은 일부 학생이나 지식인, 재야세력만이 아니라 노동자를 포함한 다수의 민중이라는 사실을 분명히 보여 주었다. 노동자들이 민주화 요구의 주체로 나섬으로써 민주화운동은 비로소 대중적인 운동으로 전환될 수 있었다. 이것은 한국 민주주의의 역사에서 획기적인 전환점이었다. 이제 민주화의 요구는 일부 세력의 요구가 아닌 전 국민적 요구로 나타나게 되었다. 부마항쟁은 한 사람의 강력한 지도자를 중심으로 경제발전과 국가안보에만 매진하는 것이 한국인들의 공유된 합의인 것처럼 생각해 오던 과거의 인식 틀을 깨고 자유와 인권의 보장을 갈구하는 한국민의 염원을 표출시켰다(조정관 2008: 37).

부마항쟁에 참여한 노동자를 위시한 민중들은 아직 계급의식에 도달하지는 못했지만 부르주아 민주주의적 권리의식을 이해하고 있었던 민중들로서 박정희 체제의 '국민 만들기' 프로젝트에 동의하지 않았고 근대적 시민의식, 국민주권의식을 갖고 있음을 부마항쟁을 통해 보여 주었다. 따라서 한국의 민주화는 학생들의 선도성과 함께 민중의 이러한 '반독재 의식'의 발전 위에서 가능했다는 점을 부마 항쟁은 보여 주고 있다.

제6장

결론

선행연구들은 부마항쟁의 주체가 민중이라는 데 다수가 동의하였다. 하지만 민주항쟁론은 민중의 정치적 목표의 한계와 비조직성을 들어 부마항쟁을 민주항쟁으로 규정했다. 반면 민중항쟁론은 항쟁의 계급성, 민중성을 강조하면서 부마항쟁을 민중항쟁으로 규정했다. 민주항쟁론은 80년대 변혁이론의 도식성에 빠져 있었으며 민중항쟁론 역시 과도한 계급성의 강조라는 오류가 있었다. 또한 민중항쟁론에서 제시한 혁명적 민중상과 본능적 민중상은 항쟁 주체로서의 민중의 현실적 모습을 올바르게 반영하고 있지 못하다고 할 것이다. 이 연구는 부마항쟁의 민중상에 접근하기 위해 항쟁에 자발적으로 참여한 남성노동자들의 구술 자료를 분석하여 다음과 같은 결론을 도출하였다.

첫째, 부마항쟁에 참여한 남성노동자들이 부마항쟁에 참여한 동인으로서 가장 중요한 요인은 이들이 유신체제를 비판하는 반독재 의식을 갖고 있었던 사실이며 그 내용은 자유민주주의라고 할 수 있다. 이러한 의식 형성의 원천은 유신 이전의 정치적 경험과 항쟁 이전의 계급적 경험 즉 빈곤, 좌절, 가치박탈 등으로 점철된 고통스런 삶이었다. 이러한 사실은 설문조사와 구술 자료를 통해 확인할 수 있었으며 따라서 이들은 국민주권의식을 가진 국민으로서의 정체성을 갖고 있었으며 항쟁의 과정에서 저항공동체가 형성되면서 민중으로서의 정체성도 갖게 되었다. 그러나 노동자로서의 계급정체성은 아직 형성되지 않았고 이는 항쟁 이후의 삶 속에서 나타나게 된다. 이로써 1970년대 남성노동자들이 정치적으로 보수적이고 지역주의에 물들어 있었다고 일반화한 선행연구는 타당하지 않다. 이 연구의 사례에 의하면 노동자들은 자발적·주체적으로 정치 투쟁에 참여하였고 항쟁에서 놀라운 용기와 지도력을 보여 주었다.

둘째, 부마항쟁에 참여한 노동자들의 경험 내용과 그로 인한 삶의 변화는 다음과 같다. 항쟁에 참여한 노동자들은 항쟁에서 주동자, 조직적 동원자, 행동대, 자발적 참여자로서 다수가 적극적 행위자로 나타났다. 이 과정에서 노동자를 포함한 민중들은 집합적 사고를 통하여 높은 정치적 판단능력과 도덕성을 보여 주었다. 참여 노동자들은 그러한 적극적 행위를 실천한 결과 개인적으로 체포, 고문, 투옥, 상이, 도피, 고립 등 고통을 겪었으나 좌절하지 않고 오히려 높은 정치적 각성과 스스로의 능력을 자각함으로써 삶의 변화를 가져왔다. 참여 노동자들은 각자의 처지에 따라 이후 야당운동, 재야운동, 노동운동에 참여하게 된다. 부마항쟁이라는 거대한 역사적 사건은 이들 참여 노동자 개인이 각성하는 계기가 되었고 그들이 다시 6월항쟁 등 새로운 역사적 사건에 동참하게 되는 변화를 보여 준다.

셋째, 부마항쟁에 참여한 항쟁 주체로서 노동자들은 어떤 민중상을 보여 주었는가를 정리하면 다음과 같다. 이 연구는 연구 목적에서 선행연구의 부마항쟁 성격규정에 일정한 한계가 있음을 비판하였다. 민주항쟁론과 도시봉기론은 항쟁 주체를 기준으로 볼 때 타당하지 않다고 비판하였고 민중항쟁론 역시 항쟁의 주체로서 제시된 두 가지 민중상이 모두 일면적이라는 한계가 있음을 비판하였다. 즉 항쟁의 적대적 폭력적 현상을 근거로 주체에 과도한 혁명성을 부여하는 혁명적 민중상이나, 무의식적 본능의 발로로 보는 저급한 의식의 민중상이 아닌 합리적 민중상을 가정하였다. 구술에 참여한 노동자들 중 다수는 자유민주주의를 내용으로 하는 반독재 의식을 가지고 있는 개인들로서, 변혁의지로 충만한 혁명적 민중도 아니지만 그렇다고 자유에 대한 무의식적 본능만 가질 뿐 명확한 정치의식을 갖지 못한 저급한 의식의 소유자들도 아니다. 또한 이들은 주체적 판단으로 항쟁에 참여하고 주도적인 역할을 하면서도 계엄군을 설득하거나, 소그룹을 조직하는 등 대단히 합리적으로 행동하였다. 이와 함께 항쟁에서 저항공동체가 전체적으로 보여 준 집합사고의 발현과 그 결과로서 나타난 균형 잡힌 정치적 판단과 높은 도덕성은 합리적 민중상에 부합하는 것이다. 따라서 이 연구에서 밝혀진 바로는 부마항쟁에는 다양한 모습의 민중이 나타나지만 중심을 이루는 것은 주체적이고 합리적인 민중의 모습 즉 합리적 민중상이며 이는 연구의 가정과 부합하는 것이라고 할 것이다.

넷째, 이 연구에서 밝혀진 민중상 곧 합리적 민중상이 부마항쟁을 주도한 민중의 성격이라고 할 때 이는 부마항쟁의 성격을 재조명하는 데 어떤 시사점을 제공하는가는 다음과 같이 정리할 수 있다.

지금까지 부마항쟁의 성격에 대한 선행연구들은 다수가 연속론과 민주항쟁론의 입장을 취해 왔다. 그러나 민주항쟁론은 주체를 민중으로 설정하면서도 민중의 구체적 내용에 대해서는 검거자의 직업 분포를 근거로 민중이 항쟁에 양적으로 대거 참여했음을 인정하였지만 질적으로 민중이 어떤 역할을 했는지에 대해서는 명확하게 밝히지 못하였다. 즉 대규모의 도심항쟁을 조직적으로 이끌어 갈 뚜렷한 지도부가 없는 가운데 미조직 대중들의 자생적 저항력과 자발적이고도 폭발적인 참여에 주로 의존하여 증폭되어 갔다고 그 양상을 서술하는 데 그치고 있다(부산민주운동사편찬위원회 1998: 424-426). 즉 항쟁의 주체는 민중이지만 그 민중은 학생들이 내세운 자유민주주의적 목표를 답습했을 뿐 민중적·계급적 요구를 내걸지 못했으며, 조직적인 투쟁으로 발전하지도 못했으므로 민중항쟁으로 보기 어렵다는 것이다. 그러나 조직적 지도부가 없었다고 해서 지도적 혹은 주도적 역할을 한 세력이 없었다고 할 수는 없다. 노동자를 포함한 민중이 어떻게 적극적이고 주체적으로 항쟁에 참여하고 주도적 역할을 했는지를 보다 면밀히 연구 검토할 필요가 있다.

또 하나 중요한 점은 항쟁의 목표가 민중의 계급적 요구가 아닌 자유민주주의적 요구라는 것 때문에 주체와 목표 사이의 탈구라고 파악하는 관점의 문제이다. 이는 1980년대의 운동론적 관점에 기초하여 민중 개념을 기층민중 중심의 관념적 계급론적 시각으로 파악한 결과로 보인다. 그러나 정치적 민중운동으로서 자유민주주의적 요구는 그 자체로 진보적일 뿐 아니라 그 담당 주체가 반드시 부르주아지일 이유도 없다. 오히려 제3세계 일반에서 자유민주주의는 지속 가능성이 있는가를 논외로 한다면 민중이 주체가 될 수밖에 없는 객관적 조건이 존재한다는 점을 이해해야 할 것이다.

다음으로 민중항쟁론에서는 항쟁 주체가 민중이라 할 때 그 민중이 민중적 주체성을 담보하는 존재인지를 검토할 필요가 있다. 본능적 무의식에 따라 움직이는 민중상을 수용한다면 주체성을 담보하기 어려울 것이며 과도하게 변혁의지를 강조하는 민중상을 수용한다면 사실과 다른 허상이 되기 쉽기 때문이다. 이 연구의 결론은 민중항쟁론에 무게를 싣고 있으며 기존의 민중상 대신 합리적 민중상을 중심 세력으로 설정하였다.

합리적 민중상은 자유민주주의적 의식을 갖는 합리적이고 도덕적인 민중상이다. 그러나 합리적 민중상에 대해서는 이후의 연구를 통해 보다 풍부한 연구와 검증을 필요로 한다.

다섯째, 이상의 시사점을 통해 부마항쟁의 결과로서 한국사회의 민주화와 노동운동의 발전에 끼친 영향과 항쟁의 의의를 정리하면 다음과 같다.

먼저 부마항쟁의 정치적 결과로서 10·26정변이 일어나 유신체제의 붕괴가 초래되었고, 뒤이어 정치적 해빙기(서울의 봄)가 도래하였으며, 이 기간 중에 폭발적인 노동운동의 고양이 있었다.

다음으로 부마항쟁의 역사적 의의로서는 첫째, 대한민국 수립 이후 최초로 민주운동사에서 민중이 주체로 등장한 것이며 둘째, 유신체제 이후의 한국 정치의 방향을 민주화의 도정으로 이끈 기념비적 사건이며, 셋째, 부마항쟁에서 나타난 민중의 힘에 대한 인식을 통해 1980년대에 본격화한 노학연대 발전의 한 계기가 되었으며 넷째, 1970년대의 경공업 여성 중심의 노동운동에서 1980년대의 중공업 남성 중심 노동운동으로 전환하는 데 하나의 계기로 작용하였다.

다음으로 이 연구의 한계는 연구의 주된 방법론인 구술사 방법론을 적용한 사례가 모두 6명으로 한정되어 있으므로 여기서 도출한 결론을 일반화하기는 어렵다는 점이다. 다만 이 연구에서는 부마항쟁에 다양한 유형의 민중들이 참여하였음을 전제로 하되 항쟁을 주도적으로 이끌었던 유형은 합리적 민중이라고 가정하고 이를 참여노동자의 구술을 통해 확인할 수 있었다. 그러나 사례의 한정성 때문에 이를 근거로 민중항쟁으로 단정적으로 규정하는 데는 한계가 있다. 따라서 이 연구에서는 성격 규정에 대한 본격적 논의보다는 향후의 논의를 위한 시사점을 제공하는 데 그치고자 한다. 보다 풍부한 사례를 수집하여 노동자뿐만 아니라 부마항쟁에 참여한 다양한 계층의 참여자의 구술을 통해 이 연구의 결론을 검증하는 작업은 향후의 과제로 남기고자 한다.

참고문헌

□ 국문 단행본

강만길 외. 1986. 『4월혁명론』. 서울: 한길사.

강만길 엮음. 2005. 『한국자본주의의 역사』. 서울: 역사비평사.

강성재. 1987. 『쿠데타 권력의 생리』. 서울: 동아일보사.

경상대학교 사회과학연구원 엮음. 2006. 『한국 노동계급의 형성: 1987-2003』.
서울: 한울아카데미.

경성대학교 사회과학연구소. 2007. 『부산사회: 진단과 처방』. 부산: 경성대학
교 출판부.

곽차섭. 2000. 『미시사란 무엇인가』. 서울: 도서출판 푸른역사.

구모룡 외. 1986. 『부산, 공동체를 위하여』. 부산: 동보서적.

구해근. 2002. 『한국노동계급의 형성』. 서울: 창작과 비평사.

권혁범. 2003. 『국민으로부터의 탈퇴』. 서울: 도서출판 삼인.

귀스따브 르봉. 민문홍·강영숙 옮김. 1980. 『군중의 심리』. 서울: 학문과 사상사.

김강 외. 1985. 『현장 제3집 삶의 터전을 지키기 위하여』. 서울: 돌베개.

김경동. 1997. 『현대의 사회학』. 서울: 박영사.

김귀옥. 1999. 『월남민의 생활 경험과 정체성』. 서울: 서울대 출판부.

김금수. 1985. 『한국노동운동론 1』. 서울: 미래사.

김대곤. 2005. 『김재규 X-파일』. 서울: 도서출판 산하.

김동춘. 1995. 『한국사회 노동자 연구』. 서울: 역사비평사.

김동춘. 2000. 『근대의 그늘』. 서울: 당대.

김민철. 2006. 『기억을 둘러싼 투쟁』. 서울: 아세아문화사.

김석준. 1993. 『부산지역 계급구조와 변동』. 서울: 한울.

김석준. 2005. 『전환기 부산사회와 부산학』. 부산: 부산대학교 출판부.

김선미, 이일래, 신선영. 2003. 『부산민주운동사』. 부산: 민주공원.

김세균, 박찬욱, 백창제. 2005. 『정치학의 대상과 방법』. 서울: 박영사.

김수행, 박승호. 2007. 『박정희체제의 성립과 전개 및 몰락』. 서울: 서울대학
교 출판부.

김영명. 1992. 『한국현대정치사』. 서울: 을유문화사.

김영명. 2006. 『한국의 정치변동』. 서울: 을유문화사.

김영석. 1987. 『도시빈민론』. 서울: 아침.

김영수. 1999. 『한국 노동자 계급정치 운동』. 서울: 현장에서 미래를.

김영정 편저. 1988. 『집합행동과 사회변동: 군중행동, 사회운동 및 혁명의 사
회학적 이해』. 서울: 현암사.

김용신. 2006. 『정치사회화와 시민성』. 서울: 한국학술정보(주).

김용학. 1992. 『사회구조와 행위』. 서울: 나남.

김원. 2005. 『여공 1970 그녀들의 반역사』. 서울: 이매진.

김원동. 2002. 『한국사회의 불평등과 정치변동』. 서울: (주)일신사.

김장한 외. 1989. 『80년대 한국노동운동사』. 서울: 조국.

김재영. 1983. 『정치사회화론』. 서울: 대왕사.

김재영, 송인국, 황오연, 손병선, 김창희 공저. 1990. 『정치문화와 정치사회화』.
서울: 형설출판사.

김재홍. 1994. 『박정희 살해사건 비공개진술・상』. 서울: 동아일보사.

김주완. 2005. 『토호세력의 뿌리』. 마산: 도서출판 불휘.

김진숙. 2007. 『소금꽃나무』. 서울: 후마니타스.

김택현. 2003. 『서발턴과 역사학 비판』. 서울: 박종철출판사.

김하기. 2004. 『부마민주항쟁』. 서울: 민주화운동기념사업회.

김형기. 1988. 『한국의 독점자본과 임노동－예속독점자본주의하 임노동의 이
론과 현상분석』. 서울: 까치.

김형아. 신명주 옮김. 2005. 『박정희의 양날의 선택』. 서울: 일조각.

김홍석. 2002. 『부산의 사회문화적 특성과 전망』. 부산: 부산발전연구소.

나간채 엮음. 1997. 『광주민중항쟁과 5월운동 연구』. 광주: 전남대학교 5・18
연구소.

니코스 플란차스. 박성진 옮김. 1996. 『자본의 국가』. 서울: 백의.

닐 J. 스멜서. 박영신 옮김. 1984. 『사회변동과 사회운동』. 서울: 세경사.

데이빗 이스턴. 이용필 역. 1991. 『정치구조의 분석』. 서울: 인간사랑.

돈 오버도퍼. 1998. 『두 개의 코리아』. 서울: 중앙일보.

로빈 코헨 외. 양재원 옮김. 1985. 『민중운동의 인식과 전략』. 서울: 풀빛.

류웰린. 한경구·임봉길 역. 1998. 『정치인류학』. 서울: 일조각.

로자 룩셈부르크. 최규진 옮김. 1995. 『대중파업론』 서울: 풀무질.

리햐르트 반 뒬멘. 최용찬 옮김. 2001. 『역사인류학이란 무엇인가』. 서울: 푸른역사.

민주공원 편a. 2003. 『부마민주항쟁 연구논총』. 부산: 민주공원.

민주공원 편b. 2003. 『부산지역 민주화운동 관련 인명록 발간사업 최종보고서』. 부산: 민주공원.

민주주의사회연구소 편. 2008. 『부산민중의 삶과 정치의식』. 부산: 민주공원.

민중석. 1989. 『남한노동운동사』. 서울: 들불.

박광주. 1992. 『한국권위주의국가론』. 서울: 인간사랑.

박성희. 2004. 『질적 연구방법의 이해』. 서울: 원미사.

박영구. 2005. 『현대부산의 제조업 1945~2000: 통계와 발전』. 부산: (재)부산발전연구원 부산학연구센터.

박재묵 편역. 1984. 『제3세계 사회발전론』. 서울: 창작과 비평사.

박재환, 일상성·일상생활연구회 지음. 2004. 『부산인의 신생활풍속』. 부산: 부산발전연구원 부산학연구센터.

박재환, 일상성·일상생활연구회 지음. 2008. 『일상생활의 사회학적 이해』. 서울: 한울아카데미.

박재흥. 2005. 『한국의 세대문제』. 서울: 나남출판.

박종성. 1991. 『혁명의 이론사』. 서울: 도서출판 인간사.

박태순·김동춘. 1991. 『1960년대의 사회운동』. 서울: 까치.

박형신, 조대엽, 김종길, 문형욱. 2000. 『새로운 사회운동의 이론과 현실』. 수원: 문형출판사.

밴 매넌. 신경림 옮김. 2000. 『체험연구』. 서울: 현문사.

부산민주항쟁기념사업회. 1997. 『한국민주주의와 부산의 6월항쟁』. 부산: 6월자료

부산민주운동사 편찬위원회. 1998. 『부산민주운동사』. 부산: 부산시사편찬위원회.

부마민주항쟁기념사업회·부마항쟁 10주년 기념사업회. 1989. 『부마민주항쟁 10주년 기념자료집』

사회문화연구소 편. 1993. 『사회운동론』. 서울: 사회문화연구소.

서관모. 1984. 『현대한국사회의 계급구성과 계급분화』. 서울: 한국사회학회.

서울대학교 정치학과 교수 공저. 2005. 『정치학의 이해』. 서울: 박영사.

서울사회과학연구소 경제분과. 1991. 『한국에서 자본주의의 발전』. 서울: 새길.

세르주 모스코비치. 이상율 옮김. 1996. 『군중의 시대』. 서울: 문예출판사.

손점용. 1994. 『싹쓸이시대』. 부산: 지평.

손호철. 1993. 『한국정치학의 새 구상』. 서울: 풀빛.

손호철. 1999. 『신자유주의시대의 한국정치』. 서울: 푸른숲.

손호철. 1998. 『현대 한국정치』. 서울: (주)사회평론.

스테이나 크베일. 신경림 역. 1998. 『인터뷰』. 서울: 하나의학사.

신라대학교 부산학연구센터·신라대학교 사회과학연구소. 2004. 『부산의 구
　　조변동과 정체성』. 부산: 신라대학교 출판부.

신동호. 2007. 『70년대 캠퍼스 2』. 서울: 환경재단 도요새.

신용하 편. 1982. 『사회사와 사회학』. 서울: 창작과 비평사.

신용하·고은 외. 1984. 『한국사회연구 2』. 서울: 한길사.

안병욱 외. 2005. 『유신과 반유신』. 서울: 민주화운동기념사업회.

암파 편집부 편. 황인 옮김. 1987. 『제5공화국 정치비사(2)』. 서울: 중원문화.

앤서니 기든스. 윤병철 박병래 역. 1991. 『사회이론의 주요 쟁점』. 서울: 문예
　　출판사.

엘리아스 카네티. 반성완 역. 1982. 『군중과 권력』. 서울: 한길사.

오르테가 이 가세트. 황보영조 옮김. 2005. 『대중의 반역』. 서울: 역사비평사.

오창헌. 2001. 『유신체제와 현대 한국정치』. 서울: 오름.

5·18광주민중항쟁동지회 편. 1990. 『부마에서 광주까지』. 광주: 도서출판 샘물.

원우현 편. 1985. 『유언비어론』. 서울: 청람문화사.

월터 J. 옹. 이기우·임명진 옮김. 2006. 『구술문화와 문자문화』. 서울: 문예
　　출판사.

위르겐 슐롬봄 편. 백승종 외 옮김. 2001. 『미시사와 거시사』. 서울: 궁리.

윌리엄 글라이스틴. 황정일 옮김. 1999. 『알려지지 않은 역사』. 서울: 중앙
　　M&B.

윌리엄 콘하우저. 윤근식·박용직 공역. 1966. 『대중사회의 정치』. 서울: 일신사.

유광호·정영국·민경국·유임수. 2003. 『한국 유신시대의 경제정책』. 서울:
　　한국정신문화연구원.

윤소영. 1999. 『신자유주의적 금융세계화와 워싱턴 컨센서스』. 서울: 공감.

윤택림. 2003. 『인류학자의 과거 여행』. 서울: 역사비평사.

윤택림. 2005. 『문화와 역사연구를 위한 질적 연구방법론』. 서울: 아르케.

이극찬. 2000. 『정치학』. 서울: 법문사.

이기택. 1992. 『한국야당사』. 서울: 백산서당.

이동신·박기순 편저. 1996. 『정치커뮤니케이션 원론』. 서울: 법문사.

이병천. 2003. 『개발독재와 박정희시대』. 서울: 창비.

이상록·이유재 엮음. 2006. 『일상사로 보는 한국근현대사』. 서울: 책과 함께.

이성광. 1991. 『민중의 역사·2』. 서울: 기획출판 한.

이신행 외. 1999. 『시민사회운동』. 서울: 법문사.

이원보. 2004. 『경제개발기의 노동운동』/1961~1987. 서울: 지식마당.

이원보. 2005. 『한국노동운동사 100년의 기록』. 서울: 한국노동사회연구소.

이은진. 1999. 『노동자 의식의 변천: 노동자 수기 분석, 노동자가 빠진 수렁』. 마산: 경남대학교 출판부.

이은진. 2008. 『1979년 마산의 부마민주항쟁』. 마산: 도서출판 불휘.

이종구 외. 2004. 『1960-1970년대 한국의 산업화와 노동자 정체성』. 서울: 한울 아카데미.

이종구 외. 2005. 『1960-70년대 노동자의 생활세계와 정체성』. 서울: 한울 아카데미.

이종구 외. 2005. 『1960-70년대 노동자의 작업장 경험과 생활세계』. 서울: 한울 아카데미.

이종구 외. 2006. 『1960-70년대 노동자의 작업장 문화과 정체성』. 서울: 한울 아카데미.

이종구 외. 2006. 『1960-70년대 한국 노동자의 계급문화와 정체성』. 서울: 한울 아카데미.

이태호. 1984. 『불꽃이여 이 어둠을 밝혀라』. 서울: 돌베개.

이태호 엮음. 1986. 『노동현장의 진실』. 서울: 금문당.

이한두. 1988. 『5·17 정변』. 서울: 한웅문화사.

이효성. 1996. 『정치언론』. 서울: 이론과 실천.

이효재·허석렬 편. 1983. 『제3세계의 도시화와 빈곤』. 서울: 한길사.

임지현·김용우 편. 2004. 『대중독재: 강제와 동의 사이에서』. 서울: 책세상.

임지현·김용우 편. 2004. 『대중독재: 정치종교와 헤게모니』. 서울: 책세상.

임채정 외. 1985. 『노동현실과 노동운동』. 서울: 돌베개.

임희섭. 1994. 『한국의 사회변동과 가치관』. 서울: 나남출판.

임희섭. 1999. 『집합행동과 사회운동의 이론』. 서울: 고려대학교 출판부.

장덕환 편역. 1988. 『민중이데올로기와 민중저항』. 서울: 백산출판사.

장문석·이상록 엮음. 2006. 『근대의 경계에서 독재를 읽다』. 서울: 그린비.

전순옥. 2004. 『끝나지 않은 시다의 노래』. 서울: 한겨레신문사.

전인권. 2006. 『박정희 평전』. 서울: 이학사.

정경환. 2000. 『한국현대정치사 연구』. 부산: 신지서원.

정동익. 1985. 『도시빈민연구』. 전주: 아침.

정성기. 2002. 『탈분단의 정치경제학과 사회구성』. 서울: 도서출판 한울.

정수복. 1994. 『의미세계와 사회운동』. 서울: 민영사.

정승화. 1987. 『12・12사건: 정승화는 말한다』. 서울: 까치.

정윤무. 1990. 『현대정치심리론』. 서울: 박영사.

정태석. 2002. 『사회이론의 구성』. 서울: 도서출판 한울.

정철희. 2003. 『한국시민사회의 궤적』. 서울: 아르케.

정해구 외. 1990. 『광주민중항쟁연구』. 서울: 사계절.

정해구 외. 2007. 『한국정치와 비제도적 운동정치』. 서울: 한울아카데미.

정현백. 1991. 『노동운동과 노동자문화』. 서울: 한길사.

제베데이 바르부. 임철규 역. 1993. 『역사심리학』. 서울: 창작과 비평사.

제임스 홉스. 유병용 옮김. 1995. 『증언사 입문』. 서울: 한울아카데미.

제프리 K. 올릭 엮음. 최호근・민유기・윤영휘 옮김. 『국가와 기억』. 서울: 민주화운동기념사업회.

조갑제. 1987a. 『有故!(1)』. 서울: 한길사.

조갑제. 1987b. 『有故!(2)』. 서울: 한길사.

조돈문. 2004. 『노동계급의 계급형성』. 서울: 한울아카데미.

조희연 편. 1990. 『한국사회운동사』. 서울: 죽산.

조희연. 1993. 『계급과 빈곤』. 서울: 한울아카데미.

존 테일러. 김홍명 역. 1982. 『제3세계의 생산양식』. 서울: 풀빛.

지역사회문제연구자료실. 1989. 『80년대 부산지역 노동운동』. 서울: 친구.

찰머스 존슨. 진덕규 옮김. 1982. 『혁명과 사회체계』. 서울: 학문과 사상사.

찰스 틸리. 안치민・박형신 역. 2002. 『비교역사사회학』. 서울: 일신사.

찰스 틸리. 양길현 외 공역. 1995. 『동원에서 혁명으로』. 서울: 서울프레스.

최상천. 2001. 『알몸 박정희』. 대구: 사람나라.

최장집 편. 1985. 『한국자본주의와 국가』. 서울: 도서출판 한울.

최장집. 1989. 『한국현대정치의 구조와 변화』. 서울: 까치.

최장집. 1993. 『한국민주주의의 이론』. 서울: 한길사.

최장집. 1998. 『한국민주주의의 조건과 전망』. 서울: 나남출판.

최장집 외. 2000. 『한국민주주의의 회고와 전망』. 서울: 도서출판 한가람.

최장집. 2003. 『민주화 이후의 민주주의』. 서울: 후마니타스.

최정운. 1999. 『오월의 사회과학』. 서울: 풀빛.

톰슨. 나종일 외. 2000a. 『영국노동계급의 형성・상』. 서울: 창작과 비평사.

톰슨. 나종일 외. 2000b. 『영국노동계급의 형성・하』. 서울: 창작과 비평사.

편집부 엮음. 1984a.『80년 전후 격동의 한국사회1』. 광주: 사계절출판사.

편집부 엮음. 1984b.『80년 전후 격동의 한국사회2』. 광주: 사계절출판사.

편집부 엮음. 1986.『공안사건기록』. 서울: 도서출판 세계.

편집부 엮음. 1989.『남한 노동자대중의 계급의식 상태』. 서울: 도서출판 등에.

편집부 편. 1984.『70년대 한국일지』. 서울: 청사.

폴 윌리스. 1989. 김찬호·김영훈 옮김.『교육현장과 계급재생산』. 서울: 민맥.

프로이드. 박영신 옮김. 1992.『집단심리학』. 서울: 학문과 사상사.

피에르 클라스트르. 홍성흡 옮김. 2005.『국가에 대항하는 사회』. 서울: 이학사.

하야시 다케히코. 선우연 옮김. 1995.『박정희의 시대』. 서울: 월드콤.

학술단체협의회 편. 1999.『5·18은 끝났는가』. 서울: 푸른숲.

한국구술사연구회. 2005.『구술사』. 서울: 선인.

한국기독교교회협의회. 1984.『1970년대 노동현장과 증언』. 서울: 도서출판 풀빛.

한국기독교사회문제연구원 엮음. 1987.『7-8월 노동자대중투쟁』. 서울: 민중사.

한국기자협회 편. 1995.『언론에 비친 한국정치』. 서울: 한국기자협회.

한국민중사연구회 편. 1986.『한국민중사 II』. 서울: 풀빛.

한국사회사연구회. 1990.『노동계급 형성이론과 한국사회』. 서울: 문학과 지
      성사.

한국사회사연구회. 1991.『사회사연구와 사회이론』. 서울: 문학과 지성사.

한국사회연구소. 1989.『한국사회노동자연구 I』. 서울: 도서출판 한울.

한국사회학회 편. 1998.『세계화시대의 인권과 사회운동』. 서울: 나남출판.

한국사회학회·한국정치학회 편. 1992.『한국의 국가와 시민사회』. 서울: 한울.

한국산업사회연구회 편. 1988.『오늘의 한국자본주의와 국가』. 서울: 한길사.

한국정치연구회. 1989.『한국정치론』. 서울: 백산서당.

한국정치연구회 정치이론분과 엮음. 1993.『국가와 시민사회』. 서울: 녹두.

한국정치학회 편. 1997.『한국의 정치학』. 서울: 법문사.

한국정치학회 편. 2000.『한국 민주화운동의 민족사적, 세계사적 의의』. 학술
      회의 자료집.

한상진. 1987.『민중의 사회과학적 인식』. 서울: 문학과 지성사.

한스 요아스. 신진욱 옮김. 2002.『행위의 창조성』. 서울: 도서출판 한울.

현택수·정선기·이상호·홍성민. 1998.『문화와 권력』. 서울: 나남출판.

E·J·홉스보옴. 진철승 역. 1984.『원초적 반란: 자본주의 발전에 따른 유럽
      소외지역 민중운동의 제 형태』. 충북: 온누리.

홍성민. 2000.『문화와 아비투스』. 서울: 나남출판.

홍석률. 2005. 유신체제의 형성. 안병욱 외.『유신과 반유신』. 서울: 민주화운

동기념사업회.

6월자료 발간위원회 편. 1997.『한국민주주의와 부산의 6월항쟁』. 부산: 6월
자료.

C. 라이트 밀즈. 강희경·이해찬 역. 1978.『사회학적 상상력』. 서울: 홍성사.

G. 르페브르. 김기실 번역. 1983.『혁명적 군중』. 서울: 한그루.

John W. Creswell. 조홍식·정선욱·김진숙·권지성 공역. 2005.『질적 연구
방법론』. 서울: 학지사.

Ruth R. Martin. 이효선 옮김. 2005.『사회복지실천에서의 구술사』. 파주: 양
서원.

Sanderson. 김정선 외 12명 역. 1998.『사회학』. 서울: 그린.

□ 국문 논문

강남식. 2006. "70년대 여성노동자의 정체성 형성과 노동운동". 이종구 외.
『1960-70년대 노동자의 작업장 문화와 정체성』. 서울: 한울아카데미.

고원. 2008. "새마을운동의 농민동원과 '국민 만들기'". 공제욱 엮음.『국가와
일상』. 서울: 한울아카데미.

김견. 1988. "한국의 중화학공업화과정에서의 국가개입의 양상 및 귀결". 한
국산업사회연구회 편.『오늘의 한국자본주의와 국가』. 서울: 한길사.

김경일. 2005. "1970년대 민주노동운동의 쟁점".『역사비평』통권 73호.

김경호. 2000. "부마민주항쟁의 배경과 정치사적 의의".『21세기 정치학회보』
제10집 1호.

김경희. 2006. "여성노동자의 작업장 생활과 성별 분업". 이종구 외.
『1960-70년대 노동자의 작업장 문화와 정체성』. 서울: 한울아카데미.

김기석, 이향규. 1998. "구술사: 무엇을, 왜, 어떻게 할 것인가?".『서울대학교
한국교육사고 연구노트』제9호.

김상우. 1999. "그 영원한 욕망의 이중주". 박재환/일상성일상생활연구회.『술
의 사회학』. 서울: 한울아카데미.

김석준. 1997. "6월항쟁 주체의 성격(부산지역을 중심으로)" (사)부산민주항쟁
기념사업회.『한국민주주의와 부산의 6월항쟁』. 부산: 도서출판 유월
자료.

김석준. 2000. "박정희 시대 민주화운동에 대한 고찰". 최장집 외.『한국민주
주의의 회고와 전망』. 부산: 도서출판 한가람.

김성국. 1997. "부산인의 개방성과 저항의식". 부산발전연구원 편.『부산사회

문화의 이해』. 부산: 부산발전연구원.

김영곤. 2005. "1970년대 민중운동과 민중지향". 안병욱 외.『유신과 반유신』.
    서울: 민주화운동기념사업회.

김영명. 1987. "한국의 정치변동과 유신체제". 한국정치학회 편.『현대 한국
    정치와 국가』. 서울: 법문사.

김영범. 1991. "망탈리테사: 심층사의 한 지평". 한국사회사연구회.『사회사
    연구와 사회이론』. 서울: 문학과 지성사.

김원. 2006. "부마항쟁과 도시하층민".『정신문화연구』제29권 제2호.

김원. 2009. "서벌턴은 왜 침묵하는가?-구술, 기억 그리고 재현을 중심으로".
    『사회과학연구』제17집 제1호.

김일영. 2005. "박정희시대 연구의 쟁점과 과제". 정성화 편.『박정희 시대 연
    구의 쟁점과 과제』. 서울: 선인.

김정한. 2008. "5·18 광주항쟁의 이데올로기 연구".『기억과 전망』통권 18호.

김준. 2004. "1970년대 조선산업의 노동자 형성: 울산 현대조선을 중심으로".
    이종구 외.『1960-1970년대 한국의 산업화와 노동자정체성』. 서울:
    한울 아카데미.

김준. 2006. "현대조선 노동자 '폭동'의 연구: 문헌 및 구술자료에 기초한 재
    구성".『사회와 역사』제69집.

김진옥. 1985. "80년대 노동운동의 전개". 임채정 외.『노동현실과 노동운동』.
    서울: 돌베개.

김희재. 2008. "일상생활의 연구방법". 박재환, 일상성·일상생활연구회.『일
    상생활의 사회학적 이해』. 서울: 한울아카데미.

마상윤. 2003. "안보와 민주주의, 그리고 박정희의 길".『국제정치논총』제43
    집 4호.

박영주. 1985. "마산민주항쟁의 전개과정".『마산문화』제4호.

박재환. 1999. "술, 노동, 커뮤니케이션". 박재환, 일상성·일상생활연구회.『
    술의 사회학』. 서울: 한울아카데미.

박재흥. 1999. "기성세대의 생애사와 세대차이 인지에 관한 연구".『한국사회
    학』제33집.

박준식. 1987. "노동운동을 통해 바라본 노동자의식의 변모". 산업사회연구
    회.『산업사회연구』제2집.

박철규. 1999. "5·18 민중항쟁과 부마항쟁". 한국학술단체협의회.『5·18은
    끝났는가』. 서울: 푸른숲.

박해광. 2006. "제2장 1960-70년대 노동자계급의 문화와 일상생활". 이종구

외. 『1960-70년대 한국 노동자의 계급문화와 정체성』. 서울: 도서출판 한울.

배영순. 1988. "유신체제의 수립 원인에 관한 연구". 한국산업사회연구회 편. 『오늘의 한국자본주의와 국가』. 서울: 한길사.

손호철. 2006. "1979년 부마항쟁의 재조명−정치적 배경을 중심으로". 손호철. 『해방 60년의 한국정치』. 서울: 이매진.

신광영. 2006. "노동자 계급의 생활문화와 정치의식". 이종구 외. 『1960-70년대 한국노동자의 계급문화와 정체성』. 서울: 한울아카데미.

신병현. 2003. "6, 70년대 산업화 과정에서 노동자들의 사회적 정체성에 영향을 미친 주요 역사적 담론들: 근대화와 가부장적 가족주의 담론구성체를 중심으로". 『산업노동연구』제9권 제2호.

신원철. 2003. "경영혁신운동으로서의 공장새마을운동: 대한조선공사 사례". 『산업노동연구』제9권 제2호.

신진욱. 2004. "사회운동, 정치적 기회구조, 그리고 폭력". 『한국사회학』제38집 6호.

심상완. 2005. "1970년대 마산수출자유지역 노동자의 노동생활". 이종구 외. 『1960-70년대 노동자의 작업장 경험과 생활세계』. 서울: 한울아카데미.

유경순, 2005. "쟁점으로 보는 1970~86년 노동운동사". 역사학연구소. 『노동자, 자기 역사를 말하다』. 서울: 서해문집.

이국운. 2009. "5·18 대한민국 '임시정부론'". 『아시아저널』창간준비호.

이동윤·박준식. 2008. "민주화과정에서 저항폭력의 정당성". 『민주주의와 인권』제8권 1호.

이병천. 2008. "반공 개발독재와 돌진적 산업화". 민주주의사회연구소 4·19 기념 학술대회 자료집.

이수언. 1985. "부마사태의 전모를 밝힌다". 『신동아』1985년 5월호.

이영환 1999. "해방 후 도시빈민과 4·19". 『역사비평』통권 46호.

이용기. 2002. "구술사의 올바른 자리매김을 위한 제언". 『역사비평』2002년 봄호.

이은진. 1998. "구조냐 행위주체냐: 10·18 마산민주항쟁의 해석". 『사회연구』제11집.

이은진. 2004. "지역성과 사회운동: 3·15마산의거의 재조명". 『마산에서 본 세계』. 마산: 경남대학교 출판부.

이은진. 2006. "10·18 마산민주항쟁의 참여요인". 『가라문화』20집.

이은진. 2007. "1970년대 마산수출자유지역 노동자의 사회의식". 산업노동학회 발표문.

이은진. 2008a. "1970년대 창원국가공단 노동자의 사회의식". 비판사회학회 발표문.

이은진. 2008b. "비공식분야 종사자들의 1979년 마산민주항쟁 참여 요인". 한국사회학회 발표문.

이재성. 2007. "한국정치사와 구술사: 정치학을 위한 방법론적 탐색".『한국사회과학』통권 제29권.

이종구. 2004. "서장" 이종구 외.『1960-1970년대 한국의 산업화와 노동자 정체성』. 서울: 한울아카데미.

이희영. 2005. "사회학 방법론으로서의 생애사 재구성".『한국사회학』제39집 3호.

이희영. 2007. "타자의 (재)구성과 정치사회화". 정철희 외.『상징에서 동원으로』. 서울: (주)이학사.

임혁백. 2004. "유신의 역사적 기원: 박정희의 마키아벨리적인 시간(上)".『한국정치연구』제13집 제02호.

장상철. 2006. "작업장통제전략으로서의 공장새마을운동: 성과와 한계". 이종구 외.『1960-70년대 노동자의 작업장 문화와 정체성』. 서울: 한울아카데미.

재경마산학우회. 1983. "한국경제의 전개과정 속의 마산수출자유지역".『마산문화』제2집.

전재호. 2005. "유신체제의 구조와 작동기제". 안병욱 외.『유신과 반유신』. 서울: 민주화운동기념사업회.

전진성. 2006. "기억의 정치학을 넘어 기억의 문화사로".『역사비평』가을호.

정관용. 1988. "중화학공업화정책을 통해 본 한국의 국가성격". 한국산업사회연구회 편.『오늘의 한국자본주의와 국가』. 서울: 한길사.

정광민. 1989. "부마항쟁 10년 되새겨보는 역사적 의미".『사회와 사상』통권 15호.

정근식. 1997. "민주화와 5월운동, 집단적 망탈리테의 변화". 나간채 엮음.『광주민중항쟁과 5월운동 연구』. 광주: 전남대학교 5·18연구소.

정근식. 2000. "부마항쟁과 79-80레짐".『지역사회학』제2호.

정영태. 2004. "개발연대의 노동자계급 형성: 인천지역 노동자를 중심으로". 이종구 외.『1960-1970년대 한국의 산업화와 노동자 정체성』. 서울: 한울.

정이환. 2000. "주변 노동자의 동원화·조직화".『한국사회학』제34집.

정철희. 1995. "한국 민주화운동의 사회적 기원: 미시동원맥락과 프레임의 형성". 『한국사회학』제29집.

정철희. 1996. "중위동원과 6월항쟁: 사회운동조직의 구조적·문화적 통합". 『한국사회학』제30집(봄호).

정철희. 1997. "조직적 동원과 6월항쟁". (사)부산민주항쟁기념사업회. 『한국 민주주의와 부산의 6월항쟁』. 부산: 도서출판 유월자료.

정호기. 2003. "광주민중항쟁의 '트라우마티즘'과 기념공간". 『경제와 사회』 통권 제58호.

조대엽. 2003. "광주항쟁과 80년대의 사회운동문화―이념과 가치를 중심으로―". 『민주주의와 인권』 제3권 1호.

조정관. 2008. "유신체제, 부마항쟁 그리고 80년대 민주화운동". 3·15의거 48주년 및 부마민주항쟁29주년 학술토론회 자료집.

주대환. 1999. "부마항쟁과 시민정신". 부마항쟁20주년기념 학술심포지엄 발제문.

주무현. 2003. "부마민주항쟁과 노동운동". 민주공원 편. 『부마민주항쟁연구 논총』

차성환. 2007. "부마항쟁과 지역 노동자 대중". 『기억과 전망』통권 17호.

차성환. 2008. "부마항쟁과 노동자 정치사회화". 『21세기 정치학회보』제18집 3호.

한국기독교협의회 인권위원회. 1986. "부마항쟁". 한국기독교협의회 인권위원회. 『1970년대 민주화운동(Ⅳ)』. 서울: 동광출판사.

홍장표·정이근. 2003. "부마민주항쟁의 경제적 배경". 민주공원 편. 『부마민주항쟁 연구논총』.

Blumer, Herbert, 1939, "Collective Behavior", in Robert E. Park(ed.), *An Outline of the Principle of Sociology*(New York: Bares & Nobles). 김영정 편. 1984. 제1부 집합행동의 개요. 서울: 진흥문화사.

□ 영문 단행본

Clive Seale, Giampietro Gobo, Jaber F Gubrium & David Silverman, eds. 2004. *Qualitative Research Practice*. London: SAGE publications.

Eyerman, Ron and Jamison, Andrew. *Social Movements: A Cognitive Approach*. Pennsylvania: The Pennsylvania State University Press.

Giddens, Anthony. 1984. *The Constitution of Society*. Cambridge: Polity Press.

Giddens, Anthony. 1987. *Social Theory and Mordern Sociology*. Cambridge: Polity in association with Blackwell.

Goodwin, Jeff and Jasper, James M.(eds.) 2003. *The Social Movements Reader: Cases and Concepts*. Blackwell Publishing.

Hobsbawm, E. J. 1959. *Primitive Rebels*. New York · London: W · W · Norton &Company.

Klandermans, Bert and Staggenborg, Suzanne(eds.) 2002. *Methods of Social Movement Research*. Minneapolice: University of Minnesota Press.

Langton, Kenneth P. 1969. *Political Socialization*. New York: Oxford University Press.

Martin, Ruth R. 1995. *Oral History in Social Work*. California: Sage Publications.

Marwick, Arthur. 1989. The Nature of History. London: Macmillan Press.

McAdam, Doug and Snow, David A. 1997. *Social Movements: Readings on Their Emergence, Mobilization and Dynamics*. California: bury Publishing Company.

McAdam, Doug, McCarthy, John D. and Zald, Mayer N.(eds.) 1996. *Comparative Perspectives on Social Movements: Political Opportunities, Mobilizing Structures, and Cultural Framings*. New York: Cambridge University Press.

Perks, Robert and Thomson, Alistir(eds.) 1998. *The Oral History Reader*. London & New York: Routledge.

Smelser, Neil. J. 1962. *The Theory of Collective Action*. London: Routledge & Kegan Paul.

Sommer, Barbara W. and Quinlan, Mary Kay. 2002. *The Oral History Manual*. Lanham: AltaMira Press.

Stielow, Frederick J. 1986. *The Management of Oral History Sound Archives*. Connecticut: Greenwood Press.

Kornhauser, William. 1959. *The Politics of Mass Society*. Glencoe: The Free Press.

Thompson, Paul. 1990. *The Voice of The Past*. Oxford: Oxford University Press.

□ 영문 논문

Kurzman, Charles. 1997. "Structural Opportunity and Perceived Opportunity in Social-Movement Theory: The Iranian Revolution of 1979". McAdam, Doug and Snow, David A. *Social Movements. Readings on Their Emergence, Mobilization and Dynamics*. California: Roxbury Publishing Company.

McAdam, Doug and Snow, David A. 1997, "Introduction-Social Movements: Conceptual and Theoretical Issues". McAdam, Doug and Snow, David A. *Social Movements. Readings on Their Emergence, Mobilization and Dynamics*. California: Roxbury Publishing Company.

□ 학위논문

고성국. 1984. 1970년대의 정치변동에 관한 연구. 고려대학교 정외과 석사학위논문.

김재문. 1996. 정치의식으로서의 정치사회화에 관한 연구. 부산외국어대학교 교육대학원 석사학위논문.

김종근. 1975. 마산수출자유지역 입주기업체의 경영 실태에 관한 연구. 경남대학 경영대학원 석사학위논문.

김종호. 1996. 유신체제 지배이데올로기의 형성과 작용. 경북대학교 정치학 박사학위논문.

박병화. 1986. 정치사회화에 있어서 매스컴의 역할. 경북대학교 교육대학원 석사학위논문.

박철한. 2001. 사북항쟁연구: 일상·공간·저항. 서강대학교 대학원 정치외교학과 석사학위논문.

송인국. 1988. 한국에 있어서 정치사회화과정의 비연속성에 관한 연구. 경남대학교 정치외교학과 박사학위논문.

신진. 1992. 유신체제의 권위구조 붕괴에 관한 체계론적 분석. 서울대학교 정치학과 석사학위논문.

이우영. 1991. 박정희 통치이념의 지식사회학적 연구. 연세대학교 사회학과 박사학위논문.

이창조. 1982. 한국의 정치사회화에 관한 일 고찰. 고려대학교 교육대학원 윤
　　리교육전공 석사학위논문.

임호. 1992. 한국노동자 계급의식 성장 연구. 부산대학교 사회학과 박사학위
　　논문.

정유경. 2008. 韓國における民主化過程と社會運動. 鹿兒島大學大學院　人文社會科
　　學硏究科　博士學位　論文

□ 1차 자료

「거역의 밤을 불사르라」(부산대학교 총학생회. 1985. 10)
「군법회의 재판기록－부마사건」(1980년도) 제36-1～제36-7(전 7권)
대한조선공사 노동조합의 1979년도 1～12월간 접수 공문철
「마산수출자유지역 실태조사보고서」(한국무역협회 부산지부. 1985. 11)
「마산수출자유지역 25년사」(마산수출자유지역 관리소. 1997)
미대사관 전문 자료(5·18자료 총서 제7권)
「새벽 함성」(부산대학교 민주화추진위원회. 1984)
신문 기사: 부산일보, 동아일보, 조선일보, 국제신문 1979년 10～12월
「造公」(조선공사의 노보) 1974～1980년의 각 연도 1～12월호
「중화학공업의 시작과 미래: 동남공단 20년사」(1996. 동남지역공업단지관리
　　공단)
추송례의 일기(1979년 4～10월)

□ 구술 자료

고호석 구술(노기영/ 2002)
노재열 구술(차성환/ 2008)
류동열 구술(박영주/ 1985)
심상집 구술(차성환/ 2007)
정성기 구술(차성환/ 2008)
정원섭 구술(차성환/ 2007)
최갑순 구술(차성환/ 2008)
추송례 구술(차성환/ 2006)

색인

차성환

1989년 서울대학교 조경학과 졸업
2002년 부산대학교 일반대학원 정치외교학과 석사과정 졸업(석사학위 취득)
2009년 부산대학교 일반대학원 정치외교학과 박사과정 졸업(박사학위 취득)
2005~2007년 부산민주공원 관장
2000~현재 부마항쟁 및 민주화운동 관련 구술 작업 및 연구
2006~현재 부산대, 부산교대, 해양대, 동아대, 경성대 등에서 강의
현) 민주주의사회연구소 운영위원, 부산대학교 사회교육연구소 전임연구원

『동아시아와 근대의 폭력』(공저, 2000)
『1970년대 민중운동연구』(공저, 2006)
『양서협동조합운동』(공저, 2011)
『유엔기념공원과 부산』(공저, 2013)
『최성묵 평전』(2014)
「부산양서협동조합의 역사적 재조명」(『기억과 전망』 제8호, 2004)
「부마항쟁과 지역 노동자대중」(『기억과 전망』 제17호, 2007)
「부마항쟁과 노동자 정치사회화」(『21세기 정치학회보』 제18집 3호, 2008)
「부마항쟁과 한국언론」(『항도부산』 제27호, 2011)
「유신체제와 부마항쟁」(『역사연구』 제23호, 2012)

부마항쟁과 민중

항쟁 참여 노동자의 경험을 중심으로

초판인쇄 2014년 4월 11일
초판발행 2014년 4월 11일

지은이 차성환
펴낸이 채종준
펴낸곳 한국학술정보㈜
주소 경기도 파주시 회동길 230(문발동)
전화 031) 908-3181(대표)
팩스 031) 908-3189
홈페이지 http://ebook.kstudy.com
전자우편 출판사업부 publish@kstudy.com
등록 제일산-115호(2000. 6. 19)

ISBN 978-89-268-6165-3 93330